사랑을 말하다

세움북스는 기독교 가치관으로 교회와 성도를 건강하게 세우는 바른 책을 만들어 갑니다.

담장을 넘어선 복음은 생명의 언어로 변화되어 삶을 새롭게 합니다.
담장너머 시리즈는 일상에 기초한 복음의 언어를 전합니다.

담장너머 시리즈 01

사랑을 말하다

초판 1쇄 발행 2020년 7월 15일

지은이 | 임승민
펴낸이 | 강인구
펴낸곳 | 세움북스

등　록 | 제2014-000144호
주　소 | 서울시 종로구 삼일대로 428(낙원동) 낙원상가 5층 500-8호
전　화 | 02-3144-3500
팩　스 | 02-6008-5712
이메일 | cdgn@daum.net

교　정 | 김민철
디자인 | 참디자인

ISBN 979-11-87025-68-9 (03230)

* 책값은 뒷표지에 있습니다.
* 잘못된 책은 교환하여 드립니다.

담장너머
시리즈 01

사랑을 말하다

임승민 지음

서문

사랑해야 합니다. 사랑은 가장 큰 계명입니다. 그리스도인이라면 누구든지 사랑하기 위한 노력을 멈추지 말아야 합니다. 사랑은 의무입니다. 그러나 사랑만큼 오용되는 것도 없습니다. 누군가는 사랑을 빌미로 제멋대로 행동합니다. 그에게 사랑은 제멋대로의 행동을 무조건적으로 받아 주는 것입니다. 누군가는 사랑이라는 미명하에 학대를 당합니다. 그에게 사랑은 상대가 조종하는 대로 움직이는 것입니다. 사랑 덕분에 아름다워져야 할 세상이 오히려 사랑 때문에 망가지는 경우가 얼마나 많은지 모릅니다. 우리는 정말 사랑하기만 하면 되는 걸까요?

그래서 사랑이 궁금했습니다. 사랑이 뭘까요? 사랑은 우리 마음에서 일어나는 감정일까요? 사랑은 딱히 배울 필요가 없는 본능일까요? 사랑의 의무는 모든 사람들이 지킬 수 있는 보편적인 윤리일까요? 사랑에 대한 궁금증은 교회를 보면서 더욱 커져갔습니다. 그리스도인만큼 사랑하려고 애를 쓰는 사람이 없고, 교회만큼 사랑이 많이 펼쳐지는 공간도 없습니다. 사랑에 관한 설교가 거의 매주 선포됩니다. 주일에는 사랑한다는 찬양과 축복이 하루 종일 울려 퍼집니다. 그렇기에 어지간한 그리스도인은 교회 안에서 사랑에 대한 부담을 진 채 서로 교제합니다. 그런데 정작 교회 안에는 관계 때문에 시험에 빠졌다는 사람들이 부지기수입니다. 파벌이 존재합니다. 목소리 큰 사람이 중심을 차지합니다. 부와 명예를 가진 사람이 자연스럽게 대접받습니다. 시기와 질투가 난무합니다. 조종하고 조종당합니다. 감정의 풍요가 아니라 감정의 소진만 경험합니다. 안타깝게도 성도의 교제라는 미명하에 이런 일들이 일어납니다.

사랑에 대한 연구를 더 이상 뒤로 미룰 수 없었습니다. 개인적인 고민도 있었지만 무엇보다 교회의 필요 때문이었습니다. 사랑이 그리스도인의 가장 큰 의무라면 목사는 성도들에게 그것을 꼭 가르쳐야 합니다. 그래서 참고할 만한 책과 자료를 찾아봤지만 의외로 많지 않았습니다. 특히 성도의 교제를 중심으로 기록된 책이 극히 적었습니다. 결국 개인의 열망과 개척한 교회의 필요에 떠밀려 스스로 연구하게 되었습니다. 성경이 사랑하라고 명하고 있으니 당연히 성경을 토대로 삼았습니다. 또한 종교개혁 전통의 신앙고백서들과 경건 서적들을 참고했습니다.

"질서를 따르는 사랑"

"사랑이 가득한 질서"

이 책이 주장하는 것입니다. 성경이 말하는 사랑은 부패한 본능에서 나오는 사랑과 다르고, 대중문화가 보여 주는 사랑과도 다릅니다. 성경이 말하는 사랑은 '거룩한 사랑'입니다. 하나님은 사랑을 위해 거룩함을 양보하지 않으십니다. 하나님은 거룩함 때문에 사랑을 포기하지도 않으십니다. 하나님은 거룩한 사랑으로 우리를 사랑하셨고, 우리도 거룩한 사랑으로 서로 사랑하기를 원하십니다. 거룩한 사랑만이 진짜 사랑입니다. 거룩한 사랑에는 질서가 있습니다. 거룩한 사랑은 풍성합니다. 거룩한 사랑은 강합니다.

어쩌면 우리는 거룩한 사랑을 위해 많은 것을 포기해야 할지도 모릅니다. 지금까지 살면서 자연스레 형성되었던 관계의 방식을 포기해야 할 수도 있습니다. 그것은 생각보다 힘든 일입니다. 관성을 멈추는 일이기 때문입니다. 중요하게 붙들고 있었던 가치관들을 포기해야 할 수도 있습니다. 거룩한 사랑은 가치관의 문제를 건드리기 때문입니다. 감정의 소용돌이 속으로 들어갈 수도 있습니다. 거룩한 사랑은 하나님과 나, 그리고 너와 나에 대한 기존의 생각들을 결정적으로 바꾸기 때문입니다. 그런 의미에서, 이 책은 사랑을 모티브로 삼고 있지만 복음을 이야기합니다. 실제로 이 책의 내용을 미리 접한 분들 중에 믿음을 회복했다고 말하는 경우가 제법 있었습니다. 참 감사한 일입니다.

이 책은 교회에서 진행한 〈사랑학 개론〉이라는 강의에 기초하고 있습니다. 가치관의 충돌과 감정의 소용돌이를 감내하며 거룩한 사랑을 실천하는 장에 기꺼이 뛰어들어 준 우리 담장너머교회 성도들에게 감사를 전합니다. 이 책은 '지금 여기에서' 성경적인 교회를 세우고자 함께 분투하고 있는 성도들의 열매입니다. 무엇보다 제게 사랑하는 법을 가르쳐 준 아내에게 감사를 전합니다. 저는 아내를 만나기 전까지는 사랑이 무엇인지 몰랐습니다.

사랑은 하나님과 이웃을 옳게 대하는 '유일한' 방식입니다. 사랑은 그리스도인의 의무요 권리며 삶 그 자체입니다. 사랑이 없으면 우리는 아무것도 아닙니다. 그리스도인은 사랑이 이끄는 삶을 살아야 합니다. 하나님과의 관계에서도 사랑이 이끄는 삶을 살아야 합니다. 성도와의 관계에서도 사랑이 이끄는 삶을 살아야 합니다. 그리고 세상 사람들과의 관계에서도 사랑이 이끄는 삶을 살아야 합니다. 그러므로 사랑을 아는 일은 중요할 뿐만 아니라 긴급합니다. 사랑이 없는 삶은 시간 낭비이기 때문입니다. 가짜 사랑으로 살아가는 삶도 헛될 뿐입니다. 아무쪼록 이 책이 사랑을 탐구하는 분들을 위한 작은 디딤돌이 되어서 사랑이 이끄는 삶을 살 수 있도록 돕기를 바랍니다.

목차

사랑을 말하다

첫째

첫째,
사랑하지 않는 것, 죄

사랑, 삶의 진리

어른이 된다는 건
상처 받았다는 입장에서
상처 주었다는 입장으로 가는 것
상처 준 걸 알아챌 때
우리는 비로소 어른이 된다.[1]

드라마 작가 노희경의 글입니다. 짧은 글 속에 마음을 파고드는 지혜가 있습니다. 모든 것을 자기중심으로만 이해하는 것은 아이의 특징입니다.

---

1 노희경, 『지금 사랑하지 않는 자, 모두 유죄』(서울: 북로그컴퍼니, 2015), 49.

아이는 자기 세상 외에 다른 것들을 볼 줄 모릅니다. 자기의 생각, 자기의 경험, 자기의 느낌 속에서 허우적거리며 행복해합니다. 반면에 어른이 된다는 것은 시야가 넓어진다는 뜻입니다. 넓은 시야는 넓은 마음에서 비롯되는데, 그것은 자기 세상을 탈피할 때 가능해집니다. "어른이 된다는 건 상처 받았다는 입장에서 상처 주었다는 입장으로 가는 것"이라는 노희경 작가의 말은 진리입니다.

세상 속에서 우리는 삶의 진리를 얼마든지 발견합니다. 아우구스티누스가 말한 것과 같이 '모든 진리는 하나님의 진리'이기 때문입니다. 세상과 역사는 하나님의 창조와 보존 속에서 은총을 입고 있기에 그 안에는 얼마든지 진리의 파편이 있습니다. 위에서 인용한 노희경 작가의 글은 책 제목에서부터 진리의 향기를 물씬 풍기고 있습니다. 『지금 사랑하지 않는 자, 모두 유죄』가 바로 그것입니다.

사랑은 하나님의 계명이다

사랑은 명령이다

사랑은 하나님께서 우리를 기분 좋게 하시기 위해 주신 따뜻한 단어가 아닙니다. 우리를 부드럽게 타이르는 권면도 아닙니다. 사랑은 하나님께서 당신의 백성에게 주신 명령으로 반드시 지켜야 하는 규범입니다. 사랑은 신약 시대에 새롭게 덧붙여진 명령이 아닙니다. 구약 시대부터 지속된 하나님의 계명입니다.

> 너는 마음을 다하고 뜻을 다하고 힘을 다하여 네 하나님 여호와를 사랑하라 _ **신명기 6:5**
>
> 네 이웃 사랑하기를 네 자신과 같이 사랑하라 **_레위기 19:18**

이 두 개의 명령은 하나님께서 광야 속 이스라엘 공동체에게 '율법'을 주실 때 함께 말씀하신 것입니다. '나 외에는 다른 신들을 네게 두지 말라', '안식일을 거룩히 지키라', '살인하지 말라', '간음하지 말라', '도둑질하지 말라' 등의 언약의 열 가지 말씀, 곧 십계명과 같은 선상에 있는 명령입니다. 정확히 말하면, 십계명 등의 율법을 감싸고 있는 정신입니다. 예수님은 다음과 같이 말씀하십니다.

> 예수께서 이르시되 네 마음을 다하고 목숨을 다하고 뜻을 다하여 주 너의 하나님을 사랑하라 하셨으니 이것이 크고 첫째 되는 계명이요 둘째도 그와 같으니 네 이웃을 네 자신같이 사랑하라 하셨으니 이 두 계명이 온 율법과 선지자의 강령이니라 **_마태복음 22:37-40**

사랑은 법이다

사랑은 성경의 요약이요 명령들의 명령이며 율법의 완성입니다. 그러므로 '사랑하라'는 말씀은 단순한 권면이 아닙니다. 하나님께서 성경 전체에 걸쳐서 엄히 명령하시는 계명입니다. 따라서 '사랑하라'는 명령은 우리가 선택할 수 있는 것이 아닙니다. 하나님의 사랑을 입고 자녀가 된 사람은 누구든지 '사랑하라'는 명령 앞에 서 있습니다. 다시 말해서, 사랑은 하나님의 권위 안에 있는 하나님 나라의 백성들이 지켜야 하는 '법'입니다. 그렇기에 바울은 사랑을 '그리스도의 법'(갈 6:2)이라 하고, 야고보는 '최고의 법'(약 2:8)이라 합니다. 신약 성경이 '사랑의 법'을 얼마나 많이 말하고 있는지 살펴봅시다.

> 새 계명을 너희에게 주노니 서로 사랑하라 내가 너희를 사랑한 것같이 너희도 서로 사랑하라 **_요한복음13:34**
>
> 내 계명은 곧 내가 너희를 사랑한 것같이 너희도 서로 사랑하라 하는 이것이니라 **_요한복음15:12**
>
> 피차 사랑의 빚 외에는 아무에게든지 아무 빚도 지지 말라 남을 사랑하는 자는 율법을 다 이루었느니라 간음하지 말라, 살인하지 말라, 도둑질하지 말라, 탐내지 말라 한 것과 그 외에 다른 계명이 있을지라도 네 이웃을 네 자신과 같이 사랑하라 하신 그 말씀 가운데 다 들었느니라 사랑은 이웃에게 악을 행하지 아니하나니 그러므로 사랑은 율법의 완성이니라 **_로마서13:8-10**
>
> 너희 모든 일을 사랑으로 행하라 **_고린도전서16:14**
>
> 형제들아 너희가 자유를 위하여 부르심을 입었으나 그러나 그 자유로 육

체의 기회를 삼지 말고 오직 사랑으로 서로 종 노릇 하라 온 율법은 네 이웃 사랑하기를 네 자신같이 하라 하신 한 말씀에서 이루어졌나니 _갈라디아서 5:13-14

그리스도께서 너희를 사랑하신 것같이 너희도 사랑 가운데서 행하라 _에베소서 5:2

이 모든 것 위에 사랑을 더하라 이는 온전하게 매는 띠니라 _골로새서 3:14

너희가 진리를 순종함으로 너희 영혼을 깨끗하게 하여 거짓이 없이 형제를 사랑하기에 이르렀으니 마음으로 뜨겁게 서로 사랑하라 _베드로전서 1:22

경건에 형제 우애를, 형제 우애에 사랑을 더하라 _베드로후서 1:7

사랑하는 자들아 우리가 서로 사랑하자 _요한1서 4:7

사랑하는 자들아 하나님이 이같이 우리를 사랑하셨은즉 우리도 서로 사랑하는 것이 마땅하도다 _요한1서 4:11

너희가 만일 성경에 기록된 대로 네 이웃 사랑하기를 네 몸과 같이 하라 하신 최고의 법을 지키면 잘하는 것이거니와 _야고보서 2:8

예수님을 비롯하여 바울, 베드로, 요한, 야고보 등 신약의 저자들은 한결같이 '사랑이 최고의 법'이라고 말합니다. 사랑은 하나님 나라에 속한 백성들이 영원토록 지켜야 하는 최고의 법입니다. "사랑은 언제까지나 떨어지지 아니하되"(고전 13:8).

사랑하지 않는 것은 최고의 법을 어기는 것이다

그러므로 사랑하지 않는 것은 하나님의 명령을 거스르는 것입니다. 하나님 나라의 법을 어기는 것이고 하나님의 권위에 정면으로 도전하는 행위입니다. 성경은 이것을 '죄'라고 합니다. 웨스트민스터 소요리문답 14문 답은 '죄'를 다음과 같이 정의합니다.

14문 **죄가 무엇입니까?**

답 죄는 하나님의 법을 순종함에 부족한 것이나 혹은 그 법을 어기는 것입니다.

사랑은 하나님께서 당신의 백성들에게 주신 최고의 법입니다. 그러므로 하나님 나라에 속한 백성들은 사랑의 법을 힘써 지켜야 합니다. 만약 누군가가 하나님 나라에 속한 성도라 자부하면서 지금 사랑하고 있지 않다면, 혹은 지금 사랑하는 일을 소홀히 하고 있다면, 그는 최고의 법을 어기고 있는 것입니다. 곧, 죄를 짓고 있는 것입니다. 작은 책자로 사랑에 관한 고전을 완성한 헨리 드러몬드는 최후 심판대 앞에 선 우리 모두는 '사랑의 여부로 심판을 받는다'고 말합니다.

> 달리 심판 받는 게 아닙니다. 사랑을 유보하는 것은 그리스도의 영을 부정하는 것이고, 우리가 그분을 알지 못했다는 증거이며, 우리를 위한 그분의 삶을 헛되게 하는 일이기 때문입니다. … 굳이 다른 증인을 소환할 필요도 없습니다. 사랑 없음 말고 다른 어떤 고발도 필요하지 않을 것입니다.[2]

2 헨리 드러몬드, 『사랑, 세상에서 가장 위대한』(서울: IVP, 2018), 59–60.

지금 사랑하지 않는 자는 모두 유죄입니다. 지독한 자기 보호 본능 안에서 타인에 대해 차가운 마음, 무관심, 용서하지 않음, 분노, 미움, 자기를 숨김, 위선 등으로 생활하는 사람들은 모두 최고의 법을 지키지 않고 있는 것입니다. 도둑질보다 강도질이 훨씬 더 큰 죄이고 강도질보다 살인이 훨씬 더 큰 죄인 것처럼, 이 모든 죄를 다 합친 것보다 사랑하지 않는 것이 훨씬 더 큰 죄입니다. 하나님의 법정에서 '사랑 없음'은 가장 커다란 죄목입니다.

사랑이 없으면 아무것도 아니다

> 성경은 하나님의 율법 안에 함축되어 있는 모든 것의 총합이 사랑임을 가르칩니다. 또한 하나님의 말씀 속에서 요구되는 모든 덕행의 총합도 사랑입니다. 성경은 일반적으로 말해서 율법으로 이 점을 가르치고 있습니다. 구체적으로 말해서 율법의 두 돌판을 통하여 그 점을 가르칩니다.[3]

사랑하지 않으면 아무것도 하지 않는 것이다

미국의 청교도 신학자 조나단 에드워즈는 하나님께서 성도에게 요구하는 덕행의 총합이 '사랑'이라고 말합니다. 이 말에는 두 가지 의미가 있습

---

3 조나단 에드워즈, 『사랑과 그 열매』(서울: 청교도신앙사, 1999), 23.

니다. 첫째, 하나님께서 요구하시는 사랑은 성도만 할 수 있습니다. 세상 사람들도 사랑을 노래하고 사랑을 요구하며 사랑을 좋아하지만, 그들은 모두 왜곡된 사랑을 합니다. 사랑의 원형이 되시는 하나님을 배제한 채 행하는 사랑은 변종일 뿐입니다. 둘째, 사랑하지 않으면 아무것도 하지 않는 것과 다를 바가 없습니다. 신앙을 구성하는 여러 가지 활동들이 있습니다. 예배, 묵상, 성경 공부, 기도, 교제, 자선 등입니다. 그러나 사랑하지 않고 행하는 신앙 활동들은 사실 아무것도 하지 않는 것과 같습니다. 이는 바울의 말과 일치합니다. 바울은 고린도전서 13장에서 다음과 같이 말합니다.

> 내가 사람의 방언과 천사의 말을 할지라도 사랑이 없으면 소리 나는 구리와 울리는 꽹과리가 되고 내가 예언하는 능력이 있어 모든 비밀과 모든 지식을 알고 또 산을 옮길 만한 모든 믿음이 있을지라도 사랑이 없으면 내가 아무것도 아니요 내가 내게 있는 모든 것으로 구제하고 또 내 몸을 불사르게 내줄지라도 사랑이 없으면 내게 아무 유익이 없느니라 **_고린도전서 13:1-3**

바울은 사랑이 얼마나 중요한지를 강조하기 위해 기독교의 핵심적인 활동들을 언급합니다. 그리고 그 모든 것들을 사랑의 유무로 평가합니다. 바울의 평가는 꽤 극명합니다. 바울의 말을 정리하면 다음과 같습니다.

Everything - Love = Nothing

성경이 요구하는 모든 율법을 다 지켜도 사랑이 없으면 아무것도 지키지 않은 것입니다. 이것은 마치 아무리 큰 숫자라 해도 "0"을 곱하면 "0"이 되는 것과 같습니다. 사랑이 없는 신앙 활동은 거기에 "0"을 곱하는 것과 다를 바가 없습니다. 사랑이 얼마나 중요한지 바울이 예로 든 신앙 활동들을 살펴봅시다.

사랑이 없는 말은 아무 쓸모가 없는 말이다

첫째, 사람의 방언과 천사의 말을 할지라도 사랑이 없으면 소리 나는 구리와 울리는 꽹과리에 불과합니다. 당시 고린도교회에서 가장 크게 대접받은 은사는 방언이었습니다. 방언은 소위 말하는 '있어 보이는 은사'였습니다. 당시 방언은 하나님과 직통으로 대화할 수 있는 영적인 언어로 인식되었기 때문입니다. 그래서 방언의 은사를 받은 사람은 너 나 할 것 없이 신나게 말하고 다녔습니다. 은근히 다른 은사들을 무시하면서 말입니다. 그런데 바울은 성령께서 나눠 주신 이 은사가 아무 쓸모없는 은사가 될 수 있다며 경고합니다. 사랑이 없이 이 은사를 남발하는 경우입니다. 고린도교회 성도들은 자기 은사에 자부심을 가지고 있었습니다. 성령의 신비로운 은사를 받았다는 것 자체를 다른 이보다 한층 더 신령한 자가 되었다는 증거로 받아들였습니다. 그렇기에 기회가 날 때마다 은사를 사용해서 자기를 드러냈습니다. 은사를 통해서 사랑을 실천한 것이 아니라 자기를 자랑하기에 급급했던 것입니다.

바울은 이와 같이 사랑이 없는 언어들은 모두 쿵쾅거리는 소리에 불과하다고 말합니다. 아무런 의미 없이 귀만 시끄럽게 만드는 소음이라는 것입니다. 사랑이 없으면 언어는 그저 잡음이 될 뿐입니다. 교회 안에서 말을 많이 하는 사람은 이것을 늘 기억해야 합니다. 보통 사람들은 말을 통해서 자신의 신령함을 드러냅니다. 기도하는 시간에 언어로 자기의 경건함을 드러냅니다. 고민을 토로하는 성도의 교제 시간에도 말로 자기의 신앙을 드러냅니다. 성경과 신학을 가르치고 배우는 시간에도 언어로 자기의 신앙을 드러냅니다. 그런 의미에서 언어는 하나의 도구입니다. 그런데 그 와중에 은밀한 언어로 자기의 의를 보여 주는 사람들이 있습니다. 이것은 매우 교묘해서 즉각 알아채는 사람들이 많지 않습니다. 하지만 결국에는 드러나는데, 은밀하든 은밀하지 않든 자기 의를 자랑하는 사람들에게는 나쁜 열매가 맺히기 때문입니다. 성령의 열매 대신에 사탄의 열매를 맺게 된다는 것입니다. 이런 식으로 신령한 언어로도 아무 쓸모없는 열매를 맺을 수 있습니다. 사랑이 없으면 아무것도 아닙니다.

사랑이 없는 지식과 믿음은 사실 신앙이 아니다

둘째, 모든 지식을 알고 산을 옮길 만한 믿음이 있어도 사랑이 없으면 아무것도 아닙니다. 지식과 믿음은 기독교 신앙의 토대입니다. 지식이 없으면 믿음이 형성될 수 없습니다. 삼위 하나님에 관한 지식이 많을수록 믿음은 성장합니다. 믿음이 얼마나 중요한지는 말할 필요도 없습니다. 믿음이 없이는 하나님을 기쁘시게 할 수 없습니다. 믿음이 없이는 구원을 얻을 수도 없습니다. 그러므로 지식과 믿음은 기독교 신앙의 본질적인 요소라고 할 수 있습니다.

그런데 바울은 이 중요한 것이 사랑이 없이도 가능하다고 말합니다. 어떻게 그럴 수 있을까요? 하나님은 모든 사람을 지성적 존재로 만드셨습니다. 무엇인가를 탐구하고 학습하는 존재로 만드셔서 그것으로 보람과 지침을 얻을 수 있게 하셨습니다. 그러므로 구원받지 못한 사람일지라도 오로지 이성이라는 기관을 의지해서 신령한 비밀들을 얻어 낼 수 있을 것입니다. 믿음도 마찬가지입니다. 구원 얻는 믿음이 아니라 그저 하나님의 존재와 능력에 관한 믿음을 가진 사람들이 있습니다. 예수님의 열두 제자 중 한 명인 가룟 유다가 대표적인 인물입니다. 그는 다른 제자들과 같이 예수님께 파송을 받아 신비로운 기적을 일으키고 복음을 전파했습니다. 이때 그는 하늘의 능력을 믿었던 것으로 보입니다. 하지만 우리가 이미 알고 있듯이 가룟 유다가 가지고 있었던 믿음은 참된 것이 아니었습니다. 참된 믿음은 "사랑으로써 역사하는 믿음"입니다(갈 5:6).

지식과 믿음은 가장 눈에 띄는 신앙 활동입니다. 사람들은 많은 것을 알고 있는 사람을 존경합니다. 신학과 교리에 능하고 성경 해석에 탁월한 사람을 만나면 당연히 그를 경건한 사람으로 높여 줍니다. 믿음도 마찬가지입니다. 믿음이 있는 행동을 하는 사람을 보면서 자신의 형편없는 믿음을 부끄러워합니다. 그리고 나와는 무엇인가 다른 사람이라고 높여 생각합니다. 이 같은 심리를 알고 지식과 믿음을 통해 자기 영광을 취하려는 사람이 얼마나 많은지 모릅니다. '사랑에 이르는 신학'을 하지 못하고 '자랑에 이르는 신학'을 하는 사람이 참 많습니다. 많이 아는 것으로 자신이 다른 사람보다 더 우위에 있다고 생각하는 사람도 많습니다. 자신의 담대한 선택, 곧 자칭 담대한 믿음을 그런 방식으로 생각하는 사람도 많습니다. '사랑으로써 역사하는 믿음'이 아니라 '자랑으로 활용되는 믿음'을 지닌 사람이 정말 많습니다. 사랑이 없으면 아무것도 아닌데 사랑만 빼고 모든 것을 하려고 하는 사람들이 교회 안에 널려 있다는 것입니다.

사랑이 없는 자선은 위선에 불과하다

셋째, 모든 것을 구제에 사용하고 몸을 불살라 헌신을 하여도 사랑이 없으면 아무 유익이 없습니다. 구제는 사랑의 가장 구체적인 실천 사항입니다. 헌신은 사랑이 할 수 있는 가장 큰 적용입니다. 그런데 놀랍게도 사람들은 사랑이 없이도 이 일을 해낼 수 있습니다. 어떻게 이런 일이 가능할까요?

답을 얻기 위해서는 사람을 지배하고 있는 죄의 특징이 어떠한지를 알아야 합니다. 첫째, 죄는 항상 '자기의 유익을 구하도록' 만듭니다. 자기 영광, 자기 성공, 자기만족, 자기 자랑 등입니다. 둘째, 죄는 이를 위하여 무엇이든지 이용하도록 만듭니다. 죄는 자기 영광과 만족과 자랑을 얻어낼 수 있다면 그것이 무엇이든, 심지어 그것이 매우 신령한 것이라도 적극적으로 활용합니다. 바로 이와 같은 죄의 속성이 사랑의 가장 커다란 실천, 곧 구제와 헌신마저도 자기 유익을 위한 수단으로 전락시켜 버리는 것입니다. 구제를 통해 사랑을 실천하는 것이 아니라 '사랑을 실천하는 자기 모습'을 드러냅니다. 헌신을 통해 사랑을 적용하는 것이 아니라 '사랑을 적용하는 자기 모습'을 뽐냅니다. 죄는 구제와 헌신이라는 가장 위대한 사랑의 행위를 자기 유익을 위한 수단으로 얼마든지 오용할 수 있게 만듭니다. 구제와 헌신을 통해 다른 사람은 유익을 얻을지 몰라도 사랑이 없으면 내게는 아무 유익도 없습니다. "사랑이 없으면 구제와 헌신은 무익합니다. 사도 바울은 외면적인 것으로 내면적인 것을 대치하려는 시도에 대하여 맹렬한 비판을 가합니다."[4]

사랑에 관한 세 가지 교훈

여기서 우리는 몇 가지 교훈을 얻을 수 있습니다.

첫째, 사랑이 없이 하는 행위는 모두 위선입니다. 위선은 '사람에게 보

4 조병수, 『겨울 그리고 봄』(수원: 합신대학원출판부, 2013), 52.

이려는 동기로 행하는 것'을 말합니다. 위선의 목적은 그것을 통해 자기 유익을 구하는 것입니다. 경건하게 보여서 경건하다는 평판을 얻고자 하는 것, 똑똑하게 보여서 남들 위에 서고자 하는 것, 신령하게 보여서 존경을 받고자 하는 것 등이 바로 위선입니다. 자기 자신을 높이기 위해 가장 성경적인 것을 이용하는 것은 위선자들의 공통적인 면모입니다. 반면에 사랑의 행위는 자기 유익을 구하지 않습니다. 사랑은 "~ 때문에" 하도록 합니다. 하나님 "때문에" 경건 훈련을 합니다. 하나님 "때문에" 힘써 신학과 교리를 공부합니다. 하나님 "때문에" 여러 은사들을 사용합니다. 교회와 성도들 "때문에" 절제합니다. 가족과 이웃 "때문에" 인내합니다. 사랑하는 마음속에는 '내'가 아닌 '하나님, 그리고 이웃'이라는 동기와 목적이 있습니다. 하나님, 그리고 이웃을 사랑하는 마음으로 행하지 않는 것은 그것이 어떤 것이든 모두 헛될 뿐입니다. "사랑이 없으면 겉으로 보기에 아무리 큰 업적이나 고상한 덕행도 건전하지 않으며 위선에 불과하다는 것입니다. 사람들이 행하는 일에 사랑이 없으면 그 속에는 하나님을 향한 참된 존경심이나 사람을 향한 참된 마음이 하나도 없는 셈입니다."[5] 칼뱅은 다음과 같이 말합니다.

---

5 조나단 에드워즈, 『사랑과 그 열매』(서울: 청교도신앙사, 1999), 21.

> 사랑만이 우리의 행위를 지배하는 규정이며, 또한 하나님의 은사를 바르게 사용하는 유일한 안내자인 까닭에, 하나님은 사람이 아무리 훌륭한 것으로 생각하는 것일지라도 그 속에 사랑이 없으면 아무것도 아니라는 것을 증명하셨다. 아름답게 보이는 모든 덕스러운 행위도 사랑이 없으면 단순한 겉치장일 뿐이요 공허한 음향일 뿐이다. 한마디로 그것은 겉모양뿐이며 비열한 행위일 뿐이다.[6]

둘째, 사랑은 그 어떤 것으로도 보충할 수 없습니다. 사랑은 마음속을 지배하는 원리입니다. 누군가를 사랑한다는 것은 마음속에 그 대상이 가득 있다는 뜻입니다. 그러므로 사랑한다는 것은 마음을 준다는 의미입니다. 마음을 주지 않은 채 사랑하는 것은 사실 사랑하지 않는 것입니다. 그런데 어떤 사람들은 사랑을 다른 것으로 대체할 수 있다고 믿습니다. 하나님께 마음을 주지 않고 몇 가지 헌신을 통해서 하나님을 섬길 수 있다고 믿습니다. 하나님을 사랑하지 않으면서 주일 성수를 힘써 하고 십일조를 꼬박꼬박 냅니다. 마음과 뜻과 정성을 다해 하나님을 사랑하지 않으면서 선교를 나가고 구제를 합니다. 마음속에 하나님을 모시지 않은 채 찬양을 하고 기도를 하며 성경을 공부합니다. 그러고는 신앙 활동을 열심히 했다고 자부합니다. 그러나 모든 활동을 더해도 하나님을 향한 사랑이 없으면 아무것도 하지 않은 것입니다. 사랑을 대체할 수 있는 것은 없기 때문입니다. 이

---

6 존 칼빈, 『칼빈 주석: 고린도전서/갈라디아서』(서울: 다은, 2014), 375.

것은 마치 아내를 사랑하지 않으면서 성실하게 대하는 남편의 행위와 같은 것입니다. 집에 일찍 들어옵니다. 월급도 꼬박꼬박 갖다 줍니다. 명절 때 처가 식구에게 잘해 줍니다. 생일과 기념일을 꼭 챙깁니다. 그런데 마음속에는 다른 여자로 가득합니다. 모든 일에 성실하나 마음속에 다른 여자를 품고 사는 남편에게 만족하는 아내가 있을까요? 사랑은 그 어떤 것으로도 보충할 수 없습니다.

셋째, 그런 의미에서 참된 사랑은 오직 그리스도인만 할 수 있습니다. 불신자도 사랑 비슷한 것을 할 수는 있습니다. 구제와 헌신 등을 실천하여 사랑할 수도 있고, 때로는 진심 어린 사랑의 감정을 가질 수도 있습니다. 불신자에게도 하나님의 형상이 남아 있기 때문입니다. 그러나 불신자는 사랑을 이용하여 결국에는 자기만족을 챙기고 자기 자랑을 드러냅니다. "자연인들, 곧 중생함을 입지 못한 사람들은 마음속에 있는 진지함과 사랑과 참된 은혜의 부족을 다른 일을 통하여 보충하기를 좋아합니다. 많은 사람들이 부족함을 보충하기 위해 무수한 일을 하였습니다."[7] 사랑이 마음을 지배하지 못하기 때문입니다. 마음을 지배하는 사랑은 성령님의 선물입니다. 사랑은 성령님께서 주시는 가장 큰 선물이요 성령님의 인도를 따라 살 때 맺히는 열매입니다. 그러므로 사랑은 그리스도인의 가장 큰 특

---

7 조나단 에드워즈, 『사랑과 그 열매』(서울: 청교도신앙사, 1999), 83.

징이라고도 할 수 있습니다. 조나단 에드워즈는 다음과 같이 말합니다.

> 기독교적 사랑에는 참된 그리스도인들과 불신자들 사이를 구별하는 구원에 속한 모든 덕행이 함축되어 있다.[8]

그리스도인에게 사랑이 없으면 아무것도 없는 것입니다. 사랑하지 않는 그리스도인은 사실 그리스도인이 아닙니다. 사랑은 그리스도인만이 실천할 수 있는 독특한 활동입니다. 사랑에는 하나님께서 그리스도인에게 요구하시는 모든 율법이 요약되어 있기 때문입니다.

그중에 제일은 사랑이다

영원한 것과 영원하지 않은 것

바울은 이 땅에 속한 것과 영원한 나라에 속한 것들을 구분합니다. 하나님은 성도를 돕기 위해 많은 것들을 이 땅의 선물로 주셨습니다. 배우자나 자녀도 이 땅의 선물입니다. 성령님의 은사들도 이 땅의 선물입니다. 국가도 하나님께서 이 땅에 베풀어 주신 일시적인 선물입니다. 이것들은

---

8 위의 책, 13.

영원한 나라가 임하면 사라질 것입니다. 그러나 영원한 나라가 임할 때도 여전히 존재하는 것이 있습니다. "믿음과 소망과 사랑입니다."

> 그런즉 믿음, 소망, 사랑, 이 세 가지는 항상 있을 것인데 그중의 제일은 사랑이라 **_고린도전서 13:13**

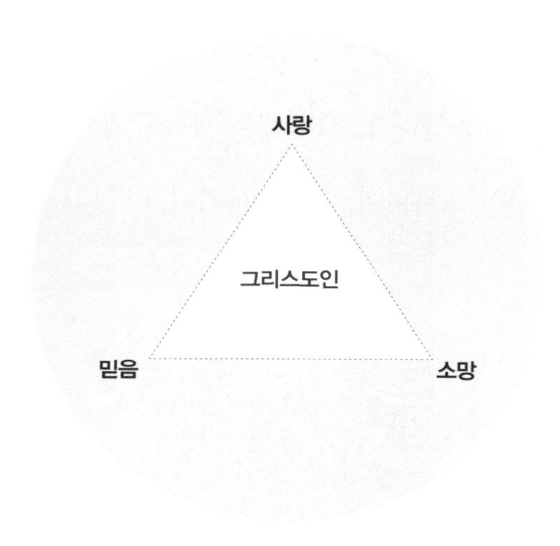

믿음과 소망과 사랑은 그리스도인의 존재를 규정하는 세 가지 본질적 속성입니다. 이 세 꼭짓점 안에 들어와 있는 사람이 그리스도인입니다.

소망과 믿음, 그리고 사랑의 관계

소망은 무엇입니까? 하나님께서 영광스러운 앞날을 예비하셨음을 바라보는 것입니다. 소망 안에는 이 땅의 삶과 하나님 나라의 삶이 함께 포함되어 있습니다. 하나님은 당신의 백성을 위해 영광의 나라를 마련하신 것처럼 우리를 위해 이 땅의 삶을 인도하십니다. 아브라함, 이삭, 야곱, 요셉, 모세, 이스라엘의 앞날을 지도하신 것처럼 말입니다. 성경 속 인물들은 모두 하나님께서 약속하신 앞날의 영광을 바라보며 살았습니다.

믿음은 무엇입니까? 앞날의 영광을 약속하신 하나님의 성품과 능력을 신뢰하는 것입니다. 하나님께서 당신의 말씀에 신실하심을 믿는 것이고, 그분께서 모든 역사와 인생을 통치하시는 전능자이심을 믿는 것입니다. 동시에 당신과 언약을 맺은 백성들을 항상 긍휼히 돌보심도 믿는 것입니다. 그런 의미에서 소망과 믿음은 서로 긴밀히 연결되어 있습니다. 소망하는 사람은 믿음을 갖게 되고 믿음을 가진 사람은 소망하게 됩니다.

> 논리적인 순서로 말하자면 소망이 신앙보다 앞선다. 소망하는 것이 없으면 신앙하는 것도 없다. 바라는 것이 없으면 믿을 것도 없다. 소망이 있기에 신앙이 필요하다. … 소망이 없는 믿음은 헛되다. 바람은 믿음을 만들어 낸다.[9]

그렇다면 사랑은 무엇일까요? 사랑은 소망 그리고 믿음과 어떤 관계일까요? 사랑은 소망과 믿음으로 사는 사람의 삶의 방식입니다. 참으로 소망하는 사람은 사랑하면서 삽니다. 정말로 믿는 사람은 사랑하며 살아갑니다.

---

9 조병수, 『겨울 그리고 봄』(수원: 합신대학원출판부, 2013), 130.

사랑이 없이 소망하는 사람은 헛된 야망가일 뿐입니다. 사랑이 없이 믿는 사람은 우상 숭배자에 불과합니다. 사랑은 지금 여기를 살아가는 성도에게 하나님께서 명령하신 삶의 방식입니다. 그런 의미에서 다음의 도식은 성경이 말하는 사랑의 의미를 더욱 잘 드러냅니다.

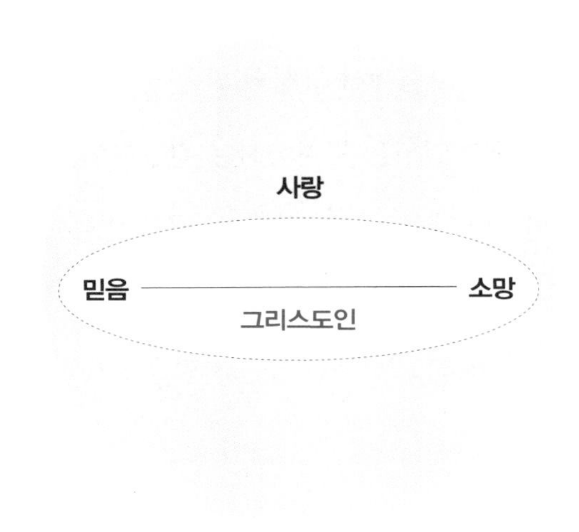

천국은 사랑의 나라이다

천국은 사랑의 나라입니다. 이 땅에서는 사랑을 훈련하지만 천국에서는 완성된 사랑을 합니다. 그곳에서는 완전하고 풍성한 크기로 사랑이 믿음과 소망을 감싸 안고 있을 것입니다. 천국에서 우리는 흠 없는 사랑으로 사랑할 것입니다. 그러므로 지금 우리는 사랑을 훈련해야 합니다. 사랑을 배워야 합니다. 사랑으로 살아가야 합니다. 사랑을 훈련하지 않는 것은 천국을 소망하지 않고 사는 것과 같습니다. 사랑을 배우지 않는 것은 천국에서 살지 않겠다는 것과 같습니다. 사랑하지 않고 살아가는 인생은 무의미할 뿐입니다. 사랑이 없으면 아무것도 아니기 때문입니다.

> 당신을 사랑하지 않은 죄,
> 당신을 사랑하지 않고 늙어 버린 죄.
> **_정호승, 어느 벽보판 앞에서**

정호승 시인의 글처럼, 사랑하지 않은 만큼 우리는 죄를 짓고 있는 것입니다. 사랑하지 않고 인생을 허비한 시간만큼 우리는 죄를 지은 것입니다. 오늘 우리는 얼마만큼 죄를 지었습니까? 얼마만큼 사랑하였습니까?

> 이 모든 것 위에 사랑을 더하라 이는 온전하게 매는 띠니라 **_골 3:14**

사랑을 말하다

둘째

둘째,
사랑이 아닌 것으로 사랑한 죄

앞 장 요약

앞서 우리는 사랑하지 않는 것이 죄임을 배웠습니다. 사랑은 하나님께서 요구하시는 모든 율법의 총합이기 때문입니다. 그런 의미에서 사랑은 최고의 법입니다. 사랑하지 않으면 아무것도 하지 않은 것입니다. 사랑이 없는 신앙 활동은 모조리 위선입니다. 선행이 아니라 악행입니다. 천국은 사랑의 나라이기에 우리는 오늘도 부지런히 사랑을 연습하여 실천해야 합니다.

세상 사람도 사랑을 좋아한다

이 즈음에서 중요한 질문을 던져 봅시다. “사랑이란 무엇일까요?” 수많은 사람들이 사랑을 외칩니다. ‘사랑해야 한다’는 이 외침은 불신자들도 얼마든지 받아들입니다. 불신자들도 고린도전서 13장에 나오는 사랑의 시를 좋아합니다. 젊은이들은 오늘도 서로 사랑한다고 고백합니다. 장르를 가리지 않고 거의 모든 대중 가수들은 달콤한 사랑을 노래합니다. 남녀 간의 사랑만 칭송을 받는 것은 아닙니다. 세상은 사회적 약자를 향한 사랑도 높게 평가합니다. 지식인이라 자처하는 사람들은 편견에 사로잡혀서 각종 차별을 하는 무지한 자들에게 '사랑'을 가르치기 위해 동분서주합니다. 동성애자를 차별하는 자들에게 넉넉한 사랑(?)을 가르치고, 남성과 여성을 구분하는 사고방식을 가지고 있는 자들에게 진보된 사랑(?)을 가르치고 싶어 안달합니다. 오늘날 세상이 가르치는 사랑은 모든 가치 위에 존재하는 가치이며 모든 종교 위에 존재하는 종교입니다.

참된 사랑은 그리스도인만 가능하다

과연 사랑은 세상과 교회가 공유할 수 있는 보편적인 규범일까요? 세상 사람들이 칭송하는 그 사랑으로 교회가 사랑해도 되는 것일까요? 그렇지 않습니다. 죄는 모든 것을 왜곡합니다. 그 모든 것 안에는 사랑도 포함됩니다. 죄는 사람들 안에 있는 하나님의 형상을 오염시켰고, 그로 말미암아 사람들은 사랑의 원형을 잃어버렸습니다. 단지 그림자를 더듬어 사랑 비슷한 것을 할 뿐입니다. 참된 사랑은 오직 그리스도인만 할 수 있습니다. 사랑은 사람 사이에서 창조된 것이 아니고 삼위 하나님 사이에 존재하는 것이기 때문입니다.[10] 그러므로 하나님이 없다고 주장하는 세상은 결코 참된 사랑이 무엇인지 알 수 없습니다.[11] 다음 글을 읽어 보십시오.

> 사랑은 에로틱한 것도 아니며, 로맨틱한 것도 아니다. 사랑은 인간적인 것도 아니며, 물질적인 것도 아니다. 사랑은 예술적인 것도 아니며, 문학적인 것도 아니다. 사랑은 영적인 일이며, 성령과 관련된 일이다. 그러므로 사랑은 사람이 스스로 획득할 수 있는 것이 아니다. 사랑은 인간의 내부에서 출원하는 것이 아니다. 사랑은 오직 성삼위 하나님이 선사하시는 선물이다. 사랑의 근원은 우리 안에 있지 않고, 우리 밖에 있다. 종교개혁자들이 즐겨 사용했던 라틴어의 표현을 빌리자면 "*extra nos*"(우리 밖에)![12]

extra nos, 우리 밖에 있는 사랑

사랑은 우리 안에 있지 않고 우리 밖에 있습니다. 그러므로 우리는 사랑의 원형이 되시는 하나님을 보면서 그 사랑을 모방할 수밖에 없습니다. 그 사랑을 체험하고 그 사랑을 배우며 그 사랑을 연습하는 것입니다. 하나님의 사랑을 받아서 하나님을 사랑하는 사람만이 하나님의 사랑을 모방

---

10 삼위 하나님 사이에 존재하는 사랑에 관해서는 "3강, 하나님의 거룩한 사랑"에서 자세히 다룹니다.

11 세상 사람들은 참된 사랑의 원형을 잃어버렸습니다. 그러나 사랑을 완전히 잃어버린 것은 아닙니다. 사랑의 조각을 일부 가지고 있으며 참된 사랑을 갈구하는 열망도 남아 있습니다. 세상과 교회가 공유할 수 있는 사랑은 바로 이 지점에 있습니다. "8강, 사랑으로 살아가는 성도"에서 자세히 다룹니다.

12 조병수, 『겨울 그리고 봄』(수원: 합신대학원출판부, 2013), 25.

하며 사랑할 수 있습니다. 그런 의미에서 세상은 참된 사랑을 알지 못합니다. 때로는 세상 안에서도 감동과 울림을 주는 사랑이 나타나기도 하지만, 그것마저도 사랑 비슷한 것일 뿐이지 진정한 사랑이라고 할 수 없습니다. 죄로 오염된 사랑으로 사랑하는 것은 썩어서 오염된 1등급짜리 소고기를 먹이는 것과 같습니다. 최고 등급의 소고기라 해도 썩어서 오염된 것을 먹이는 것은 사람을 해치는 일이 되는 것처럼, 오염된 사랑으로 사랑하는 것은 결국 사람을 해하는 일이 되기 때문입니다. 따라서 하나님의 사랑을 모방하지 않은 채 세상적인 사랑으로 사랑하는 것은 그 자체로 '죄'가 됩니다. 사랑이 아닌 것으로 사랑하는 것은 죄입니다.

그러면 이제부터 세상이 칭송하는 사랑은 어떤 것이고, 그것의 잘못은 무엇인지 함께 살펴봅시다.

현대 문화가 보여 주는 사랑은 사랑이 아니다

사랑 중독 현상과 현대 문화

사람들은 '사랑'을 좋아합니다. 사랑할 때, 혹은 사랑을 받을 때 자아가 충만해지는 느낌을 받습니다. 반면에 사랑하지 않을 때, 혹은 사랑을 받지 못할 때 최악의 기분을 느낍니다. 그래서 "나쁜 관계라도 맺는 것이 관계를 전혀 맺지 못하는 것보다 낫다"[13]고 생각하기도 합니다. "누군가의 사랑을 받지 못하면 나는 아무것도 아니다"[14]라는 생각을 품기도 합니다. 『사랑이라는 이름의 중독』의 저자는 "사랑에 빠지는 것을 사랑하는 현상"을 비판하면서 그 원인을 대중문화에서 찾습니다.

> 현대 문화는 중독적인 관계를 좋은 관계로 그리는 경향이 있다. 흔히 말하는 누구에게 '미쳤다'는 표현이 그 예다. 의미인즉, 그 사람에게는 이성을 상실하게 할 정도로 매력적인 무언가가 있다는 소리다. 사람들은 "당신 없이는 미소 지을 수 없어요"라는 유행가 가사도 위험한 집착이 아니라 진실한 사랑의 표현이라고 생각한다. … 사람들은 이런 게 사랑이라고 생각한다.[15]

가요, 영화, 드라마, 다큐 등 대중문화가 보여 주는 사랑은 상당 부분 중독적이라는 것입니다. 『사랑 중독: 너무 지나치게 사랑하는 병』의 저자도 이에 동의하며 다음과 같이 말합니다.

> 사람들을 사랑 중독으로 이끄는 요소들 중 하나는 미디어에서 반복적으로 나오는 낭만적인 사랑에 대한 왜곡된 관념이다. 내가 미디어라고 말한 것에는 로맨스 소설, 영화, 텔레비전 드라마, 음악 등이 모두 포함된다. 그러나 그중에서도 낭만적인 사랑에 대한 그릇된 관념을 퍼뜨리는 가장 큰 주범은 바로 러브 송이다. 러브 송을 반복해서 듣는 동안 우리는 자신도 모르게 낭만적인

---

13 토머스 화이트맨, 랜디 피터슨, 『사랑이라는 이름의 중독』(서울: 사랑플러스, 2004), 39.
14 위의 책, 40.
15 위의 책, 36.

사랑에 대한 잘못된 메시지에 빠져들게 된다.[16]

사랑 중독 현상을 연구하는 심리학자들은 일관적으로 대중문화 속 사랑의 모습이 사람들을 왜곡된 사랑에 빠져들게 만든다고 지적합니다.

낭만주의에서 시작된 중독적인 사랑

그렇다면 왜 현대 문화는 '중독적인 사랑'을 높일까요? 사회학자 앤서니 기든스는 오늘날 '로맨스'라 불리는 사랑의 형태가 18세기 이후 등장한 낭만주의에서 비롯되었다고 주장합니다.

18세기 후반에 나타나 현재까지 존재해 온 낭만적 사랑은 바로 이러한 이상들에 뿌리를 두고 여기에 열정적 사랑의 요소들을 합친 것이다. … 낭만적 사랑은 개인의 삶에 어떤 서사의 관념을 도입하는데, 이것은 숭고한 사랑이 가진 성찰성을 근본적으로 확장한 형식이다. 사실 '로맨스'라는 말 자체가 '이야기를 한다'는 의미를 가지고 있기도 하다. 그러나 이 이야기는 이제 개인화되어, 더 넓은 사회적 과정에 대해서는 어떠한 준거점도 가지지 않는 어떤 개인적 서사 안에 자아와 타자를 삽입하는 그런 이야기가 되었다. 낭만적 사랑의 발생은 소설의 출현과 얼마간 일치한다. … 낭만적 사랑의 이상은 자유와 자아실현을 결합시키면서 출현하는 이 결합 속에 스스로를 직접 포함시켰다.[17]

---

16 수잔 피보디, 『사랑 중독: 너무 지나치게 사랑하는 병』(서울: 북북서, 2010), 79.
17 앤소니 기든스, 『현대 사회의 성, 사랑, 에로티시즘: 친밀성의 구조 변동』(서울: 새물결, 1996), 78–79.

낭만적 사랑의 세 가지 특징

앤서니 기든스의 분석에서 우리는 중요한 통찰력 세 가지를 얻을 수 있습니다.

첫째, 낭만적 사랑은 사랑을 최고의 가치로 떠받듭니다. 낭만적 사랑은 그 자체로 하나의 절대적 가치가 됩니다. 사회적인 준거, 곧 법과 윤리를 뛰어넘습니다. 그것이 동성 간의 사랑이든, 불륜 관계이든, 파괴적인 관계이든 상관없이 누군가의 가슴에 낭만을 불어넣었다면 그것 자체로 '선한 것'이 됩니다. 낭만주의는 사랑을 가장 높은 곳에 올려놓습니다.

둘째, 낭만적 사랑은 사랑에 관해 자아실현의 관점을 도입합니다. 낭만주의가 높여 놓은 '낭만적 사랑'에 내가 빠졌다는 것은 무엇을 의미할까요? '나'라는 존재 역시 높은 자리에 올라섰다는 의미가 됩니다. 따라서 낭만적 사랑을 추구하는 사람은 사랑에 빠졌을 때 가장 충만합니다. 즉, 낭만적 사랑의 최종적인 목표는 '나 자신'이 됩니다. 사랑을 자기 충족, 자기실현의 수단으로 인식하는 것입니다.

셋째, 낭만적 사랑은 소설의 출현, 곧 대중문화와 함께했습니다. 17세기에 등장한 '셰익스피어의 소설'부터 19세기 초반에 등장한 '제인 에어 류의 소설' 등은 낭만적 사랑을 칭송합니다. 낭만주의와 소설은 서로 영향을 주고받았는데, 이것은 오늘날 낭만주의와 현대 문화의 관계이기도 합니다.

현대 문화가 보여 주는 사랑의 두 가지 특징

여기서 우리는 현대 문화가 노래하는 '사랑의 정체'를 어느 정도 파악할 수 있습니다.

첫째, 현대 문화가 노래하는 낭만적 사랑은 일종의 '욕망'입니다. 욕망을 채울 때 사람들은 만족합니다. 먹고 싶은 욕망, 자고 싶은 욕망, 인정받고 싶은 욕망, 제멋대로 하고 싶은 욕망 등 내면에서 들끓는 욕망이 채워질 때 사람들은 비로소 충족감을 느낍니다. 마치 그런 것처럼, 현대 문화에서 노래하는 낭만적 사랑은 그것을 채울 때에만 '진정한 내가 될 수 있다'는 생각을 전파합니다. 다시 말해서, 낭만적 사랑은 그 어떤 것에도 방해받지 않고 채울 수 있는, 그리고 채워야 하는 정당한 욕구가 됩니다. 마치 배고플 때 밥을 먹는 것이 당연한 것처럼, 그리고 자고 싶을 때 자는 것이 당연한 것처럼 말입니다. 시인 페르난도 페소아는 낭만주의의 문제를 다음과 같이 지적합니다.

> 낭만주의의 근본 결함은 우리에게 필요한 것과 우리가 원하는 것을 혼동하는 데 있다. 우리 모두가 삶을 유지하고 지속하기 위해 필요 불가결한 것들이 있다. 또한 우리 모두는 좀 더 완전한 삶, 완벽한 행복, 꿈의 실현을 원한다. 인간이기에 필요한 것을 원하고, 인간이기에 필요하지는 않아도 원하는 것이 있다. 그런데 필요한 것과 원하는 것을 똑같이 갈망한다면, 완벽하지 못하다는 이유로 마치 일용할 양식이 없는 것처럼 고통스러워한다면 그건 병이다. 하늘의 달을 따서 손에 넣을 방법이 있기라도 한 듯 달을 갖고 싶어 하는 것

이 바로 낭만주의의 병폐다.[18]

즉, 낭만주의는 필요와 욕망을 동등한 것으로 여긴다는 것입니다. 필요한 것을 얻기 위한 노력이 정당한 것처럼, 욕망하는 것을 얻기 위한 모든 시도가 정당하다고 믿습니다. 낭만적 사랑은 관계에 대한 탐욕을 인정합니다.

성경적인 사랑은 욕망이 아니라 의무이다

사랑에 관한 낭만주의는 성경이 말하는 사랑을 심각하게 왜곡합니다. 성경이 말하는 사랑은 욕망이 아니라 의무입니다. 감정보다는 행동에 무게를 둡니다. 자기 충족이 아니라 이웃 섬김을 목적으로 합니다. 낭만주의가 제공하는 사랑은 자기 몰입적이지만, 성경이 가르치는 사랑은 철저히 하나님 중심입니다.[19] 낭만적 사랑은 무한대의 자유를 선사하지만, 성경적 사랑은 매우 규범적입니다.[20] 낭만주의가 노래하는 사랑에는 혼돈과 무질서가 동반되지만, 성경이 교훈하는 사랑에는 절제와 인내가 가미됩니다.

하지만 안타깝게도 오늘날 현대 교회 안에서는 성경적인 사랑보다 낭만적인 사랑이 더 높은 대접을 받습니다. 성경적인 사랑은 규범적이기에

---

18 페르난도 페소아, 『불안의 책』(파주: 문학동네, 2015), 73-74.

19 이와 관련해서는 3장과 4장에서 다룹니다.

20 앞 장에서 배운 바를 생각해 보십시오. 성경적 사랑은 율법의 총합입니다. 규범적이지 않을 수 없습니다.

무한대의 자유를 보장하지 않습니다. 그렇기에 성경적인 사랑 안에는 질책과 권면과 책망과 권징이 포함됩니다. 성경적인 사랑은 죄를 지적하는 행위를 배제하지 않고 죄를 지적하되 긍휼의 마음으로 합니다. 성경적인 사랑은 명백한 잘못을 눈감아 주고 아무 일도 없었다는 듯이 대하는 것이 아닙니다. 무조건적인 지지도 아닙니다.

성경적인 사랑은 분별력을 갖춘 후 인내와 절제로 행동함으로써 누군가를 하나님께로 돌이키도록 하는 행동입니다. 식욕에 사로잡혀서 음식을 게걸스럽게 탐하듯 사랑 욕구에 사로잡혀서 사랑을 욕망하는 사람들을 한없이 채워 주는 것은 성경적인 사랑과 거리가 멉니다. 그것은 사랑이 아닌 것으로 사랑하는 죄에 해당합니다. 사랑에 대한 욕망을 채워서 배부르게 된 그는 결코 하나님께로 돌이키지 않을 것이기 때문입니다.

둘째, 현대 문화가 노래하는 낭만적 사랑의 또 다른 특징은 '자기중심'입니다. 낭만주의는 결국 느낌을 강조합니다. 느낌이 있으면 사랑이고 느낌이 없으면 사랑이 아닙니다. 당연히 느낌의 주체는 '내'가 됩니다. 앤서니 기든스는 낭만주의의 특징을 느낌과 관련하여 다음과 같이 말합니다.

> 낭만적 사랑은 어느 정도의 자기 심문을 가정한다. 나는 타자에 대해 어떻게 느끼는가? 타자는 나에 대해 어떻게 느끼는가? 우리의 느낌들은 장기적 관여를 지탱해 줄 만큼 충분히 깊은가? … 낭만적 사랑은 이미 그 최초의 기원에서부터 친밀성의 문제를 제기한다. 낭만적 사랑에 빠진 개인에게 그 사랑의 대상인 타자는, 단지 그가 딴 사람이 아닌 바로 그 사람이라는 이유

하나만으로도 자신의 결여를 메꾸어 줄 수 있는 그런 존재이다. 바로 이 결여가 직접적으로 자기 정체성과 관련되게 하는 것이다. 그러므로 어떤 의미에서 낭만적 사랑은 불완전한 개인을 완전한 전체로 만들어 주는 어떤 것이다.[21]

낭만주의가 제공하는 사랑은 처음부터 자기중심적입니다. '나'에게 부족한 것을 채워서 '내'가 완전해졌다는 느낌을 줄 정도로 '나'와 친밀한 느낌을 공유할 수 있는 누군가를 대상으로 하기 때문입니다. 한마디로 '내'가 느끼는 바가 곧 사랑입니다.

성경적인 사랑은 느낌이 아니라 사명을 따른다

이것은 당연히 성경적 사랑이 아닙니다. 낭만적인 사랑은 느낌을 따라 움직이지만 성경적인 사랑은 사명을 따라 움직입니다. 낭만적인 사랑은 그 자체로 자기 정체성이 되지만 성경적인 사랑은 삶의 방식이 될 뿐입니다. 낭만주의에 영향을 받은 사람은 자기 느낌을 채우기 위해 사랑을 하지만 성경에 충실한 사람은 타자의 상황을 고려하여 사랑을 합니다. 예컨대, 낭만주의자들은 친밀감에 대한 병적인 집착이 있습니다. '내'가 친밀한 느낌을 받기 위해서 사랑을 합니다. 친밀감을 유지할 때는 자존감이 높아지지만 친밀감이 옅어질 때는 정체성마저 흔들립니다. 그래서 무슨 수를 쓰

---

21 위의 책, 85-86.

든지 친밀감을 유지하려고 합니다.

이와 같은 낭만적 사랑은 교회를 혼란스럽게 만드는 주범입니다. 낭만적인 사랑을 추구하는 사람은 친밀감을 주고받는 것을 성도의 교제로 이해해서 사람들을 자기중심으로 빨아들입니다. 특히, 자기를 향해 긍정적인 반응을 해 주는 사람에게 친밀감을 느끼기 때문에, 주변을 맴돌며 그 사람의 감정과 삶을 소모시킵니다. 하나님 중심적이지 않은, 그래서 자기중심적인 사랑은 반드시 파괴적인 결과를 낳습니다. 만약에 친밀감에 대한 병적인 집착을 가지고 있는 사람이 교회에서 주도적인 역할을 맡는다면, 그는 교회 전체를 '자기화' 시키려고 노력할 것입니다. 자기를 향해 무한한 긍정을 해 주는 공동체로 만들고자 한다는 것입니다. 그럴 때에만 교회 전체와 친밀감을 누릴 수 있기 때문입니다. 또한 낭만적 사랑을 성도의 교제로 이해하는 사람은 자기에게 친밀한 느낌을 주지 않는 교회는 사랑이 없다고 판단합니다.

> 이러한 낭만적 사랑이 어떻게 개인의 자기표현과 자아실현의 욕구로부터 발생하고, 우리 삶의 모든 면에서 '사랑'의 개념에 영향을 끼치는지 알아보는 것은 그리 어렵지 않다. 교회의 예배나 친구 관계 또는 연인과 데이트를 할 때 나누는 대화로 눈을 돌려 보면, 상대방이 나를 '나 자신 되게' 해 주거나 '나를 표현하게' 해 줄 때 또는 '내가 최고의 사람이 되게' 해 줄 때 비로소 상대방이 나를 사랑하는 줄 알게 된다. 나 역시 상대방에게 똑같은 일을 해 줌으로써 그를 사랑한다. 그러므로 사람들은 교회가 우리를 편안하게 해 주고 어떠한

판단도 하지 않을 때, 그 교회를 가리켜 '사랑이 있는 교회'라고 말한다.[22]

친밀한 느낌을 추구하는 것의 위험성

친밀한 느낌을 사랑으로 여기는 사람은 탈선할 가능성이 높습니다. 배우자보다 더 친밀한 느낌을 주는 누군가를 '사랑의 대상'으로 여길 수 있기 때문입니다. 친밀감에 대한 병적인 집착을 가지고 있는 사람에게는 자기에게 긍정적으로 반응해 주는 사람을 찾아내는 '레이더'가 있습니다. 조너선 리먼이 말하듯이, 나에 대한 긍정적인 반응이야말로 나를 '나 자신 되게' 하고 '내가 최고의 사람이 되게' 해 주기 때문에 그런 반응에 아주 예민합니다. 이것은 거의 본능입니다. 그래서 내가 하는 말에 활발히 반응하고, 내가 하는 농담에 크게 웃어 주고, 내가 하는 행동을 이리저리 받아 주는 사람과의 거리를 조금씩 좁힙니다. 말을 많이 섞고 가까이 접근하고 가벼운 접촉을 하기도 합니다. 아주 사소한 일로 개인적인 연락을 취합니다. 교회 같은 경우에는 '성경 공부 시간을 묻는다든지', '안색이 안 좋다는 등의 사소한 안부 인사를 한다든지', '생일이나 개인사를 빌미로 축하 문자를 보낸다든지', 심지어 자녀나 배우자를 이용해서 개인적인 연락을 취하기도 합니다. 그리고 이것을 디딤돌로 삼아 더 친밀한 관계를 만들기 위해

22 조너선 리먼, 『당신이 오해하는 하나님의 사랑』(서울: 국제제자훈련원, 2015), 75.

노력합니다. 이와 같은 노력은 그 사람을 통해 자기가 충족되었다는 느낌을 받을 때까지 계속됩니다.

성경적인 사랑은 하나님 중심이다

낭만주의는 느낌에 의존하여 사랑을 정의합니다. 그래서 항상 자기중심적입니다. 친밀한 느낌, 편안한 느낌, 완전한 느낌을 받을 때 비로소 사랑이 있다고 판단합니다. 낭만적 사랑을 추구하는 사람은 이 느낌을 주는 사람을 찾아 헤매고, 자기에게 이 느낌을 주도록 사람을 강제하고 조정하고 세뇌합니다. 그렇기에 낭만주의가 제공하는 사랑은 언제나 나쁜 열매를 맺습니다. 반면에 성경적인 사랑은 하나님 중심입니다. '내 느낌'이 아니라 '하나님의 말씀'에 기초해서 사랑을 정의합니다. '친밀한 느낌이나 편안한 느낌'으로 사랑을 판단하지 않고 '하나님께로 이끌고 있는지'로 사랑을 판단합니다. '느낌을 얻기 위해' 사람에게 은밀히 접근하거나 세뇌시키지 않고, '사랑을 하기 위해' 하나님의 지혜를 따라 그 사람의 상황을 고려합니다. 예컨대, 교회 안에서 성도의 교제를 할 때는 상황을 고려하는 지혜가 필요합니다. 기혼자가 기혼자를 대할 때, 기혼자가 미혼자를 대할 때, 미혼자가 기혼자를 대할 때, 미혼자가 미혼자를 대할 때 등 각각의 상황에 맞게 성도의 교제를 해야 합니다. 친밀한 느낌만을 위해 성도의 교제를 할 경우에는 위험한 일이 발생할 수 있기 때문입니다. '내 느낌'을 채우기 위해 굶주린 하이에나처럼 여기저기를 돌아다니는 것은 사랑이 아닌 것으로 사랑하는 죄를 짓는 것입니다.

자기를 사랑하는 것은 사랑이 아니다

죄는 자기 사랑이라는 나쁜 열매를 맺는다

현대 문화만 사랑을 오염시키는 것이 아닙니다. 우리 안에 있는 죄도 사랑을 왜곡시킵니다. 죄는 반드시 자기 사랑이라는 나쁜 열매를 맺습니다.

> 너는 이것을 알라 말세에 고통하는 때가 이르러 사람들이 자기를 사랑하며 _ **디모데후서 3:1-2**

바울은 말세에 일어날 일을 가르치면서 온갖 악행을 언급합니다. 그중에서 자기 사랑을 제일 앞자리에 둡니다. 칼뱅도 사람의 본성 안에 깊이 자리잡은 자기 사랑의 욕구를 경고합니다.

> 자기를 부인하는 마음이 완전히 자리를 잡게 되면, 교만이나 허식이나 뽐내고 싶은 것이나 또한 탐욕, 욕심, 화려함을 좋아하는 것이나 기타 자기를 사랑하는 데서 나오는 온갖 악행들의 여지가 없어진다. … 그러나 이런 명령은 본래부터 우리에게 있는 감정을 완전히 비우지 않고서는 절대로 따를 수가

없다. 왜냐하면 우리 모두가 자기를 사랑하는 쪽으로 너무나 맹목적으로 달려가는 나머지 누구나 자기를 높이고 상대적으로 남을 멸시하는 것이 당연하다는 생각을 갖고 있기 때문이다. … 자기를 사랑하며 이기기를 사랑하는 그 극악한 질병을 성경의 가르침으로 완전히 뿌리째 뽑아 버리는 것 외에는 다른 치료법이 없다.[23]

칼뱅은 그리스도인의 삶을 '자기를 부인하는 삶'으로 요약합니다. 죄는 구원받은 사람의 심령 속에 잔재해서 계속해서 영향력을 발휘합니다. 잔재하는 죄는 우리가 옛사람의 모습 그대로 자기 사랑에 빠져 있도록 마음을 조종합니다. 칼뱅은 이것을 "무의식중에 육체의 궤계에 빠져 헤매는 일"[24] 이라고 표현합니다. 자기 사랑이 무의식 속에 박혀 있다는 뜻입니다. 즉, 사람은 무의식적으로 자기를 사랑합니다. 이것은 육체에 속한 일입니다. 그러므로 거듭난 성도는 무의식을 따라 자기를 사랑하는 일을 버리고 의식을 깨워 자기를 부인하는 삶을 살아가야 합니다.

자기 사랑에 관한 몇 가지 관점

자기 사랑에 관한 다양한 관점

기독교 일각에서는 '자기 사랑은 나쁜 것'이라는 주장에 반대합니다. 중

---

23 존 칼빈, 『기독교강요』(중)(고양: 크리스챤다이제스트, 2003), 205-209.
24 위의 책, 99.

세 신학자 토마스 아퀴나스는 첫째로 사랑할 대상은 하나님이요 둘째로 사랑할 대상은 자기 자신이라고 말합니다. 로마 교회는 전통적으로 자기 사랑을 긍정해 왔습니다. 반면에 인간의 죄를 깊이 다루었던 루터는 '자기 사랑이 가능하다'는 주장을 강력히 비판합니다. "루터는 '네 이웃을 네 몸처럼 사랑하라'는 계명을 자기 사랑이 먼저이고 타자에 대한 사랑은 자기 사랑을 모범으로 삼아야 한다는 식으로 해석하는 흐름을 분명하게 거부하면서, 자기 사랑은 죄악 된 본성에 뿌리를 두고 있는 왜곡된 사랑의 형태이고 자기 자신이 아닌 타자를 사랑하는 것이 예수의 사랑에 부합된다고 강조합니다."[25] 루터가 자기 사랑을 부정하는 극단에 서 있다면 로마 교회는 자기 사랑을 긍정하는 극단에 서 있습니다. 이후 두 극단 사이에 여러 가지 관점들이 생겨났습니다. 가르트 할렛은 자기 사랑에 관한 여러 관점들을 다음과 같이 정리합니다.

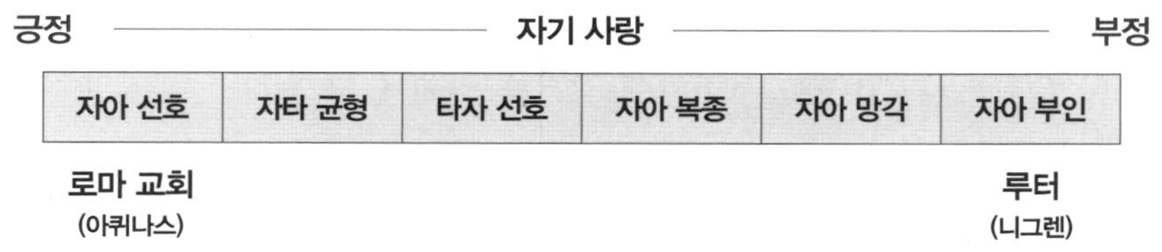

긍정 ———— **자기 사랑** ———— **부정**

자아 선호	자타 균형	타자 선호	자아 복종	자아 망각	자아 부인
로마 교회 (아퀴나스)					**루터** (니그렌)

자아 선호는 자기 사랑을 근거하여 혹은 모범으로 삼아서 이웃을 사랑해

25 이창호, "자기 사랑에 관한 현대 기독교 윤리학계의 담론 탐색", 『기독교 사회 윤리』, 제25호 (2013): 125.

야 한다는 의견입니다. 자타 균형은 자기 사랑과 타자 사랑을 균형 있게 해야 하는데, 타자를 사랑하기 위해 자기를 지나치게 희생해서는 안 된다는 의견입니다. 타자 선호는 자기의 유익을 구하지만 가능한 이웃의 유익을 우선해야 한다는 의견입니다. 자아 복종은 자기의 유익을 구하는 것이 불법은 아니나 다른 이의 유익을 최대치로 구해야 한다는 의견입니다. 자아 망각과 자아 부인은 비슷합니다. 자아 망각은 타인의 유익과 관련해서만 자신의 유익을 구할 수 있다는 것이고, 자아 부인은 다른 사람의 유익을 위해 자기의 유익을 완전히 거부해야 한다는 의견입니다.[26]

자기 사랑을 긍정하는 로마 교회의 신학

3장에서 살펴보겠지만, 자기 사랑에 관한 의견은 결국 신학의 문제로 연결될 수밖에 없습니다. 로마 교회가 자기 사랑을 긍정하는 것은 '자연 신학'[27]의 영향이 큽니다. 자연 신학은 하나님의 계시를 배제하고 이성을 통해 자연을 연구함으로 일정하게 신학을 전개할 수 있다고 주장하는 신학입니다. 이 신학을 따라서 로마 교회는 자기 사랑이 자연의 질서라고 주장합니다. 자연 속에서 관찰되는 모든 생물체는 자기를 사랑하는 모습을

26 그렇다면 개혁 신학이 주장하는 '사랑'은 어디에 속할까요? 루터의 견해에 근접해 있지만, 정확히 말하자면 이 분류표로 규정할 수 없습니다. 그것은 다음 장에서 자세히 살펴보겠습니다.

27 토마스 아퀴나스는 자연 신학의 선구자라고 할 수 있습니다. 로마 교회는 아퀴나스를 따라 자연 신학을 계속하여 발전시켜 왔습니다.

보입니다. 따라서 자기 사랑은 그 자체로 자연의 질서이고, 사람이 자기를 사랑하는 것도 질서의 일부라는 것입니다. 하지만 이 주장은 다른 사람을 해치면서까지 자기 유익을 교묘히 추구하는 죄인의 본성을 간과하고 있습니다. 즉, 자기 사랑에 관한 로마 교회의 의견은 사람의 자연적 본성을 지나칠 정도로 긍정하고 있습니다.

자기 사랑을 부정하는 루터 교회의 신학

반면에 루터파 학자인 니그렌은 하나님의 사랑과 인간의 사랑을 엄밀하게 나눕니다. 흔히 구분하는 '아가페와 에로스'입니다. 그의 저명한 책 제목이기도 합니다. 여기서 그는 자기 사랑이 에로스에 해당한다고 봅니다. 그는 루터의 견해를 받아 다음과 같이 말합니다.

> 에로스는 아무리 심령화되고 승화되었다 하더라도 그것의 자기중심적 특성을 간직한다. 에로스를 하나님에게 바치고 그 사랑의 대상을 썩어질 지상적인 것들에서 불후의 것들로 바꿔 주는 것만으론 충분하지 않다. 비록 그렇다 하더라도, 에로스는 그 이기적인 특성을 계속 보유하면서 자신의 것을 추구하기 때문이다. 그것은 심지어 하나님 안에서도 자신의 것을 추구한다. … 루터에 의하면, 참된 기독교적 사랑인 아가페가 우리 안에서 한 자리를 발견하기 위해선 자기 사랑이 뿌리째 뽑혀져야 한다.[28]

---

28 안더스 니그렌, 『아가페와 에로스』(고양: 크리스챤다이제스트, 1998), 768.

니그렌은 루터가 그렇게 했듯이, 죄의 본성 안에서 자기 사랑을 해석합니다. "죄는 일차적으로 자기 자신에 대한 이기적인 예속을 의미합니다. 심지어 죄인은 하나님과의 관계 안에서도 자기 자신에게로 기울어져 있습니다."[29] 그러므로 당연히 자기 사랑은 반드시 제거되어야 하는 악한 열매입니다. 로마 교회가 가지고 있는 순진한(?) 인간 본성론에 비해 루터와 니그렌의 주장은 성경에 기초합니다. 앞서 살펴본 것처럼, 자기 사랑은 말세의 특징이며 모든 악행의 선두 주자이기 때문입니다(딤후 3:1-2). 니그렌의 견해에 큰 약점[30]이 있음에도 불구하고, 그가 주장하는 대로 자기 사랑을 극히 경계해야 하는 이유입니다.

자기 사랑은 왜 사랑이 될 수 없는가?

현대 심리학이 진단하는 자기애성 성격 장애

자기 사랑을 경계해야 하는 이유는 또 있습니다. 자기 사랑은 실제 삶의 현장에서도 매우 나쁜 열매를 맺기 때문입니다. 세속 심리학에서도 성격 장애를 분류하며 그중 하나를 자기 사랑과 연결시킵니다. 심리학(DSM-

29 위의 책, 767.
30 사람 안에 있는 죄의 본성을 극대화시키고 그 사람을 구원하시는 하나님의 "무조건적 사랑"을 강조하는 루터파 신학은 "하나님의 영광과 주권을 중심으로 전개되는 칼뱅 신학"에 비해 매우 "인간적"입니다. 이것이 약점으로 작동될 때가 많습니다. 다음 장에서 자세히 분석하겠습니다.

IV[31])은 자기애성 성격 장애에 다음과 같은 특징이 있다고 말합니다.

> 첫째, 자신의 중요성에 대한 과장된 지각을 가지고 있다. 이들은 항상 자기 능력을 과대평가하고 뒷받침할 만한 성취가 없을 때도 자신의 업적을 과장하기도 하며 교만하다. 둘째, 이 장애가 있는 사람들은 끝이 없는 성공에 대한 공상과 권력, 탁월함, 아름다움, 또는 이상적인 사랑에 대한 환상에 자주 사로잡혀 있다. 셋째, 이들은 일반적으로 과도한 찬사를 요구한다. 자신들이 얼마나 일을 잘하고 있으며 타인들에게 얼마나 호감을 주고 있는가에 대해 관심을 갖는데, 이러한 생각은 항상 관심과 찬사를 요구하는 방식으로 나타난다. 다섯째, 타인들의 요구나 소망을 무시하게 되어 알게 모르게 타인들과의 관계가 착취적이 되는 결과로 나타난다. 즉, 자기 자신의 목적을 달성하는 것을 위해 타인들을 이용하게 된다. 여섯째, 이들은 공감 능력이 결여되어서 타인의 감정이나 욕구를 이해하려 하거나 확인하려 하지 않는다.[32]

첫 번째 특징이 중요합니다. 자기애성 성격 장애를 가지고 있는 사람은 자기 자신의 중요성을 과장해서 인식합니다. 과대망상을 한다는 것입니다. 자기 자신을 크고 높게 생각하는 과대망상은 성공과 권력과 명예에 대한 집착으로 이어지고, 모든 사람을 통제하고 싶은 욕망과 연결되며, 늘 좋은 평판을 얻고 싶어 하는 증상을 낳습니다. 친밀함에 대한 병적인 집착도 만듭니다. 과대망상에 걸린 사람은 '나는 꽤 괜찮은 사람이니 사람들은 다 나

---

31 Diagnostic and Statistical Manual of Mental Disorders—4th edition의 약자로 임상 전문가와 연구자들이 사용하는 정신 장애 분류 체계입니다.

32 홍이화, "자기애성 성격 장애와 그 목회상담적 함축", 「신학과 실천」, 23호(2010): 346–347에 있는 내용을 요약 · 정리했습니다.

를 좋아해야 한다'라고 생각하기 때문입니다. 특히, '내가 좋아하는 사람은 반드시 나를 좋아해야 한다'는 생각이 가득하기 때문에 사람을 은연중에 조종하거나 대놓고 통제합니다. 자기애성 성격 장애를 가지고 있는 사람은 자신의 감정은 매우 소중히 다루지만 남의 감정을 읽지는 못합니다. 그래서 자신이 원하는 친밀감을 얻기 위해 기꺼이 관계적 착취를 합니다.

자기 사랑과 교만의 관계

심리학의 진단은 성경의 그것과 유사한 부분이 있습니다.[33] 최초의 사람은 정확한 자기 평가를 잃어버렸습니다. 아담과 하와는 하나님의 말씀에 비추어 자기를 이해하지 않고 뱀의 이야기에 귀를 기울였습니다. 뱀의 이야기에 유혹당한 사람은 하나님과 같이 되고자(창 3:5) 하나님의 말씀에 불순종했습니다(창 3:6). 탐욕적인 과대망상, 곧 교만이 죄를 짓는 데 결정적인 역할을 한 것입니다. 교만은 자기 사랑에 기초합니다. 동시에 자기 사랑은 교만에 근거합니다. 즉, 교만한 사람은 자기를 사랑하고, 자기를 사랑하는 사람은 교만합니다. 교만은 자기를 너무 사랑해서 스스로 하나

---

33 심리학은 일반 계시와 일반 은총 속에 있는 하나님의 지혜를 발견하고자 하는 여러 학문 중 하나입니다. 그렇기에 심리학 안에도 하나님의 지혜가 일정하게 포함되어 있습니다. 물론, 심리학 특유의 인본주의적 특성과 자아 중심적 치료법에 대해서는 비판적 시각을 가지고 있어야 합니다. 예컨대, 사람에 관한 분석에서 죄를 배제하는 것과 그에 따른 자기 긍정의 치료법은 성경의 반대편에 있음을 명심해야 합니다. 그럼에도 불구하고 사람들을 관찰하고 분석해서 찾아낸 몇 가지 사례와 진단들에 대해서는 비판적 긍정을 할 수 있습니다. 사람의 본성으로부터 나오는 공통된 성격 유형이 존재하기 때문입니다.

님과 같이 되고자 하는 성향입니다. 교만한 사람의 믿음은 자기 사랑의 목적을 충족시키기 위한 것일 뿐입니다. 하나님이 자기 사랑의 수단이 될 뿐입니다. 예컨대, 다음과 같습니다.

- 심리적인 하나님: 자기 존중감을 갖기 위한 수단으로서의 하나님
- 사회적인 하나님: 자기 평판을 얻기 위한 수단으로서의 하나님
- 정치적인 하나님: 자기 신념을 관철시키기 위한 수단으로서의 하나님

자기 사랑에 따라 만들어지는 거짓 하나님

자기를 사랑하는 사람이 믿는 하나님은 크게 세 종류입니다.

첫째, 심리적인 하나님입니다. 심리적인 하나님은 '나에게 긍정적인 기분을 주는 하나님'입니다. 자기를 사랑하는 사람은 자기가 바라는 만큼 스스로를 대단하게 느끼는 것을 가장 중요하게 생각합니다. 문제는 우리가 바라는 만큼 우리가 대단하지 않다는 것입니다. (대단하지 않은 나의) 현실과 (대단하고 싶은 나의) 욕구 사이에서 많은 사람들이 심리적으로 좌절합니다. 스스로 별것 아니라는 느낌에 사로잡혀 버립니다. 바로 그 순간에 심리적인 하나님이 필요한 것입니다. '내가 대단한 사람임을 인정해 주는 하나님', '내가 항상 사랑받는다는 느낌을 제공해 주는 하나님', '자기 중요성의 욕구를 충족시켜 주는 하나님'입니다. 심리적인 하나님은 당연히 죄를

언급하지 않습니다.

둘째, 사회적인 하나님입니다. 사회적인 하나님은 '내가 괜찮은 사람이라는 평판을 얻도록 도와주는 하나님'입니다. 자기 존중감은 느낌이 중요합니다. 반면, 자기 평판은 타인의 칭찬이 중요합니다. 자기 존중감과 자기 평판은 서로 연결되어 있습니다. 자기 존중감을 강화하고 싶은 사람은 남들이 인정해 주는 실질적인 평판을 중요시합니다. 타인의 칭찬은 자기 존중의 느낌을 확실하게 제공해 주기 때문입니다. 그래서 칭찬을 얻기 위해 노력합니다. 좋은 평가를 받기 위해 열심을 부립니다. 칭찬과 평판을 통해 친밀한 관계를 느끼는 것에 더욱 집착합니다. 이들에게 하나님과 교회는 이용하기 좋은 수단이 될 수 있습니다. 교회가 시키는 대로 열심히 하면 하나님을 잘 믿는다는 평판을 얻을 수 있습니다. 성도의 교제를 활용하여 친밀한 느낌도 받을 수 있습니다. 힘써 봉사하고 좋은 평판을 획득하여 직분자가 됨으로 명예욕을 해결할 수 있습니다. 사회적인 하나님은 위선을 얼마든지 용납해 줍니다.

셋째, 정치적인 하나님입니다. 정치적인 하나님은 '내가 이미 만들어 놓은 가치와 사상을 지지해 주는 하나님'입니다. 이 하나님 역시 나를 존중해 주는 하나님입니다. 내가 존중받는다는 느낌은 사회적인 평판과 더불어 자기 사상이 구체적으로 실현될 때 절정에 이릅니다. 자아실현이 완성될 때 자기 존중감은 극에 달합니다. 정치적인 하나님을 믿는 사람은 일

중독, 관계 중독, 게임 중독, 취미 중독 등 각종 중독에 쉽게 빠집니다. 중독 상태에서 자아실현의 느낌을 맛볼 수 있기 때문이고, 그로 말미암아 자기 존중감이 확대되기 때문입니다. 또한 정치적인 하나님을 믿는 사람은 자기 생각을 반대하는 사람을 극렬하게 적대합니다. 자기 생각을 반대하는 것을 자기를 반대하는 것으로 인식하기 때문입니다. 그래서 반대에 부딪힐 때마다 스스로 부정적인 기분을 느낍니다. 부정적인 기분을 극복하기 위해서 반대 의견을 낸 사람을 완전히 잘못된 사람으로 몰아갑니다. 완전히 잘못된 사람이 낸 의견이므로 그의 의견은 완전히 잘못되었고, 그렇기에 그는 얼마든지 미워할 수 있는 사람이 됩니다. 정치적인 하나님은 이와 같은 심리 작용을 정당화해 줍니다.

자기 사랑은 반(反)복음이다

자기를 사랑하는 사람이 믿는 것은 사실 자기 자신입니다. 하나님은 그저 수단일 뿐입니다. 그가 정말로 믿고 의지하며 영광을 돌리고 싶어 하는 존재는 자기 자신입니다. 이 상태가 바로 성경이 말하는 교만입니다. 오늘날 많은 교회가 가르치는 자기 사랑의 복음, 혹은 자기 긍정의 복음은 그 자체로 반복음입니다. 하나님은 자기 긍정의 복음을 강력히 규탄하십니다.

> 이는 그들이 가장 작은 자로부터 큰 자까지 다 탐욕을 부리며 선지자로부터 제사장까지 다 거짓을 행함이라 그들이 내 백성의 상처를 가볍게 여기면서

말하기를 평강하다 평강하다 하나 평강이 없도다 _예레미야 6:13-14

당시 이스라엘은 자기 사랑의 종교에 흠뻑 빠져 있었습니다. 모든 사람들이 탐욕을 당연시하고 있었습니다. 가장 큰 문제는 이 거짓 신앙을 폭로해야 할 선지자와 제사장이 이것을 아주 가볍게 여겼다는 것입니다. 가볍게 여긴 정도가 아니라 괜찮다고 인정해 주었습니다. 자기 욕구를 채우기 위해 살아가는 백성들에게 자기 긍정의 복음을 선물로 준 것입니다. 하지만 자기 긍정의 복음은 결코 복음이 아닙니다. 죽을병에 걸린 사람에게 아무 문제가 없다는 말은 위로가 아닙니다. 이와 같이 죄에 사로잡힌 사람에게 이대로 살아도 괜찮다는 말은 기쁜 소식이 될 수 없습니다. 예수님은 자기 사랑의 복음에 관해 매우 명확한 말씀을 남기셨습니다.

이에 예수께서 제자들에게 이르시되 누구든지 나를 따라오려거든 자기를 부인하고 자기 십자가를 지고 나를 따를 것이니라 누구든지 제 목숨을 구원하고자 하면 잃을 것이요 누구든지 나를 위하여 제 목숨을 잃으면 찾으리라 사람이 만일 온 천하를 얻고도 제 목숨을 잃으면 무엇이 유익하리요 사람이 무엇을 주고 제 목숨과 바꾸겠느냐 인자가 아버지의 영광으로 그 천사들과 함께 오리니 그때에 각 사람이 행한 대로 갚으리라 _마태복음 16:24-27

자기 긍정은 예수 그리스도의 복음과 아무런 상관이 없습니다. 예수님은 참된 복음을 만난 사람은 자기를 부인한다고 말씀하셨습니다. 곧, 자기에게 가장 소중한 것들을 드리며 따라온다고 말씀하셨습니다. 지금의 삶을 괜찮다고 긍정하며 원래대로 사는 것은 복음에 합당한 삶이 아닙니다. 지금의 삶에서 괜찮다고 여겼던 것들을 괜찮지 않다고 인정하고, 하나님께서 정말 괜찮다고 하신 것들을 따르는 삶이 복음에 합당한 삶입니다. 쉽게 말해서, 회개하고 믿음으로 순종하며 사는 것이 복음에 합당한 삶입니다. 우리 앞에는 두 가지의 삶만 있습니다. 자기 존중감, 자기 평판, 그리고 자기 신념을 지키기 위해 진짜 복음을 희생시키는 삶과 그리스도의 복음을 지키기 위해 자기를 희생시키는 삶입니다. 모든 사람들은 자기를 사랑하는 삶을 살거나 자기를 부인하는 삶을 살게 된다는 것입니다.

래리 크랩은 에덴동산에서 통했던 사탄의 전략이 지금도 유효하다고 말합니다.

> 우리가 보는 영화, 우리가 듣는 설교, 우리가 직면하는 건강 문제, 우리가 추구하는 우정, 우리가 고군분투하는 결혼 생활 등 이 모든 것 아래에서 사탄은 우리를 방해하고 있다. 사탄은 늘 우리 정신과 마음에 나쁜 이야기를 속삭인다. 그가 들려주는 이야기는 좋은 이야기인 것처럼 혹은 우리를 위하는 것처럼 가장하지만, 사실은 그렇지 않다. 그러나 사탄은 자신이 그 담화의 화자임을 늘 숨기기 때문에, 매력적으로 보이는 그 이야기가 악하다는 것을 우리가 깨닫지 못하기 때문에, 우리는 사탄이 들려주는 것을 좋아하면서 그 이야기에 매력을 느끼는 것이 잘못이 아니라고 생각한다. 그 이야기가 일러 주는 식으로 관계를 맺는 것은 선택이 아닌 본능적 반사 작용이라고 말이다. 그것이 우리가 태어날 때부터 관계를 맺어 온 자연스러운 방식이다. 광고, 유명 인사, 정치인, 때로 목사를 통해서도 사탄은 먼저 자신을 돌보라고 부추긴다.

그리고 거기에 아무 생각 없이 반응한다. "물론이지! 이거야말로 최선의 삶의 방식 아니겠어?"[34]

래리 크랩은 자기를 사랑하는 방식으로 관계를 맺는 것이 본성적이라고 말합니다. 여기에 더해서 사탄은 자기 사랑이 절대 잘못된 것이 아니라고 모든 문화를 통하여 말합니다. 본성과 문화의 유혹 속에서 사람들은 자연스럽게 자기를 사랑하는 삶의 방식을 택합니다. 무의식적으로 자기 사랑에 기초한 관계를 맺는다는 것입니다.

에리히 프롬이 말하는 자기 사랑과 그에 대한 비판

무의식적인 자기 사랑에 관해 긍정적인 이론을 제공한 최초의 학자는 에리히 프롬입니다. 그는 성경 말씀을 인용하여 주장합니다.

나 자신이 포함되지 않은 인간 개념은 있을 수 없다. 나 자신을 제외하는 이론은 그 자체에 본질적인 모순이 있음을 입증하고 있다. "네 이웃을 네 몸처럼 사랑하라"는 성서의 말에 표현된 사상은 자기 자신의 통합성과 특이성에 대한 존경이 다른 개인에 대한 존경과 사랑과 이해로부터 분리될 수 없다는 것을 의미한다. 나 자신의 자아에 대한 사랑은 다른 존재에 대한 사랑과 불가분의 관계를 갖고 있다.[35]

---

34 래리 크랩, 『행복: 자아의 굴레를 벗고 타인을 사랑하는 삶』(서울: IVP, 2018), 201.
35 에리히 프롬, 『사랑의 기술』(서울: 문예출판사, 2019), 83.

에리히 프롬 이후 교회는 '네 자신과 같이 사랑하라'(레 19:18; 마 22:39; 막 12:31; 약 2:8)는 말씀을 자기 사랑을 긍정하는 구절로 받아들였습니다. 다음과 같은 해석이 일반화되었습니다.

> 성경은 세 가지의 사랑을 명령한다. 하나님 사랑과 이웃 사랑, 그리고 이 둘을 이어 주는 자기 사랑이다.

에리히 프롬은 칼뱅이 '자기 사랑은 페스트(전염병)와 같다'고 말한 것을 비판하며 "타인에 대한 사랑과 우리 자신에 대한 사랑은 양자택일적인 것이 아니"[36]라고 주장합니다. 심리학에서는 에리히 프롬의 이 같은 견해가 매우 일반적입니다. 이 해석을 반대한 학자로는 제이 아담스가 있습니다. 그는 문맥상 예수님은 정확히 두 계명(마 22:40)만을 언급하셨다고 주장합니다.

> 그리스도께서 온 율법을 두 계명으로 요약하여 말씀하셨을 때는 정확하게 바로 그것만을 말씀하시려는 의도였지 다른 것들을 말씀하시려는 의도가 아니었다. … 사실 그리스도께서는 명백하게 두 개라고 한정 지으심으로써 그러한 가능성(필자 주: 너 자신을 사랑하라는 세 번째 계명이 함축되었을 가능성)을 배제하셨다.[37]

---

36 위의 책, 84

37 폴 브라운 백, 『크리스챤의 자기 사랑』(서울: 아가페문화사, 1991), 73.

폴 브라운 백은 에리히 프롬의 자기 사랑 이론이 '나는 사랑스럽다. 그러므로 나는 나 자신을 사랑해야 한다'는 생각에 근거하고 있다고 지적합니다. 에리히 프롬의 후예들에 따르면, 사람들이 정신적인 고통을 호소하는 이유는 자기 사랑이 결핍되었기 때문입니다. 그러므로 그들에게는 스스로를 사랑하는 법을 가르치는 것만이 진정한 치료법이 됩니다.[38] 전통적인 신학이 죄를 고통의 근본적인 원인으로 본다면 심리학은 자기 사랑의 결핍을 근본적인 원인으로 보는 것입니다. 따라서 전통적인 신학에서 예수 그리스도는 죄 사함을 위한 구원자가 되지만, 심리학에서 예수 그리스도는 자기 사랑을 위한 동기 부여자가 됩니다. 심리학으로부터 유래한 자기 긍정의 복음을 가르치는 교회가 참된 복음의 능력을 잃어버리는 것은 당연한 일입니다.

구원은 관계 그 이상이다

교회 현장에서 인기를 끌고 있는 전도지 혹은 새 가족 교재는 대부분 사랑을 하나님의 근본적인 성품으로 제시합니다. 예를 들면 다음과 같습니다.

- 하나님은 사랑이시기에 우리를 사랑하실 수밖에 없다.
- 우리는 하나님의 사랑을 받고 있으므로 스스로도 사랑할 만한 존재이다.

38 위의 책, 100.

- 죄는 자기 사랑을 방해한다.
- 죽기까지 우리를 사랑하신 예수 그리스도의 사랑을 믿으라.
- 이처럼 무조건적인 하나님의 사랑 안에서 자기 사랑을 제대로 발견할 수 있다.

위와 같이 노골적인 것도 있지만 삼위일체 간의 사랑을 인용하면서 세련되게 사랑의 복음을 말하는 전도지 혹은 새 가족 교재도 있습니다. 그러나 이것은 구원을 지나치게 관계적인 부분으로만 해석한 견해입니다. 구원에는 관계 그 이상의 의미가 있습니다. 다음을 읽어 보십시오.

> 현대성의 습성과 기호는 전통적인 신앙의 희생과 훈계보다 훨씬 매력적이다. 하나님의 사랑은 하나님의 거룩함보다 한층 부담 없어 보인다. 교회는 오늘날 치유를 중시하는 문화의 유혹에 굴복했는데, 그런 상황에서도 도덕적인 차원보다 관계적인 차원을, 인식적인 확신보다 신비주의를, 인격적인 순종보다 자기실현을, 인성보다 자아상을, 기독교 신앙의 유일성보다 다원주의적인 종교의 평등함을 두둔하는 편이 더 자연스러워 보일 수밖에 없다.[39]
>
> 죄는 깨어진 관계 이상을 의미하고, 구원은 관계의 회복 이상을 의미한다. 죄는 권위에 대한 도전이고, 구원은 위엄에 대한 경배의 회복이다.[40]

데이비드 웰스는 하나님의 사랑이 하나님의 거룩함을 압도하는 시대가 도래했다고 말합니다. 그래서 하나님의 거룩함을 따르는 도덕적인 행위보

39 데이비드 웰스, 『거룩하신 하나님』(서울: 부흥과개혁사, 2010), 210-211.
40 조너선 리먼, 『당신이 오해하는 하나님의 사랑』(서울: 국제제자훈련원, 2015), 121.

다 하나님의 사랑을 받아들이는 관계적인 차원을 사람들이 쉽게 두둔한다고 말합니다. 순종보다는 자아실현을 더 중요하게 여기고, 인격의 성숙보다는 긍정적인 자아의 회복을 추구한다는 것입니다. 조너선 리먼은 이와 같은 현상을 성경적 구원론의 파괴로 봅니다. 죄를 그저 깨어진 관계로 보고, 구원을 회복된 관계 정도로만 이해하기 때문입니다. 하지만 전통적인 신학에서 말하는 죄는 불순종, 곧 하나님의 권위와 법에 대한 심각한 도전입니다. 따라서 구원은 그 죄로부터의 돌이킴, 곧 하나님의 권위와 법에 대한 순전한 공경심을 회복하는 것입니다. 칼뱅은 이것을 '경건'[41]이라고 말합니다.

자기 사랑을 검토하라

'자기를 사랑하라'는 교훈이 성경적인 검토를 건너뛴 채 교회 안에 깊이 뿌리내려 버렸습니다. 세속적인 자기 사랑 이론은 사람의 죄악 된 본성과 일치하기 때문에 사람의 마음을 잡아끕니다. 사람들은 죄에서 건져 내어 권위에 순종하는 성도로 만드시는 하나님의 복음이 아니라 부정적인 기분에서 건져 내어 자기 존중감을 갖게 하는 자기 긍정의 복음을 더 좋아합니

41 존 칼빈, 『기독교강요』(상)(고양: 크리스챤다이제스트, 2003), 46. "경건이라는 것은 곧, 하나님께서 베푸시는 온갖 유익들을 아는 데서 생겨나는 바 하나님에 대한 두려움과 그를 향한 사랑이 하나로 결합된 상태를 뜻한다."

다. 그들은 자기 사랑이 충만할 때 하나님과 이웃을 더 많이 사랑할 수 있다고 주장합니다. 하지만 자기 사랑은 성경이 가르치는 사랑이 아닙니다. 자기 사랑에 기초하여 사랑하는 것은 사랑이 아닌 것으로 사랑하는 죄를 짓는 것입니다.

사랑을 말하다

셋째

셋째,
하나님의 거룩한 사랑

앞 장 요약

현대 문화에서 비롯된 것이나 자기 안에서 발생한 것은 참된 사랑이라고 말할 수 없습니다. 사랑의 일부를 포함할 수는 있습니다. 비슷하게 사랑할 수도 있습니다. 그러나 참된 사랑은 아닙니다. 참된 사랑은 우리 밖(*extra nos*)에 있습니다. 즉, 우리 밖에 계신 하나님께 사랑의 원형이 있습니다.

사랑에 관한 칼 바르트의 견해

하나님께서 사랑이시라는 말씀에는 많은 사람이 동의합니다. 그중에서도 신정통주의 신학자 칼 바르트는 사랑의 하나님을 강조했습니다.

> 하나님은 하나님의 계시 행위 안에 존재하는 자이다. 하나님은 하나님 자신과 우리 사이의 관계를 추구하고 찾으시고 창조하신다. 이것이 하나님이 이

루시고 하나님이 우리를 사랑하시는 것이다. 그러나 하나님은 우리 없이 성부, 성자, 성령으로 자유 안에서 하나님 스스로부터 생명을 가지시는 하나님이다.[42]

칼 바르트는 삼위 하나님께서 서로 자유롭게 사랑하시는 존재시기 때문에 우리 없이도 충분히 사랑하실 수 있다고 말합니다. 여기서 그가 강조하고 싶은 것은 "그 무엇에도 제한을 받지 않고 자유롭게 사랑하시는 하나님"입니다. 바르트는 사랑이 하나님의 가장 중요한 본성 정도가 아니라 하나님을 규정하는 본성 자체로 보았습니다. "하나님은 그분이 사랑이시기 때문에 사랑하십니다. 왜냐하면 이 행위가 그분의 존재이고, 본질이며, 본성이기 때문입니다. 하나님은 이러한 목적들을 인식하지 않으시며, 인식하기 이전에 사랑하십니다."[43] 바르트에 따르면, 하나님은 그야말로 사랑 그 자체가 되십니다.

사랑에 관한 복음주의의 견해

바르트의 견해를 따르는 교회들은 '하나님은 사랑이시고 사랑은 하나님'이라는 공식을 자연스럽게 받아들였습니다. 하나님의 모든 것과 성경

---

42 Karl Bart, *Church Dogmatics* Ⅱ/1, 257, 원부연, "칼 바르트의 하나님 사랑의 완전성 연구"(석사학위논문, 감리교신학대학원, 2010), 10에서 재인용.
43 Karl Bart, *Church Dogmatics* Ⅱ/1, 279, 조너선 리먼, 『당신이 오해하는 하나님의 사랑』(서울: 국제제자훈련원, 2015), 121에서 재인용.

의 모든 것은 사랑에 따라 규정된다는 믿음이 교회를 휩쓸었습니다. 하나님은 당신의 사랑 때문에 죄인을 사랑하실 수밖에 없고, 구원을 베푸실 수밖에 없으며, 모든 죄를 용서하실 수밖에 없다는 것입니다. 하나님은 사랑에 종속되어 모든 사역을 하신다는 생각이 교회 가운데 널리 퍼져 나갔습니다. 사람들은 '사람이 무슨 짓을 해도 항상 사랑하시는 하나님'과 '사람을 사랑하실 수밖에 없는 하나님'을 믿게 되었습니다. 데이비드 웰스는 칼 헨리를 인용하여 이것이 자유주의 신학의 특징임을 지적합니다. 자유주의 신학에서는 "하나님의 진노가 죄인을 향한 하나님의 사랑에 종속되고 또한 반드시 종속되어야 한다"[44]고 강조하기 때문입니다.

무엇이 정말 하나님의 사랑인가

사랑을 찾기 위해 하나님을 바라보는 것은 올바른 방법입니다. 하나님은 사랑의 원형이 되시고 사랑을 베푸는 근원이 되시기 때문입니다. 그러므로 우리는 부지런히 하나님께 다가서서 사랑이 무엇인지 탐구해야 합니다. 그러나 모든 탐구가 그렇듯이 사랑의 탐구도 오직 성경에 기초해야 합니다. 오직 성경이라는 토대에서 벗어난 탐구는 사랑을 올바르게 발견할 수 없습니다. 자기 생각이나 내면에 근거한 사랑의 탐구는 인간 본성이 선

---

44 데이비드 웰스, 『거룩하신 하나님』(서울: 부흥과개혁사, 2010), 211.

호하는 형태로 사랑을 정의하게 됩니다. 결과적으로 무조건적인 사랑이나 사람 중심적인 사랑을 강조하게 됩니다. 반면에 오직 성경에 기초한 사랑의 탐구는 사랑에 대한 새로운 정의를 만듭니다. 무조건적인 사랑 대신에 거룩함에 속한 사랑을 발견하도록 하고 사람 중심적인 사랑 대신에 하나님 중심적인 사랑을 규정하도록 합니다. 지금부터 하나님의 사랑을 탐구해 봅시다.

무조건적인 사랑? 거룩함에 속한 사랑!

> 오늘날 기독교인들은 하나님을 사랑의 하나님으로 가장 먼저 인식하는 것처럼 행동할 때가 간혹 있다. 성경이 하나님을 사랑이라고 말하는 것은 틀림없으나 현대 기독교인들은 이것 자체만으로도 충분한 신학이 된다고 생각하며, 하나님이 오로지 사랑만은 아니더라도 본질적으로 사랑이므로 하나님의 거룩함에 대한 이야기가 불쾌하거나 강제적이라고 생각하는 것 같다. 기독교 자유주의가 19세기에 하나님의 거룩함을 없애는 이런 행동을 주도했다면, 20세기에는 복음주의자들이 자유주의를 이어받아 그리스도의 구속에서 성화에 이르는 기독교 신앙의 의미를 대대적으로 구조 조정하는 일에 부주의하게 앞장서고 있다. 오늘날에는 종교개혁 시대 초창기부터 프로테스탄트 사상의 가장 큰 특징이던 교의 즉, 거룩함이 본질적으로 하나님의 성품을 특징짓는다는 사실, 사랑은 거룩함을 대신하는 것이 아니라 거룩함의 표현이라는 사실에 대한 반감이 존재한다.[45]

45 데이비드 웰스, 『거룩하신 하나님』(서울: 부흥과개혁사, 2010), 209.

하나님의 본질적 속성은 거룩함인가, 사랑인가

데이비드 웰스에 따르면, 종교개혁자들은 거룩함을 하나님의 본질적 속성으로 규정했습니다. 그러던 것이 19세기 자유주의 시대를 지나 20세기 복음주의 시대에 들어와서는 사랑이 그 자리를 차지했다고 분석합니다. 오늘날의 교회는 사랑을 가장 중요한 신학으로 받아들입니다. 하나님의 본질적 속성을 사랑으로 규정하기 때문입니다. 그래서 그런지 요즘 성도들은 다음과 같은 문장을 당연하게 여깁니다.

- 하나님은 거룩하시지만 그것은 반드시 사랑의 지배를 받는다.
- 하나님은 죄를 미워하시지만 죄인은 사랑하신다.
- 하나님은 항상 심판보다 사랑을 택하신다.
- 하나님은 우리 행위에 대해 판단하지 않으신다.
- 하나님은 내가 무슨 짓을 해도 결국 나를 사랑하신다.

위 문장들은 "하나님은 나를 무조건적으로 사랑하신다"로 요약할 수 있습니다. 하나님의 무조건적인 사랑은 이 시대의 가장 커다란 신학이 되어 버렸습니다. 과연 하나님은 우리를 무조건적으로 사랑하실까요? 성경이 말하는 사랑은 무조건적일까요?

삼위 하나님의 사랑

하나님의 사랑을 바르게 탐구하기 위해서는 삼위 하나님 간의 사랑을 출발점으로 삼아야 합니다. 전통 신학자들은 삼위 하나님 간의 사랑을 매우 중요하게 다루었습니다. 아우구스티누스는 『삼위일체론』에서 성부는 사랑하는 자로, 성자는 성부로부터 사랑을 받은 자로, 성령은 성부와 성자를 완전한 사랑으로 결합시키는 자로 설명합니다. 그에 따르면, 성부는 사랑의 원천이시고 샘이십니다. 성자는 성부의 사랑을 받아서 그것을 기쁨으로 다시 성부께 돌려 드리시는 분입니다. 성령은 사랑의 끈으로 서로의 연합을 유지시키시는 분입니다.[46] 삼위일체 하나님은 사랑 안에서 상호침투를 통하여 기쁨으로 교제하십니다. 삼위일체 하나님은 완전한 사랑의 교제를 나누십니다.

조나단 에드워즈도 아우구스티누스의 전통을 따릅니다. 그는 성령의 역할을 더욱 강조합니다. "에드워즈는 성령을 성부와 성자 상호 간의 사랑이라고 했습니다. 성부와 성자의 사랑과 기쁨은 서로를 사랑하고 기뻐하는 상호적인 것입니다. 서방 교회는 아우구스티누스의 삼위일체론 전통을 따라 성령을 성부와 성자 상호 간의 사랑의 띠로 보았기에 성령을 추상화하고 비인격화했다는 비판을 받아 왔습니다. 하지만 에드워즈는 성령을 성부와 성자 상호 간의 사랑의 결속일 뿐만 아니라 '사랑의 적극적인

46 아우구스티누스, 『삼위일체론』(칠곡: 분도출판사, 2015), 573. "그분(성령)에 의해서 두 분(성부와 성자)이 결합하고, 태어난 분이 낳은 분에게 사랑받고 자기를 낳은 분을 또한 사랑하는 것도 그분에 의해서다. 그리고 그분에 의해서 두 분이 평화의 끈으로 일치를 유지하신다."

행위자'로 인식함으로써 아우구스티누스의 삼위일체론을 한층 더 성숙하게 심화시켰습니다."[47] 조나단 에드워즈에 따르면, 성령은 사랑의 적극적인 행위자로 자신의 탁월함과 아름다움을 전달하는 소통자가 되십니다. 즉, 성령은 사랑을 전달하는 역동적인 주체가 되십니다. 사람에게 전달되는 하나님의 사랑도 성령으로 말미암은 것입니다.

아우구스티누스는 성령으로 말미암아 사람에게 전달된 사랑을 부어 주신 사랑이라고 표현합니다. 사람은 성령께서 부어 주신 사랑으로 하나님과 그의 피조물들을 사랑할 수 있습니다. 하나님에 대한 사랑은 그분의 위엄과 영광에 부합하는 경외심을 갖는 것입니다. 피조물들에 대한 사랑은 그분의 신성과 솜씨를 피조물 안에서 발견하고 감탄하는 것입니다. 성령께서 그 사랑의 능력을 주십니다. 성령은 삼위 하나님의 영광과 존귀와 아름다움을 알려 주심으로 사람의 마음이 그분을 향한 경외와 감탄으로 가득하게 하십니다. 또한 성부와 성자의 사랑을 알게 하심으로 그 안에 풍성하게 있는 행복과 기쁨을 갈망하게 하십니다. 성령께서 일깨우시는 삼위 하나님 간의 사랑은 모든 사랑의 토대입니다. 예컨대, 부부 간의 사랑, 성도 간의 사랑, 이웃 간의 사랑 등입니다. 삼위 하나님 안에 가득한 사랑은 모든 사랑의 근거입니다.

---

47 김유준, "아우구스티누스와 조나단 에드워즈의 삼위일체론 비교 연구", 『한국교회사 연구』, 37호(2014): 225.

사랑은 지향하는 힘이다

아우구스티누스에 따르면, 사랑은 단순한 감정이 아닙니다. 지향하는 힘입니다. 그의 말을 들어 보십시오.

> 모든 것은 제 무게로 인해 제자리를 찾아 움직입니다. 그것들이 제자리를 벗어나면 불안정해지고 제자리에 다시 돌아가면 안정을 찾게 됩니다. 나에게서도 나의 무게는 나의 사랑입니다. 내가 어떤 방향으로 움직이든지 간에 나는 사랑이 이끄는 대로 움직이게 됩니다. 우리의 사랑은 당신의 성령의 선물인 성령으로 인하여 불붙어 위로 오르게 됩니다. 우리 마음은 그 불에 타며 계속 오르게 됩니다.[48]

아우구스티누스는 사랑을 '나를 제자리로 끌고 가는 무게'라고 말합니다. 사랑은 제자리를 지향합니다. 무제한적인 자유를 주는 것이 아니라 무엇인가를 향해 나아가도록 합니다. 아우구스티누스는 그 무엇인가를 하나님이라고 말합니다. 조나단 에드워즈가 정의하는 사랑도 비슷합니다. 에드워즈는 사랑을 모든 덕의 총합이라고 가르칩니다. 하나님께서 명령하신 규범들을 모두 더하면 사랑이 된다는 것입니다. 두 사람의 견해를 합하여 각색하면 이렇습니다.

> 사랑은 제멋대로의 행위를 가능하게 해 주는 무조건적인 수용이 아니라 하나

---

48 아우구스티누스, 『고백록』(서울: 대한기독교서회, 2019), 471–472.

님께서 창조하신 질서의 아름다움을 발견하고 그 안에 거하는 것을 즐거워하는 것이다.

하나님의 사랑은 무질서를 수용하고 규범을 배제하지 않습니다. 무질서와 무규범을 무조건적으로 수용해 주지 않습니다. 하나님의 사랑은 거룩합니다. 온전한 질서가 있고 철저히 규범적입니다. 죄가 전혀 없습니다. 조너선 리먼은 삼위 하나님 간의 사랑을 관계로만 이해하지 말고 '거룩한' 관계로 이해해야 한다고 말합니다.

삼위일체 하나님은 관계를 맺은 인격이다. 그러나 그렇게만 말하는 것은 지나치게 축소주의적인 견해이다. 하나님의 세 위격은 단지 서로와 관계 속에만 계신 것이 아니다. 세 위격은 거룩한 관계 속에 계신다. 이 관계는 방향성과 목적과 텔로스(필자 주: 목적지)가 있는 관계이다. 성부는 그분의 완전하심으로 성자를 한결같이 사랑하시고, 성자는 성부를 사랑하시고, 성부와 성자는 성령을 사랑하시고, 성령은 성부와 성자를 사랑하신다. 하나님의 감정은 죄와 완전히 분리되어 있으며, 그분은 세상 그 무엇보다 하나님의 영광을 사랑하시기 때문에 거룩하시다. 하나님의 세 위격이 서로 사랑하는 관계는 하나님의 거룩한 본성에 의해 전적으로 구속을 받는다.[49]

하나님의 세 위격은 거룩한 본성 안에서 서로 사랑하십니다. 성부와 성자와 성령 간의 사랑은 완전하고 죄가 없으며 거룩합니다. 이 관계에는 방향

49 조너선 리먼, 『당신이 오해하는 하나님의 사랑』(서울: 국제제자훈련원, 2015), 253.

성과 목적과 목적지가 있습니다. 질서와 규범이 세워져 있는 관계라는 것입니다.

삼위 하나님의 구분된, 그리고 조건적인 사랑

삼위 하나님 안에는 질서가 있습니다. 성부와 성자와 성령은 본질상 동등하시나 자발적인 질서로 하나가 되십니다. 다음 구절이 그것을 잘 설명합니다.

> 내가 아버지의 계명을 지켜 그의 사랑 안에 거하는 것같이 너희도 내 계명을 지키면 내 사랑 안에 거하리라 **_요한복음 15:10**

삼위일체 신학으로 위 구절을 살펴보면 다소 충격적입니다. 성부의 사랑이 성자의 순종 때문인 것처럼 표현되어 있기 때문입니다. 즉, 성부의 사랑이 조건적으로 보입니다. 예수님은 아버지의 계명을 지켜 그분의 사랑 안에 거한다고 말씀하십니다. 그러니 우리도 예수님의 계명을 지켜 그 사랑 안에 거하라고 말씀하십니다. 마치 사랑받는 것에 조건이 있다는 듯이 말하는 이 표현은 구약에서도 찾아볼 수 있습니다.

> 왕은 정의를 사랑하고 악을 미워하시나니 그러므로 하나님 곧 왕의 하나님이 즐거움의 기름을 왕에게 부어 왕의 동료보다 뛰어나게 하셨나이다 **_시편 45:7**

이 왕은 그리스도입니다.[50] 왕의 하나님은 성부이십니다. 따라서 왕의 하나님이신 성부께서 정의를 사랑하고 악을 미워하는 왕, 곧 성자를 보시고 그에게 즐거움의 기름을 부어 주셨다고 해석할 수 있습니다. 조너선 리먼은 이 구절을 "예수님은 성부가 기뻐하신다고 말씀하신 분이고, 그 기쁨은 (적어도 부분적으로는) 성자의 도덕적 완전성에 근거를 둔다"[51]고 결론짓습니다.

> 이것은 성부가 성자의 완전하심 때문에 성자를 사랑하신다는 것을 보여 준다. 성부는 성자 안에 있는 어떤 속성에 이끌리시고, 그 속성을 기뻐하신다. … 성자는 성자의 본성 그대로 나타내시고, 성부는 그 이유 때문에 성자를 사랑하신다. 성자에 대한 성부의 사랑은 차별이 없거나 임의적인 것이 아니다. 합당한 이유가 있다. 심지어 우리는 성부의 영원한 사랑에 조건이 있다고 말하는 것도 가능할 것이다. 만일 성자가 성부의 뜻에 완벽하게 순종하지 않았다면, 그래서 성부의 형상을 완벽하게 나타내지 않았다면, 성부가 성자를 그만큼 사랑할 수 있었을까? … 하나님의 사랑은 그분의 의로우심에 구속되어 있다. 심지어 아들에 대한 사랑도 마찬가지이다. 하나님은 그분의 법을 떠나서는 당신 자신도 사랑하지 않으신다.[52]

성자는 무한히 완전하시기에 성자에 대한 성부의 사랑은 무한히 완전하십니다. 무한히 완전하신 성부 하나님의 사랑 때문에 무조건적인 사랑처럼

50 히브리서 1장 9절은 아들에 관한 구절로 시편 45편 7절을 인용합니다.
51 위의 책, 167.
52 위의 책, 168.

보일 수 있지만 그것은 엄연히 무한히 완전하신 성자에 대한 조건적 반응입니다. 결과적으로 성자를 향한 성부의 사랑은 조건적이라고 할 수 있습니다.

무조건적이지 않은 하나님의 사랑

우리를 향한 하나님의 사랑은 어떨까요? 성자에게 그러하신 것처럼, 우리에게도 도덕적 완전성을 조건으로 내거시는 사랑일까요? 만약 그렇다면 하나님의 사랑을 받을 만한 존재가 이 땅에 있을까요? 정답부터 말하자면, 하나님은 우리에게도 도덕적 완전성을 요구하십니다. 그것이 하나님 사랑의 조건입니다. 그런데 놀라운 것이 있습니다. 하나님은 무한히 완전하신 성자에게 무한히 완전하신 사랑을 베푸시듯이 성자 안에 있는 신자들에게도 동일한 사랑을 베푸십니다. 그래서 그리스도께서 우리의 복음이 되시는 것입니다. "성자에 대한 성부의 사랑은 그리스도의 존귀하심에 근거하여 무가치한 수혜자들에게 주어졌습니다."[53] 하나님의 사랑이 무조건적이지 않은 이유가 또 있습니다. 하나님께서 우리에게 무한히 완전한 사랑을 베푸시는 이유는 무한히 완전하신 그리스도를 닮게 하시기 위해서입니다. 바울은 우리가 구원받은 목적을 다음과 같이 말합니다.

---

53 위의 책, 182.

찬송하리로다 하나님 곧 우리 주 예수 그리스도의 아버지께서 그리스도 안에서 하늘에 속한 모든 신령한 복을 우리에게 주시되 곧 창세전에 그리스도 안에서 우리를 택하사 우리로 사랑 안에서 그 앞에 거룩하고 흠이 없게 하시려고 그 기쁘신 뜻대로 우리를 예정하사 예수 그리스도로 말미암아 자기의 아들들이 되게 하셨으니 이는 그가 사랑하시는 자 안에서 우리에게 거저 주시는바 그의 은혜의 영광을 찬송하게 하려는 것이라 _**에베소서 1:3-6**

바울은 성도를 향한 하나님의 사랑이 무조건적이고 동시에 조건적이라고 말합니다. 첫째, 하나님의 사랑은 무조건적입니다. 성도는 아무것도 하지 않은 채 하나님께 사랑받습니다. 그 사랑은 창세전에 예정되어 있었기 때문입니다. 둘째, 하나님의 사랑은 조건적입니다. 하나님의 사랑은 성도를 거룩하고 흠이 없게 하고 은혜의 영광을 찬송하게 합니다. 하나님은 사람이 무슨 짓을 해도 사랑하실 수밖에 없는 무기력한 사랑꾼이 아니십니다. 하나님은 목적과 방향을 갖고 사랑을 베푸시는 적극적인 사랑의 수행자이 십니다. 셋째, 하나님의 사랑은 무조건적일 때조차도 조건적입니다. 무슨 뜻일까요? 창세전에 예정된 하나님의 사랑이 우리에게는 철저히 무조건적입니다. 그러나 하나님 편에서 볼 때 이 사랑은 항상 그리스도 안에서 주어지는 조건적 사랑입니다. 창세전에 우리를 택하실 때도 그리스도 안에서 하셨고 우리를 자녀로 예정하실 때도 그리스도로 말미암아 하셨습니다. 하늘에 속한 모든 신령한 복도 그리스도 안에서 주십니다.

반조건적인 하나님의 사랑

상담학자 데이비드 폴리슨은 하나님의 사랑은 무조건적인 사랑이 아니라고 말합니다. 오히려 무조건적인 사랑보다 훨씬 더 큰 사랑이라고 말합니다. 그는 "하나님의 사랑이 당신이 무엇을 하는가에 근거하지 않는 것은 사실이지만 이것은 그리스도가 당신을 위해 무엇을 하셨는가에 철저하게 근거하고 있으며 이런 의미에서 이 사랑은 대단히 조건적"[54]이라고 설명합니다. 그는 무조건적인 사랑이 이기적인 사랑, 곧 사람을 은밀히 조종하거나 강제해서 그를 통해 자신이 원하는 바를 얻고자 하는 사랑에 대한 반대로부터 출발했다는 것을 압니다. 그런 의미를 가진 무조건적인 사랑은 어느 정도 받아들일 수 있습니다. 그러나 오늘날 통용되고 있는 이 말은 시대사상을 반영합니다.

> 이것은 사랑은 어떠한 가치관이나 기대, 신념을 다른 사람들에게 강요하지 않는다는 철학과 결합되어 있다. 이것은 인본주의 심리학에서 말하는 '무조건적이고 긍정적인 배려'라는 전문적인 용어가 가지는 가치관과 유사하다. 대부분의 사람들은 무조건적인 사랑에 대하여 생각할 때 이 개념을 떠올린다. "가장 깊은 곳에 있어서 너는 괜찮아. 하나님은 너를 있는 그대로 받아주신다. 네가 누군가의 뜻대로 하지 않을지라도 하나님은 너를 향해 웃어 주신다. 너는 네 고유의 있는 그대로의 가치를 가지고 있다. 하나님은 너의 가장 흉한 모습들까지도 받아 주신다. 너는 그의 미소를 누리며 편안히 쉴 수 있

---

54 데이빗 포울리슨, 『성경적 관점으로 본 상담과 사람』(서울: 그리심, 2009), 246.

다. 그러는 가운데 너의 진정한 모습인 근본적으로 선한 자아가 나타나도록 하라." 이것은 하나님의 진정한 사랑과 완전히 반대되는 삶의 철학이다.[55]

오늘날 통용되고 있는 무조건적인 사랑은 그 어떤 것도 강요하지 않는다는 의미를 내포합니다. 그 어떤 질서도 요구하지 않고 그 어떤 규범도 요구하지 않는 사랑을 말합니다. 시대사상의 영향을 고스란히 받고 있는 교회들은 사랑을 규정하면서 무조건적인 수용을 가장 중요한 요소로 받아들입니다. 그러나 성경은 다르게 말합니다. 성경이 회개를 강하게 요구하는 것은 무엇을 의미할까요? 무엇을 하든지 있는 모습 그대로 다 받아 주는 것은 아님을 의미합니다. 성경이 거룩한 삶을 강하게 명한다는 것은 무엇을 의미할까요? 모든 생각과 기질과 삶의 방식을 있는 모습 그대로 다 받아 주는 것은 아님을 의미합니다. 하나님의 사랑은 무조건적이지 않습니다.

데이비드 폴리슨은 무조건적인 사랑이라는 용어를 반대합니다. 대신에 반(contra)조건적인 사랑이라는 용어를 제안합니다. 조건적이지도 않고 무조건적이지도 않은 사랑이라는 의미에서 반(contra)조건적이라는 말을 쓰자는 것입니다. 예수 그리스도는 우리가 도저히 얻을 수 없는, 곧 도덕적 완전성이라는 조건을 모두 성취하셨습니다. 그리스도의 성취는 우리를 사랑하시는 하나님의 조건입니다. 성부는 성자를 사랑하시듯 성자 안에

55 위의 책, 247-248.

있는 우리를 사랑하십니다. 하나님의 사랑에는 방향과 목적이 있습니다. 성자 안에 있는 우리가 성자와 같이 거룩하고 흠이 없게 하시는 것입니다. 그러므로 하나님의 사랑은 조건적이지 않고 동시에 무조건적이지도 않습니다.

세속 심리학에서 나온 무조건적인 사랑 개념

무조건적인 사랑이라는 개념은 세속 심리학에서 비롯되었습니다. 앞서 언급한 에리히 프롬의 영향이 가장 큽니다. 그는 어머니의 사랑에 무한한 능력을 부여합니다. 자녀를 향한 어머니의 사랑은 지복이고 평화이며 획득할 필요도 보상할 필요도 없는, 말 그대로 있는 그대로의 모습으로 사랑하는 사랑이라고 말합니다. 그는 "무조건적 사랑은 어린아이만이 아니라 모든 인간의 가장 절실한 갈망"[56]이라고 진단하는데, 이것을 방해하는 것이 권위적인 아버지의 사랑이라고 주장합니다. 알프레드 아들러, 칼 로저스 등 현대 심리학에 큰 영향을 미친 심리학자들도 에리히 프롬과 비슷한 전제 안에서 개인 심리학, 혹은 자아 이론을 전개합니다. 대개는 다음과 같은 논지를 가지고 있습니다.

---

56 에리히 프롬, 『사랑의 기술』(서울: 문예출판사, 2019), 61.

각 개인은 무조건 사랑스럽기 때문에 무조건 사랑받고, 무조건 존경받고, 무조건 받아들여지고, 무조건 귀중하게 여겨지고, 무조건 존중되어야만 한다. 이런 무조건적인 받아들임의 원칙은 자아 이론의 기본적이고 기초적인 원칙들 중 하나이다.[57]

세속 심리학의 영향 속에서 사람들은 개인이 가지고 있는 고유의 가치와 있는 그대로의 모습을 받아들이는 것을 사랑이라고 믿게 되었습니다. 이 믿음은 교회 안에도 그대로 이식됩니다. 그리고 하나님의 사랑은 '나의 가치를 있는 그대로 수용하고, 내 상처와 아픔은 달래 주며, 내 야망과 계획은 도와주는, 곧 어린 자녀에게 무한한 애정을 베푸는 어머니의 사랑'과 같다는 식으로 소개됩니다. 세속 심리학에서 교회로 전달된 무조건적인 사랑으로 말미암아 교회 안에는 회개가 필요 없는 믿음, 십자가가 사라진 복음, 헌신이 빠진 신앙생활, 순종이 없는 신앙 등이 유행하게 되었습니다. 교인들은 무의식적으로 다음과 같이 생각합니다.

- 하나님은 나를 있는 모습 그대로 사랑하신다. 회개하면 좋겠지만 회개하지 않아도 하나님의 사랑을 받는 것에는 큰 문제가 없다. 회개를 강조하고 자기 부인을 강조하는 사람은 하나님의 사랑을 제한하는 것이다. 하나님의 사랑은 사람의 행위와 상관없이 주어지기 때문에 나의 회개는 그리 중요하지 않다.
- 하나님은 지금까지 내가 살아온 삶을 부정하시는 분이 아니다. 그리스도의 복음을

57 폴 브라운 백, 『크리스챤의 자기 사랑』(서울: 아가페문화사, 1991), 95.

믿는다는 것은 지금까지 살아온 삶을 돌이키는 것이 아니라 잘못된 것 몇 가지만 고치는 것이다. 하나님의 사랑은 너무나도 커서 내가 그리스도를 향해 돌이키지 않아도 나를 받아 주시기에 충분하다.

- 하나님은 어머니처럼 무조건적으로 나를 사랑하신다. 내 멋대로 산다 한들 하나님께서 나를 떠나실 일은 없다. 그러니 나는 오늘도 안심하고 내 멋대로 살겠다.

무조건적인 사랑을 빙자하여 위와 같은 생각을 가지고 있다면, 그는 사랑을 성경적으로 이해하고 있는 것이 아니라 세속적으로 이해하고 있는 것입니다.

하나님의 사랑은 자신의 거룩함에 구속되어 있다

하나님의 사랑은 자신의 거룩한 속성에 구속되어 있습니다. 데이비드 웰스는 포사이스를 인용하여서 "사랑은 거룩함으로 나아감이요, 죄는 거룩함에 대한 반항이요, 은혜는 죄에 대한 거룩함의 행동이요, 십자가는 거룩함의 승리요, 믿음은 거룩함에 대한 경배일 뿐"[58]이라고 말합니다. 하나님의 본질적 속성은 사랑이 아니라 거룩함입니다. 하나님의 사랑은 하나님의 거룩함을 따라 흐릅니다. 마치 물이 배수관을 따라 각 가정에 공급되듯이 하나님의 사랑은 하나님의 거룩함을 따라 성도들에게 공급됩니다. 하나님의 거룩한 사랑은 무조건적인 사랑보다 훨씬 더 크고 강력합니다.

---

58 데이비드 웰스, 『거룩하신 하나님』(서울: 부흥과개혁사, 2010), 222.

무조건적인 사랑은 냉소적이고 방관적이며 막연한 결과를 기대하는 목적이 없는 사랑입니다. 반면에 하나님의 거룩한 사랑은 역동적이고 간섭적이며 분명한 열매를 향해 나아가는 능력이 충만한 사랑입니다. 하나님의 거룩한 사랑에는 구체적인 헌신이 있습니다. 자기 부인과 십자가의 길이 있습니다. 성육신과 같은 파격적인 희생이 있습니다. 이 모든 것은 흠이 없고 거룩한 성도를 만드시기 위한 하나님의 거룩한 사랑의 표현입니다. 하나님의 사랑은 결코 무조건적이지 않습니다. 그 사랑은 우리가 새롭게 살아가도록 강권합니다.

> 그리스도의 사랑이 우리를 강권하시는도다(Christ's love compels us) 우리가 생각하건대 한 사람이 모든 사람을 대신하여 죽었은즉 모든 사람이 죽은 것이라 그가 모든 사람을 대신하여 죽으심은 살아 있는 자들로 하여금 다시는 그들 자신을 위하여 살지 않고 오직 그들을 대신하여 죽었다가 다시 살아나신 이를 위하여 살게 하려 함이라 그러므로 우리가 이제부터는 어떤 사람도 육신을 따라 알지 아니하노라 비록 우리가 그리스도도 육신을 따라 알았으나 이제부터는 그같이 알지 아니하노라 17 그런즉 누구든지 그리스도 안에 있으면 새로운 피조물이라 이전 것은 지나갔으니 보라 새 것이 되었도다 **_고린도후서 5:14-17**

하나님의 사랑은 무조건적인 수용을 지향하지 않습니다. 우리를 강권합니다. 무엇을 강권합니까? 다시는 자기 자신을 위하여 살지 않고 우리를 위하여 죽었다가 살아나신 이, 곧 예수 그리스도를 위하여 살도록 강권합니다. 하나님은 무조건적인 사랑이 아닌 거룩한 사랑을 하십니다.

사람 중심적인 사랑? 하나님 중심적인 사랑!

하나님은 사랑이시지만 사랑은 하나님이 아니다

하나님의 가장 중요한 속성, 혹은 하나님의 본질적인 속성을 사랑이라고 주장하는 사람은 은연중에 다음과 같은 등식을 받아들입니다.

① 하나님 = 사랑 & ② 사랑 = 하나님

하나님은 사랑이십니다. 그러므로 ①의 등식은 성립할 수 있습니다. 그런데 ②의 등식처럼, 사랑이 하나님일 수 있을까요? 하나님께서 사랑이시고 사랑이 하나님이라면, 하나님은 사랑에 묶여서 행동하실 수밖에 없습니다. 사랑에 묶여서 행동하실 수밖에 없는 하나님은 사람들 입맛에 맞는 하나님입니다. 그 하나님은 사랑하시기 위해 자신의 거룩함을 소진하실 것이고, 사랑하시기 위해 심판을 포기하실 것이며, 사랑하시기 위해 죄와 무질서를 허용하실 것이기 때문입니다. 사랑이 하나님이라고 여기는 사람은 하나님은 사랑을 위해 그 무엇이라도 하실 수 있는 분이라고 생각합니다. 즉, 하나님은 나를 다른 어떤 것보다도 사랑하시는데, 심지어 자신의 영광과 거룩함보다 더 나를 사랑하신다고 믿습니다. 사랑이 하나님이시기에 하나님의 목적과 계획과 방향은 모두 나를 사랑하시는 데 맞춰져 있다고 보는 것입니다. 조너선 리먼에 따르면, 이것은 "하나님이 나를 우상화하신 것"[59]입니다.

하나님께서 사람을 사랑하시기 위해 모든 것을 포기하신다고 믿고 심판과 지옥을 부정한 복음주의자가 있습니다. 『사랑이 이긴다』는 책으로 미국의 교계를 발칵 뒤집어 놓은 랍 벨이라는 목사입니다. 그의 주장은 이렇습니다.

> 지금까지 살았던 수십억의 사람들 중에 선택된 몇 명만이 '더 나은 곳으로 가고' 나머지 사람들은 전부 영원한 고통과 형벌 속에서 괴로워해야 한단 말인가? 그렇게 돼도 하나님은 괜찮으시단 말인가? 하나님은 영원히 고통 당할 수많은 사람들을 수십만 년에 걸쳐서 창조하셨단 말인가? 그렇게 하시고도, 아니 그것을 허용하시고도, 여전히 자신은 사랑의 하나님이라고 주장하실 수 있단 말인가?[60]

랍 벨은 교회가 진노하시는 하나님에 관해 말하느라 사랑하시는 하나님을 놓쳤다고 말하고 있는 것이 아닙니다. 그는 좀 더 근본적으로 하나님은 사랑이시기에 심판과 지옥을 설계하실 리가 없다고 주장하는 것입니다. 랍

---

59 조너선 리먼, 『당신이 오해하는 하나님의 사랑』(서울: 국제제자훈련원, 2015), 161.
60 랍 벨, 『사랑이 이긴다』(서울: 포이에마, 2011), 30.

벨이 믿는 하나님은 사랑에 구속되어 있는 하나님입니다. 그가 믿는 등식은 "사랑 = 하나님" 정도가 아니라 "사랑 〉 하나님"인 것 같습니다. 『사랑이 이긴다』는 책 제목 자체가 그것을 잘 말해 줍니다. 반면 마크 갤리는 이 책의 주장을 반박하며 자신의 책 제목을 『하나님이 이긴다』로 정했습니다. 제목에서 드러나듯이 랍 벨은 사람 중심적인 하나님의 사랑을 주장하고, 마크 갤리는 하나님 중심적인 하나님의 사랑을 말합니다.

성경은 하나님 중심적인 사랑을 가르친다

이 두 가지, 곧 사람 중심적인 하나님의 사랑과 하나님 중심적인 하나님의 사랑 중에 무엇이 더 성경적일까요?

> 사랑하는 자들아 우리가 서로 사랑하자 사랑은 하나님께 속한 것이니 사랑하는 자마다 하나님으로부터 나서 하나님을 알고 사랑하지 아니하는 자는 하나님을 알지 못하나니 이는 하나님은 사랑이심이라 **_요한일서 4:7-8**
>
> 이 백성은 내가 나를 위하여 지었나니 나를 찬송하게 하려 함이니라 **_이사야 43:21**
>
> 이는 만물이 주에게서 나오고 주로 말미암고 주에게로 돌아감이라 그에게 영광이 세세에 있을지어다 아멘 **_로마서 11:36**

사도 요한은 하나님과 사랑의 관계를 명확히 밝힙니다. 사랑은 하나님께 속해 있습니다. 즉, 사랑이 하나님이거나 하나님께서 사랑에 구속되어 계신 것이 아니라 하나님 안에 사랑이 포함되어 있는 것입니다. 사랑은 하나님의 아주 중요한 특징이지만 하나님의 모든 것은 아닙니다. 사랑은 하나님께서 행동하시는 주요 동기이지만 본질적인 목적은 아닙니다. 하나님은 당신 자신을 위하여 행동하십니다. 당신의 영광이 하나님께서 행동하시는 본질적인 동기입니다. 이사야 선지자는 하나님께서 당신의 백성을 창조하신 이유가 바로 거기에 있다고 말합니다. 바울은 천지 만물이 하나님으로부터 시작하여 하나님으로 말미암아 살아가고 하나님께로 돌아간다고 가르칩니다. 이 세상의 그 어떤 것도 그 자체가 목적일 수 없습니다. 하나님만이 원인이시고 동기이시며 목적이 되십니다.

하나님께서 원인이시고 동기이시며 목적이시다. 사랑도 그렇다

이 세상의 모든 것은 하나님을 원인으로 하고 하나님을 동기로 하며 하나님을 목적으로 합니다. 사랑도 그렇습니다. 로마서 11장 36절에 있는 바울의 고백을 응용하자면 다음과 같습니다.

'사랑'이 주에게서 나오고 '사랑'이 주로 말미암고 '사랑'이 주에게로 돌아감이라

성경은 모든 것이 그렇듯이 사랑도 하나님 중심이라고 말합니다. 다른 것은 다 하나님 중심인데 사랑만 사람 중심일 수 없습니다. 만약 사랑이 사람

중심이라면 결국 모든 것은 사람 중심이 될 수밖에 없습니다. 사랑이 사람 중심이라는 말은 하나님께서 그 어떤 것보다 더 우리를 사랑하신다는 뜻입니다. 심지어 당신 자신보다도 더 사랑하신다는 뜻입니다. 그렇게 되면 하나님은 사람을 위해 당신의 거룩함을 포기하실 것이고, 당신의 계획과 약속도 번복하실 것이며, 당신의 영광까지 버리시게 될 것입니다. 무엇보다 이 세상과 만물이 사람 중심이 될 것입니다. 모든 것이 허용될 것이고, 모든 것이 정죄받지 않을 것이며, 모든 것이 무질서해질 것입니다. 심판도 사라질 것이고, 구원도 의미가 없어질 것이며, 선악의 구별도 중요하지 않게 될 것입니다. 하나님께서 성경을 주신 이유, 그리스도를 보내신 이유, 그리고 교회를 세우신 이유가 모두 사라지고 마는 것입니다. 이처럼 하나님의 사랑이 사람 중심으로 펼쳐지면 모든 사상과 행위와 종교를 구분할 근거가 없어집니다. 종교 통합주의, 혹은 종교 다원주의가 유행하고 있는 이유입니다. 오늘날에는 사랑을 최고의 사상과 최고의 종교로 여기고 있습니다.

니그렌 신학의 문제점

하나님의 본성을 사랑에 두는 것은 자유로운 신학을 전개하는 사람들만의 특징은 아닙니다. 보수적인 교회 안에서도 쉽게 찾아볼 수 있습니다. 루터파 신학자 안더스 니그렌은 『아가페와 에로스』를 통해 하나님의 사랑과 인간의 사랑을 날카롭게 대조합니다. 그의 통찰력은 세속적인 사랑에 오염되어 있는 그리스도인들에게 많은 유익을 제공합니다. 욕망에 충실한 자기 사랑을 사랑이라고 믿고 있는 자들은 그 생각이 얼마나 틀렸는지 이 책을 통해 지적받아야 합니다. 교회사 전반을 훑으면서 사랑을 규정해 나가는 이 책은 실로 대작이라고 할 수 있습니다. 하지만 이 책에는 치명적인 약점이 있습니다. 욕망에 충실한 사람의 사랑과 사랑에 충실한 하나님의 사랑을 대조하느라 하나님의 사랑을 사람 중심으로 바꾸어 버렸다는 점입니다. 니그렌은 에로스의 사랑이 욕망이라는 조건 속에서 이루어지는 저급한 사랑이라고 비판합니다. 반면에 우리를 향하신 하나님의 아가페 사랑은 아무런 조건 없이 베풀어지는 놀라운 사랑이라고 강조합니다. 니그렌에 따르면, 하나님은 항상 조건 없이 베풀어지는 아가페적 사랑을 하십니다. 하나님은 사랑을 유일한 동기로 삼아서 행동하신다는 것입니다. 즉, 하나님의 사랑이 사람 중심으로 베풀어짐을 의미합니다.

> 가장 심각한 문제는 아가페의 비동기성에 대한 니그렌의 지나친 강조가 하나님의 창조 목적과 구속 목적인 하나님의 영광을 고려할 여지를 없애 버린다는 것이다. 하나님이 자신의 행위에 대한 목적을 가지고 계셨다면, 그것은 니그렌이 주장하는 순수하게 비동기적인 것으로만 평가할 수 없을 것이다.[61]

---

61 황대우, "[서평] 아가페와 에로스", 「갱신과 부흥」, 1호(2008): 77.

황대우는 니그렌의 탁월한 통찰력에도 불구하고 그의 신학에 심각한 문제가 있다고 지적합니다. 아무런 조건 없이 베푸시는 하나님의 사랑을 강조하다가 성경이 말하는 하나님의 목적, 곧 당신의 영광을 위한 일하심을 제거해 버렸다는 것입니다. 하나님께서 오직 사랑만을 위해서 일하신다면 그 사랑은 철저히 사람 중심이 될 수밖에 없습니다. 오늘날 하나님의 사랑을 종종 보편적이고 차별이 없으며 아무런 조건이 없는 것으로 이해하기도 합니다. 그리고 이러한 개념의 이면에는 사람 중심적인 사고가 있습니다. 그러나 "우리는 성경에서 하나님의 사랑이 실제로는 철저하게 하나님 중심적이라는 사실을 발견합니다. … 하나님의 사랑에는 구원과 동시에 심판이 포함됩니다. 하나님의 사랑은 은혜로우면서도 또한 차별적입니다. 하나님의 사랑은 외부 지향적이면서도 또한 내부 지향적입니다."[62]

하나님 중심적인 사랑이라는 말의 의미

사랑이 하나님 중심적이라는 말은 두 가지를 의미합니다.

첫째, 하나님의 사랑은 하나님과 맞서려고 하는 모든 것들을 대적합니다. 이것은 상식입니다. 가족 중심적인 사랑에 대해 생각해 봅시다. 누군가가 가족을 해치려고 다가온다면 어떻게 하겠습니까? 그 사람과 맞서지

62 조너선 리먼, 『당신이 오해하는 하나님의 사랑』(서울: 국제제자훈련원, 2015), 136.

않겠습니까? 충만한 사랑을 가지고 있다고 하여 모든 것을 동일하게 사랑해야 하는 것은 아닙니다. 가족 중심적인 사랑을 하는 사람은 가족을 위협하는 존재를 사랑할 수 없습니다. 마찬가지입니다. 하나님은 하나님 중심적인 사랑으로 일하십니다. 하나님은 하나님 중심적인 사랑으로 죄인들을 구원하십니다. 동시에 하나님은 하나님 중심적인 사랑으로 죄인들을 심판하십니다. 즉, 하나님은 당신의 영광을 위해 사랑을 베푸시는데, 그 사랑은 구원과 심판이라는 형태로 나타납니다.

그러므로 하나님의 사랑을 받아 구원받은 성도는 하나님의 사랑을 닮아 갑니다. 거룩한 사랑을 합니다. 죄를 미워합니다. 반면에 하나님의 사랑을 알지 못하는 사람은 여전히 자기중심적인 사랑을 합니다. 사랑을 빌미로 거짓과 위선을 용납합니다. 죄를 사랑하는 것까지 사랑해 버립니다. 그러나 하나님 중심적인 사랑을 하는 사람은 분별력을 가지고 사랑합니다. 죄를 분별하고 미워하며 멀리합니다.

그래서 둘째, 어떤 사람들에게는 하나님의 사랑이 불쾌한 것이 됩니다. 사랑 안에 차별과 판단과 심판이 있기 때문입니다. 사랑 안에 질서와 규범이 있기 때문입니다. 그들은 하나님의 거룩한 사랑에 대해 불쾌감을 넘어 저항하기까지 합니다. 죄인에게 이 불쾌감과 저항감은 당연합니다. 죄인은 자기중심적인 성향을 타고 납니다. 자기를 사랑하고 자기 유익을 구하며 자기 영광을 위해 사는 것은 죄인의 특징입니다. 그렇기에 죄인은 사랑을 철저히 자기중심적으로 이해합니다. 하나님의 사랑도 자기중심적으로 작동하기를 원합니다. 즉, 내가 나를 사랑하는 만큼 하나님도 나를 사랑하시기를 원합니다. 그러나 하나님 중심적인 사랑은 죄인의 욕망을 거절합니다. 오히려 죄인이 그토록 싫어하는 것을 요구합니다. 죄를 드러내고 심판을 경고하며 지금의 자리에서 돌이키라고 명령합니다. 그리고 그것을 사랑이라고 말합니다. 죄인에게는 참으로 불쾌한 사랑이 아닐 수 없습니다.

예수 그리스도는 하나님의 거룩한 사랑을 이 땅에서 가장 잘 실천하셨습니다. 예수님은 긍휼의 목자셨습니다. 약한 자, 가난한 자, 병든 자를 불쌍히 여기셨습니다. 죄 지은 자의 손을 잡아 주셨습니다. 그리고 죄인들을 대신하여 십자가에서 죽기까지 사랑하셨습니다. 또한 예수님은 그 누구보다도 회개와 심판을 가장 많이 외치셨습니다. 위선자들을 향한 경고를 멈추지 않으셨고 열매 없는 신앙을 가진 자들에게는 심판을 예언하셨습니다. 예수님은 사랑으로 충만한 분이셨지만 동시에 죄를 가장 미워하신 분이셨습니다.

하나님의 거룩한 사랑만이 진짜 사랑이다

하나님의 거룩함이 사랑에 구속되어 있는 것이 아니라 하나님의 사랑이 거룩함에 구속되어 있습니다. 하나님은 거룩한 사랑을 하십니다. 하나님의 사랑 안에는 구원과 심판이 동시에 있습니다. 하나님의 사랑은 하나님 중심적입니다. 이 사랑이 죄인들에게는 불쾌하겠지만 성도들에게는 감동적입니다. 하나님의 거룩한 사랑은 하나님 중심적입니다. 무슨 짓을 하여도 무조건적으로 사랑하는 것이 아니라 하나님께로 돌이키도록 사랑합니다. 욕망을 채워 주는 방식으로 사랑하는 것이 아니라 하나님의 영광을 위하는 방식으로 사랑합니다. 죄를 허용하며 사랑하는 것이 아니라 하나님을 대적하는 것들을 대적하며 사랑합니다. 하나님은 사랑하시되 거룩하게 사랑하십니다. 하나님의 거룩한 사랑만이 진짜 사랑입니다.

사랑을 말하다

넷째

넷째,
그리스도인의 거룩한 사랑

앞 장 요약

하나님은 사랑이십니다. 하나님은 사랑의 원형이 되시고, 사랑을 베푸는 근원이 되십니다. 하지만 무엇이 정말 하나님의 사랑인지를 알아야 합니다. 하나님의 사랑은 세속 문화에서 말하는 사랑과 다릅니다. 하나님의 사랑은 하나님의 본질적 속성에 속해 있습니다. 하나님의 사랑은 무조건적인 사랑이 아니라 거룩함에 속한 사랑입니다.

사랑은 죄와 악을 용납하지 않는다

칼 마르크스는 종교(기독교)를 민중의 아편이라고 비판했습니다. 사랑을 빌미로 모든 악을 덮어 주는 것이 기독교의 교리라고 이해했기 때문입니다. 사회의 구조적인 악에 짓눌린 시민들에게 교회가 '모든 것을 참으라'(고전 13:7)는 성경을 인용하며 착취받는 상태 그대로 머물 것을 유도했다고 본 것입니다. 실제로 많은 사람들이 교회의 이런 가르침을 싫어합니다. 그런데 교회가 가르치는 사랑은 정말로 악에 대해서 그저 참는 것에 불과할까요? 앞 장을 충실하게 읽은 사람은 그렇지 않음을 짐작할 수 있습니다. 하나님의 사랑은 거룩한 속성에 전적으로 구속되어 있습니다. 하나님은 죄를 미워하고 악을 반대하는 방향으로 사랑하십니다. 무엇보다 하나님은 자신의 영광을 반대하는 모든 것을 대적하는 방식으로 사랑하십니다. 하나님의 거룩한 사랑은 죄를 용납하지 않고 죄를 제거하고, 악을 허용하지 않고 악을 고칩니다. 있는 모습 그대로 있게 하는 것이 아니라 있는 그 자리에서 돌이키게 만듭니다.

그러나 어떤 사람들은 고린도전서 13장 7절을 근거로 이 견해를 반대합니다.

> 모든 것을 참으며 모든 것을 믿으며 모든 것을 바라며 모든 것을 견디느니라
> **_고린도전서 13:7**

바울은 모든 것을 참고 믿으며 바라고 견디는 것이 사랑이라고 말합니다. 문자의 의미만 놓고 보면 모든 것 안에는 죄악도 포함될 수 있습니다. 사랑제일주의자들은 죄를 짓는 사람도 받아 주고 악한 일을 저지르는 사람도 믿어 주면서 끝까지 견디는 것이 진정한 사랑이라고 주장합니다. 하지만 바로 앞 절과 붙여서 읽으면 이 주장이 잘못되었음을 알 수 있습니다.

> 불의를 기뻐하지 아니하며 진리와 함께 기뻐하고 모든 것을 참으며 모든 것을 믿으며 모든 것을 바라며 모든 것을 견디느니라 _고린도전서 13:6-7

바울은 오해가 발생하지 않도록 사랑은 불의를 기뻐하지 않음을 분명히 말합니다. 불의를 용납하거나 방치하는 것은 사랑이 아닙니다. 죄를 허용하거나 내버려 두는 것도 사랑이 아닙니다. 악을 견디거나 외면하는 것도 당연히 사랑이 아닙니다. 참된 사랑은 거룩하신 하나님께서 그렇게 하시듯이 불의를 기뻐하지 않고 진리와 함께 기뻐하는 것입니다. 그렇다면 고린도전서 13장 7절에 나오는 '모든 것'은 어떻게 해석해야 할까요? 이상원은 다음과 같이 말합니다.

> 그런데 "모든 것"이라는 표현을 잘못 이해하면 기독교의 생활 원리에 매우 중대한 오해가 초래됩니다. 열두 번째 속성의 경우에 "모든 것을 참는다"는 말이 윤리적으로 잘된 일이든 잘못된 일이든 가리지 않고 무조건 다 참아 준다는 뜻으로 오해될 수 있습니다. … 본문에서 "모든 것"이라는 말은 "상황이 어떤 방향으로 전개되어도 한결같은 태도를 잃지 않는다"는 뜻으로 이해되어야 합니다. 본문에 등장한 참는다는 말은 우리말로는 첫 번째 속성과 똑같이 '참는다'로 번역되어 있는데, 원어상으로는 전혀 다른 단어가 사용되었습니다. 이 구절에서 참는다는 단어는 헬라어로 '스테고'라는 단어인데, 이 단어는 "지붕으로 덮어 준다"는 기본 뜻을 가지고 있는데, 이 말은 허물을 덮어준다는 뜻이 아니고 "지원해 주다", "뒷받침해 주다"라는 뜻입니다.[63]

---

63 이상원, 『십자가에서 아가페로』(서울: 솔로몬, 2016), 648–649.

이상원은 '모든 것'의 의미를 한결같은 방향성이라고 해석합니다. 죄를 짓거나 악을 행해도 아무 말 없이 그저 다 받아 주는 것이 아니라 그가 죄악에서 돌이키도록 한결같이 뒷받침해 준다는 뜻입니다. 하나님의 거룩한 사랑이 우리를 거룩한 방향으로 한결같이 인도하듯이 우리도 그렇게 해야 한다는 것입니다. 하나님께서 거룩하신 것과 같이 우리도 거룩해야 합니다.

> 나는 너희의 하나님이 되려고 너희를 애굽 땅에서 인도하여 낸 여호와라 내가 거룩하니 너희도 거룩할지어다 _**레위기 11:45**
>
> 오직 너희를 부르신 거룩한 이처럼 너희도 모든 행실에 거룩한 자가 되라 기록되었으되 내가 거룩하니 너희도 거룩할지어다 하셨느니라 _**베드로전서 1:15-16**

관계 중심적인 사랑? 복음 중심적인 사랑!

성도의 사랑도 거룩함에 구속되어야 한다

우리의 하나님이 되시려고 우리를 구원하신 하나님은 당신이 거룩하신 것처럼 우리도 거룩하라고 명령하십니다(레 11:45). 베드로는 모세의 말을 그대로 인용하면서 거룩하신 하나님께서 우리를 부르신 이유가 우리도 모든 행실에 거룩한 자가 되게 하려 하심이라고 말합니다(벧전 1:15-16). 성도의 거룩함은 선택할 수 있는 부분이 아닙니다. 사랑하기 위해서 포기될 수 있는 부분도 아닙니다. 성도는 모든 행실, 곧 사랑을 포함한 모든 행실에서 거룩해야 합니다. 하나님의 사랑이 거룩함에 전적으로 묶여 있듯이 성도의 사랑도 거룩함에 전적으로 묶여 있어야 합니다.

성경이 비판하는 관계 중심적인 사랑

성도의 사랑이 거룩함에 전적으로 묶여 있어야 한다는 말은 성도의 사랑이 관계 중심적이어서는 안 된다는 뜻과 같습니다. 관계 중심이라는 말은 모든 것이 관계 속으로 빨려 들어간다는 의미가 있습니다. 관계가 동기이고 방향이며 목적이 됩니다. 관계 중심적인 사랑을 하는 사람은 관계를 근본적인 동기로 삼고 오로지 그 방향만을 향해서 가며 관계를 최종적인 목적지로 삼습니다. 관계 중심적인 사랑을 하는 사람은 관계를 위해 모든 것을 소비시킵니다. 예컨대, 부모들은 관계 중심적인 사랑에 쉽게 빠져듭니다. 자녀와의 관계가 동기와 방향과 목적이 되기 때문입니다. 엘리 제사장은 자녀와 관계 중심적인 사랑을 한 대표적인 인물입니다.

> 너희는 어찌하여 내가 내 처소에서 명령한 내 제물과 예물을 밟으며 네 아들들을 나보다 더 중히 여겨 내 백성 이스라엘이 드리는 가장 좋은 것으로 너희들을 살지게 하느냐 그러므로 이스라엘의 하나님 나 여호와가 말하노라 내가 전에 네 집과 네 조상의 집이 내 앞에 영원히 행하리라 하였으나 이제 나 여호와가 말하노니 결단코 그렇게 하지 아니하리라 나를 존중히 여기는 자를 내가 존중히 여기고 나를 멸시하는 자를 내가 경멸하리라 **_사무엘상 2:29-30**

엘리는 제사장이었습니다. 그는 한평생 하나님 중심적인 인생을 살도록 부르심을 받았습니다. 이스라엘 백성 모두가 거룩하라는 명령을 받았지만 그중에서도 특히 제사장은 더욱 거룩함에 묶여 있어야 했습니다. 그러나 엘리 제사장은 거룩함이 아니라 관계에 묶여 있었습니다. 그에게 자녀와의 관계는 처음과 끝이었습니다. 이 관계 속으로 모든 것이 빨려 들어갔습니다. 하나님과의 관계까지도 빨려 들어갔습니다. 엘리 제사장은 자녀와의 관계를 동기요 방향이며 목적으로 두었기 때문에 거룩함을 기꺼이 소비했습니다. 세상 편에서는 정 많고 사랑 많은 아버지로 보였겠으나 하나님 편에서는 자녀를 망하게 한 악한 아버지에 불과했습니다. 엘리 제사장은 거룩한 사랑이 참된 사랑임을 알지 못했습니다.

유다 왕 여호사밧도 관계 중심적인 사랑을 했습니다. 이 때문에 그는 큰 실패를 맛봅니다. 여호사밧은 신실한 왕 중 한 명이었습니다. 그는 우상을 제거하였고 율법을 가르쳤으며 하나님 앞에서 바로 행하기 위해 노력하였습니다. 성경은 그가 '여호와의 길을 걸었다'(대하 17:6)고 호평합니다. 하지만 여호사밧에 치명적인 약점이 있었습니다. 관계입니다. 그는 하나님께서 기뻐하시지 않은 관계를 맺었다가 다음과 같은 엄중한 책망을 듣습니다.

> 하나니의 아들 선견자 예후가 나가서 여호사밧 왕을 맞아 이르되 왕이 악한 자를 돕고 여호와를 미워하는 자들을 사랑하는 것이 옳으니이까 그러므로 여

여호사밧은 북이스라엘의 아합왕과 좋은 관계를 맺었습니다. 그를 얼마나 좋아했는지 그의 딸과 자기 아들을 결혼시킬 정도였습니다. 하나님께서 그가 아합왕을 돕고 사랑한다고 말씀하실 만큼 여호사밧은 아합왕을 좋아했습니다. 한번은 아합왕이 함께 길르앗 라못을 치자고 요청했습니다. 그때 여호사밧이 이렇게 답합니다. '나는 당신과 다름이 없고 내 백성은 당신의 백성과 다름이 없습니다'(대하 18:3). 문제는 아합왕이 악한 왕이었다는 점입니다. 하나님은 그가 '이전의 모든 사람보다 악을 더욱 행한 왕'(왕상 16:30)이라고 평가하셨습니다. 도대체 이 악한 왕을 여호사밧은 왜 경계하지 않았을까요? 왜 좋아했을까요? 정확한 이유를 알 수는 없습니다. 정확한 것은 하나님께서 이 관계로 말미암아 여호사밧을 징계하셨다는 것입니다. 하나님은 여호사밧이 악한 자를 돕고 여호와를 미워하는 자들을 사랑한다고 정죄하셨습니다. 하나님은 관계를 차이의 문제로 여기지 않고 옳음(대하 19:2)의 문제로 여기셨습니다. 여호사밧은 자신이 선택한 관계 때문에 징계를 당합니다.

두 가지 예화는 관계 중심적인 사랑이 매우 치명적인 결과를 불러옴을 교훈합니다. 관계 중심적인 사랑은 참된 사랑이 아니기 때문입니다. 관계 중심적인 사랑을 하는 사람은 하나님께서 싫어하시는 행동을 용인합니다. 하나님께서 미워하시는 사람을 사랑합니다. 하나님보다 관계를 소중히 여기는 사람은 사실 하나님을 미워하는 것입니다.

새로운 교리와 전통적인 교리

관계 중심적인 사랑을 하는 사람들은 새로운 교리를 지지합니다. 다음과 같습니다.

새로운 교리

1) 하나님은 사랑의 관계를 위해 사람을 창조하셨다.
2) 죄는 사랑의 관계가 파괴된 것이다.
3) 구원은 사랑의 관계가 회복된 것이다.
4) 교회는 사랑의 관계를 위해 존재하는 공동체이다.

반면에 전통적인 교리는 다음과 같습니다.

전통적인 교리

1) 하나님은 당신의 영광을 위해 사람을 창조하셨다(소요리문답 1문).
2) 죄는 하나님의 법을 순종함에 부족하거나 어기는 것이다(소요리문답 14문).
3) 구원은 죄와 비참한 지위에서 건져 내시는 것이다(소요리문답 20문).
4) 교회는 3) 죄와 비참한 지위에서 구원받은 자들이, 2) 하나님의 법을 온전히 순종함으로 거룩해져서, 1) 처음 창조하신 목적대로 하나님의 영광을 위해 살아가는 "그리스도의 몸"이다.

새로운 교리의 특징과 현상

새로운 교리는 관계에 모든 초점을 둡니다. 관계의 파괴와 회복이 모든 것을 좌우합니다. 관계가 좋으면 모든 것이 좋은 것이고 관계가 나쁘면 모든 것이 나쁜 것입니다. 새로운 교리에 익숙한 사람은 관계가 안 좋으면 죄책감을 갖습니다. 반면에 관계가 좋으면 충만한 기분을 느낍니다. 교회 안에서 성도의 교제를 나눌 때도 그렇습니다. 그 무엇보다 관계에 매달립니다. 모든 사람과 좋은 관계를 유지해야 한다는 강박을 느낍니다. 단 한 명이라도 거리감이 있으면 죄의식을 느낍니다. 심지어 죄를 반복적으로 짓고 있는 사람이라 할지라도 결코 소외시켜서는 안 된다고 믿습니다. 관계 중심적인 사랑은 관계가 곧 선이기 때문에 관계의 파괴를 지옥처럼 여깁니다.

새로운 교리는 교회에 대한 이해도 바꾸어 놓습니다. 관계의 좋고 나쁨이 교회의 서고 넘어짐이 됩니다. 관계 중심적인 교회는 서로 기분이 상하지 않도록 노력하는 것을 가장 중요하게 여깁니다. 함부로 회심을 언급해서는 안 됩니다. 회심을 강조하는 것은 회심하지 않은 사람들에게 압박감을 주어서 관계를 경직시키기 때문입니다. 관계를 경직시키는 것은 사랑이 아니므로 그것이 아무리 중요한 교리가 할지라도 함부로 말해서는 안 됩니다. 당연히 사람들 혹은 사람들의 행동을 분별하거나 책망하거나 징계하는 것도 안 됩니다. 그것은 관계에 아무런 도움이 되지 않기 때문입니다. 전도를 할 때도 마찬가지입니다. 복음을 제시할 때 죄를 언급하는 것은 관계에 도움이 되지 않습니다. 그저 좋은 관계를 만들어서 서서히 마음을 열도록 하는 것이 중요합니다. 교회의 질서와 권위에 대한 순종을 강조하는 것도 옳지 않습니다. 듣는 이들의 기분을 상하게 해서 관계를 안 좋게 만들 수도 있기 때문입니다. 관계 중심적인 사랑을 하는 교회는 관계를 중심으로 교회를 재편합니다. 약간의 혼란은 감수합니다. 무질서하고 불경건한 행동도 아무 말 없이 참습니다. 일단은 좋은 관계를 맺어서 교회 안에 남도록 해야 하기 때문입니다. 새로운 교리에서 회심보다 중요한 것은 관계입니다.

이 새로운 교리를 받아들인 교회를 통칭하여 이머징 처치라고 합니다. 이머징 처치는 포스트모더니즘 시대에 전통적인 교회가 전혀 적응하지 못하고 있음을 비판합니다. 오늘날의 교회는 시대에 맞는 가치로 새로운 옷을 입고 사람들에게 접근해야 한다고 주장합니다. 이 주장의 중심에 바로 관계가 있습니다. 중요한 것은 사람들의 마음을 사는 것입니다. 마음을 변화시키는 것이 아닙니다. 관계를 중심으로 재편된 교회는 오늘날 '구도자 교회', '셀 교회', '가정교회', '알파코스 교회, '선교적 교회' 등으로 불리며 승승장구하고 있습니다. 관계 중심적인 사랑을 하는 교회는 부흥하고 성장하는 경우가 많습니다. 시대 적응적인 교회로 사람들이 좋아하기 때문입니다.

전통적인 교리의 특징과 그 열매

새로운 교리는 성경이 아니라 시대정신의 산물입니다. 성경은 전통적인 교리를 지지합니다. 전통적인 교리에 따르면, 1) 교회의 서고 넘어짐은 관계가 아니라 교리(특히 이신칭의)에 있습니다. 2) 교회는 회심 공동체입니다. 3) 교회는 복음을 제시할 때 죄와 은혜의 관계를 명확히 설명해야 합니다. 4) 교회는 모든 것을 질서 있게 해야 합니다. 5) 성도는 하나님의 권위와 그 권위를 위임받은 교회에 순종해야 합니다. 6) 성도의 사귐은 그리스도 안에서 이루어집니다. 7) 성도의 기분은 관계가 아니라 하나님의 용서에 달려 있습니다.

전통적인 교리는 관계 중심적인 사랑을 거부합니다. 전통적인 교리가 말하는 사랑은 어떤 것일까요? 복음 중심적인 사랑입니다. 복음 중심은 말 그대로 복음을 중심으로 모든 것을 재편한다는 의미입니다. 복음에 의하고 복음을 향하며 복음을 따른다는 의미입니다. 왜냐하면 복음이 바로 하나님의 영광이기 때문입니다.

> 하나님의 영광의 복음을 따름이니라 **_디모데전서 1:11**
>
> 이를 위하여 우리의 복음으로 너희를 부르사 우리 주 예수 그리스도의 영광을 얻게 하려 하심이니라 **_데살로니가후서 2:14**
>
> 그리스도의 영광의 복음의 광채가 비치지 못하게 함이니 그리스도는 하나님의 형상이니라 **_고린도후서 4:4**

복음 중심적인 사랑

복음 중심적인 사랑은 하나님의 영광을 드러냅니다. 우리의 사랑은 복음에서 비롯되어야 합니다. 복음을 향해야 합니다. 복음을 따라야 합니다. 그럴 때 하나님의 영광이 드러나기 때문입니다(딤전 1:11). 복음 중심적인 사랑은 모든 관계를 복음 안으로 불러들입니다.

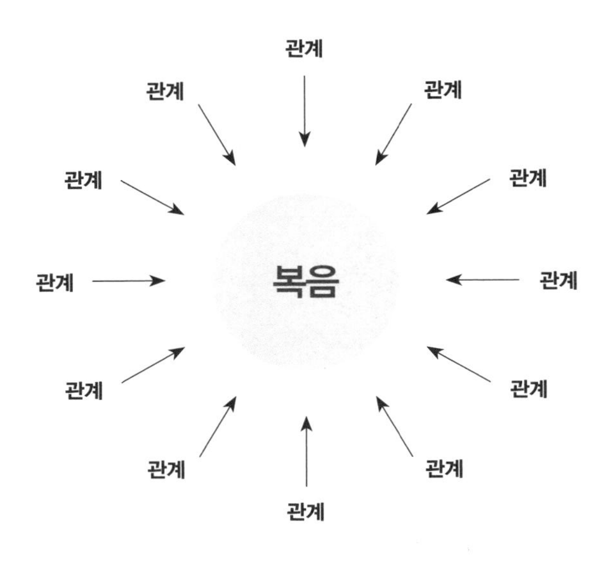

배우자와의 관계, 자녀와의 관계, 부모와의 관계, 이웃과의 관계, 그리고 성도와의 관계 등이 포함됩니다. 복음 중심적인 사랑은 관계에만 매달리게 하지 않습니다. 관계를 복음에 매달리게 합니다. 배우자가 복음에 매달리도록 사랑합니다. 자녀가 복음에 매달리도록 사랑합니다. 성도의 교제를 나눌 때도 그 관계 자체에 몰입하지 않고 성도가 복음에 매달리도록 사랑합니다.

복음 중심적 사랑의 구체적인 행동

복음 중심적인 사랑은 구체적으로 어떻게 해야 하는 것일까요? 교회 안에서의 관계를 중심으로 살펴보겠습니다.

첫째, 분별함으로 사랑합니다. 거룩함의 기초는 분별입니다.

> 너희가 거룩하고 속된 것을 분별하며 부정하고 정한 것을 분별하고 **_레위기 10:10**
>
> 그때에 너희가 돌아와서 의인과 악인을 분별하고 하나님을 섬기는 자와 아니 하는 자를 분별하리라 **_말라기 3:18**
>
> 단단한 음식은 장성한 자의 것이니 그들은 지각을 사용함으로 연단을 받아 선악을 분별하는 자들이니라 **_히브리서 5:14**
>
> 사랑하는 자들아 영을 다 믿지 말고 오직 영들이 하나님께 속하였나 분별하라 많은 거짓 선지자가 세상에 나왔음이라 **_요한1서 4:1**
>
> 너희는 이 세대를 본받지 말고 오직 마음을 새롭게 함으로 변화를 받아 하나님의 선하시고 기뻐하시고 온전하신 뜻이 무엇인지 분별하도록 하라 **_로마서 12:2**

관계 중심적인 사랑은 관계를 위해 분별을 꺼립니다. 하지만 복음 중심적인 사랑은 거룩함을 위해 분별합니다. 복음은 거룩하지 않은 우리가 거룩하신 하나님과 화목해질 수 있는 길이 열렸다는 소식입니다. 그래서 복음을 들으면 죄와 의가 분별되고, 부정함과 거룩함이 분별되며, 악과 선이 분별됩니다. 복음은 의와 거룩함과 선을 응시하기 위해 죄와 부정함과 악을 분별하기 때문입니다. 죄와 부정함과 악을 분별하지 않고서는 결코 의와 거룩함과 선을 만날 수 없습니다. 죄로부터 시작하는 나쁜 소식을 듣지 않고서는 결코 그리스도로부터 시작하는 기쁜 소식을 들을 수 없는 법입니다.

따라서 누군가를 복음으로 이끄는 사랑을 하고자 한다면 '분별'하는 것으로 시작해야 합니다. 진지하게 살펴봄으로 그의 상실과 결핍과 부족과 약함과 죄악을 발견해야 합니다. 이 작업은 쉽지 않습니다. 땀과 수고가 있어야 하고 인내와 절제가 있어야 하며 지혜와 명철도 있어야 합니다. 반면에 관계 중심적인 사랑은 덮어 놓고 용인하기에 쉽습니다. 노력이 필요 없습니다. 절제도 필요 없습니다. 약간의 무시와 긍정적인 기대만 있으면 됩니다. 그러나 이것은 사랑이 아니라 방관일 뿐입니다.

하나님은 당신의 백성들을 사랑하시면서 죄를 덮어 놓고 용인하신 적이 한 번도 없으셨습니다. 그분은 항상 죄를 분별하셨습니다. 부정한 행위를 정죄하셨습니다. 선지자를 일으켜 악행을 고발하셨고 이방 민족을 들어서 징계하셨습니다. 예수님도 마찬가지입니다. 예수님은 당신의 백성을 사랑하시기 위해 위선이라는 죄를 선명하게 도려내셨습니다. 간음하다 잡혀 온 여인을 용서하시면서도 그녀의 죄를 콕 집어 말씀하시고 두 번 다시 죄 짓지 말라고 명령하셨습니다. 무엇보다 그리스도의 십자가는 죄를 분별하고 정죄하고 심판하는 하나님의 사랑입니다.

신약의 교회도 분별하는 것으로 사랑을 시작했습니다. 사도행전 2장에서 베드로는 유대인들의 죄를 분별함으로 그들을 복음 앞에 세워 놓았습니다. 사도행전 17장에서 바울은 아테네 사람들의 죄를 분별함으로 그들에게 복음을 전했습니다. 로마서 14장에서는 믿음이 강한 자와 약한 자를 분별해서 약한 자의 믿음을 받아 주라 하였습니다. 고린도전서에서는 고린도교회가 사랑이 없다는 사실을 낱낱이 분별한 후에 13장에서 사랑을 명령했습니다. 갈라디아서 5장에서는 사랑을 요청하면서 동시에 '너희를 어지럽게 하는 자들은 스스로 베어 버리라'(갈 5:12)고 분별을 명했습니다. 데살로니가전서 5장에서는 '사랑 안에서 귀히 여길 것'(살전 5:13)을 말하고 게으른 자들과 마음이 약한 자들과 힘이 없는 자들을 분별해서 각각 필요한 일을 해 주라고 말했습니다. 이 외에도 성경은 수많은 구절을 통해 사랑과 분별을 연결시키고 있습니다. 누군가를 사랑하고자 한다면 우리는 반드시 그를 분별하여서 복음으로 인도해야 합니다. 그것이 복음 중심적인 사랑의 첫 번째 단계입니다.

둘째, 권면함으로 사랑합니다. 분별과 판단을 구분하는 가장 중요한 기준입니다. 분별은 권면으로 연결되고 판단은 정죄로 연결됩니다. 권면은 복음 중심적인 사랑에 기초하고 정죄는 자기중심적인 사랑에 기초합니다. 그러므로 "권면"함으로 나아가지 않는 분별은 사랑이라고 볼 수 없습니다.

> 누가 이 편지에 한 우리 말을 순종하지 아니하거든 그 사람을 지목하여 사귀지 말고 그로 하여금 부끄럽게 하라 그러나 원수와 같이 생각하지 말고 형제 같이 권면하라 _**데살로니가후서 3:14-15**

위 구절은 분별과 권면에 관해 잘 말해 주고 있습니다. 바울은 분별하는 것을 당연하게 여깁니다. '순종하지 않는 사람을 지목해서 사귀지 말라'는 말씀은 그 분별이 상당히 구체적이어야 함을 보여 줍니다. 하지만 분별이 판단과 정죄로 흘러가지 않기 위해서는 '원수와 같이 생각하지 말고 형제와 같이 권면하라'고 합니다. 원수에게는 아무것도 말하지 않습니다. 그냥 망하기만을 기다릴 뿐입니다. 반면에 가족에게는 해야 할 말을 꼭 합니다. 망하는 것을 바라지 않기 때문입니다. 그러므로 분별하여 권면하는 것은 사랑하는 사람만 할 수 있습니다.

복음 중심적인 사랑은 관계를 최종적인 목적으로 하지 않습니다. 복음이 최종적인 목적입니다. 따라서 복음 중심적인 사랑을 하는 사람은 복음을 알지 못하는 사람에게 복음을 권면합니다. 복음에 합당한 삶에서 벗어난 사람에게 잘못을 알리고 바른 길을 권면합니다. 복음의 감격을 잃어버린 사람에게 그리스도의 교훈을 다시 권면합니다. 모든 생활이 복음에 이를 수 있도록 권면합니다. 서로 권면하여 그리스도의 몸을 거룩하게 세워

나가라는 명령은 신약의 모든 교회에게 전달되었습니다.

> 그러므로 피차 권면하고 서로 덕을 세우기를 너희가 하는 것같이 하라 **_데살로니가전서 5:11**
>
> 형제들아 내가 너희를 권하노니 권면의 말을 용납하라 **_히브리서 13:22**
>
> 그리스도의 말씀이 너희 속에 풍성히 거하여 모든 지혜로 피차 가르치며 권면하고 **_골로새서 3:16**
>
> 또 형제들아 너희를 권면하노니 게으른 자들을 권계하며 마음이 약한 자들을 격려하고 힘이 없는 자들을 붙들어 주며 모든 사람에게 오래 참으라 **_데살로니가전서 5:14**
>
> 오직 오늘이라 일컫는 동안에 매일 피차 권면하여 너희 중에 누구든지 죄의 유혹으로 완고하게 되지 않도록 하라 **_히브리서 3:13**

'서로 권면하라'는 명령이 교회에 이토록 많이 전달되었음에도 불구하고 오늘날 교회 안에서 서로 권면하는 모습은 찾아보기 힘듭니다. 서로 권면하는 모습이 사라진 이유 중에 하나는 개인주의 때문입니다. 개인주의에서 개인은 그 자체로 하나의 왕국입니다. 그러므로 분별하고 권면하는 것은 주권 침해가 됩니다. 이 원리는 신앙에도 적용됩니다. 아무리 신앙과 관련된 것이라 할지라도 함부로 권면하는 것은 개인의 권리를 심각하게 훼손하는 것이라고 생각합니다. 교회 안에서 성도의 교제라는 미명하에 나누는 대화들을 살펴보십시오. 날씨, 주가, 직장, 연애, 연예인, 정치 정도에 불과합니다. 신앙적으로 심도 있는 대화를 나누는 경우가 매우 적습니다. 남이 결정해야 할 것을 내가 알려 주는 것은 바람직하지 않다는 분위기가 교회 안에 가득합니다. 존중을 빌미로 서로 권면하라는 성경의 명령을 무시하고 있는 것입니다. 개인의 권리라는 사회적인 가치로 말미암아 그리스도의 몸이라는 성경적인 가치가 심각하게 소멸되고 있습니다. 성도는 교회의 머리가 되시는 그리스도를 위해 자기 권리를 내놓은 사람입니다. 그러므로 개인주의 신앙은 있을 수 없습니다. 서로 권면하는 일을 이상히 여겨서는 안 됩니다. 복음 중심적인 사랑을 하는 사람은 복음으로 이끄는 권면을 반드시 합니다.

셋째, 격려함으로 사랑합니다. 격려도 분별로부터 출발합니다. 약함과 상실과 결핍을 주목하고, 거기로부터 오는 좌절을 일으켜 세우는 것이 바로 격려입니다. 격려의 목적은 믿음의 길을 계속해서 걸어갈 수 있도록 돕는 것입니다. 복음 중심적인 사랑은 그 방향과 목적을 결코 잊어버리지 않는 사랑입니다. 히브리서 저자는 다음과 같이 말합니다.

서로 돌아보아 사랑과 선행을 격려하며 _**히브리서10:24**

서로 돌아보라는 말은 분별을 뜻합니다. 잘 살펴보고 잘 관찰하라는 의미입니다. 그리고 서로 격려하라고 합니다. 특히, 사랑과 선행을 격려하라고 합니다. 성도는 다른 사람들이 복음에 합당한 생활을 해 나가도록 격려해야 합니다. 서로에게 무관심한 채 각자의 삶을 살아가는 것은 복음 중심적인 사랑이 아닙니다. 사랑을 격려하고 선행을 격려하는 것이 복음 중심적인 사랑입니다. 반면에 관계 중심적인 사랑은 무엇인가를 하도록 격려하지 않습니다. 아무것도 하지 않도록 아무것도 하지 않습니다. 선행을 하든 악행을 하든 그것은 그의 자유로운 선택에 달려 있다고 생각합니다. 사랑과 선행을 하도록 격려하는 것은 월권이라고 믿기 때문에, 그가 하는 대로 내버려 둡니다. 그저 서로 친밀한 관계를 만드는 것이 유일한 목적일 뿐입니다.

복음 중심적인 사랑에는 확실한 목표가 있습니다. 죄에서 돌이키도록 권면하고 선을 행하도록 격려하는 일입니다. 권면하고 격려하기 위해서는 매우 섬세한 접근이 필요합니다. 무례하게 말하거나 경계선을 무시하고 마구 침범해서는 안 됩니다. 지혜를 발휘해서 신중하게 접근하고 진지하게 말하며 친절하게 행동해야 합니다. 보통 격려가 필요한 자들은 연약한 상태에 있을 때가 많기 때문입니다.

마음이 약한 자들을 격려하고 힘이 없는 자들을 붙들어 주며 _**데살로니가전서 5:14**

바울은 마음이 약한 자들을 격려하라고 말합니다. 또한 힘이 없는 자들을 붙들어 주라고 말합니다. 마음이 약해지고 힘이 사라진 성도에게 거칠고 무례한 방식으로 접근하는 것은 옳지 않습니다. 낙심하고 좌절한 상태에 있는 성도에게 다가설 때는 지혜로워야 하는데 상황과 마음 상태를 잘 파악해서 격려할 수 있어야 합니다. 복음 중심적인 사랑을 하는 사람은 약한 자들을 돌아보아 그들이 믿음의 길을 걸어갈 수 있도록 격려합니다.

넷째, 책망함으로 사랑합니다. 복음 중심적인 사랑은 사람을 올바른 방향으로 인도하는 것에 강조점을 둡니다. 좋은 관계를 유지하기 위해서 문제를 방치하거나 막연한 기대감만 품고 있는 것은 참된 사랑이 아닙니다. 분별하여 권면할 것은 권면하고, 격려할 것은 격려하며, 책망할 것은 책망하는 것이 참된 사랑입니다. 권면과 격려에도 불구하고 여전히 반복하는 잘못이 있을 때는 과감하게 책망함으로 사랑할 수 있습니다. 구체적이고 정확한 책망은 잘못을 인식하게 하고 그것으로부터 돌이키게 만듭니다. 반면 막연한 기대로 방치하게 되면 잘못이 굳어져서 습관이 됩니다. 더 고집스럽고 더 완고한 마음을 갖게 된다는 것입니다. 따라서 누군가를 정말 사랑한다면 그가 반복적으로 잘못하고 있는 부분에 대해 책망할 수 있어야 합니다. 책망은 예수님께서 교회를 사랑하시는 방법 중 하나입니다.

> 무릇 내가 사랑하는 자를 책망하여 징계하노니 그러므로 네가 열심을 내라 회개하라 **_요한계시록 3:19**

교회의 머리가 되시는 예수님은 라오디게아교회를 책망하신 후에 '내가 사랑하는 자를 책망한다'고 말씀하셨습니다. 책망의 목적은 열심과 회개를 불러일으키는 것입니다. 책망한다는 것은 그 사람에게 뜨거운 관심이 있다는 표현입니다. 그 사람이 가는 방향을 살펴보고 있다는 뜻이고, 그 사람의 신앙과 삶에 책임감을 갖고 있다는 의미이기도 합니다. 누군가를 진심으로 사랑하게 되면 반복되는 잘못을 책망하지 않을 수가 없습니다. 책망하지 않으면 잘못된 행동을 반복하게 될 것이고, 그것은 습관이 될 것이며, 그로 말미암아 큰 해를 입게 될 것을 알기 때문입니다. 바울은 성경이 책망을 위한 책이라고 말합니다.

> 모든 성경은 하나님의 감동으로 된 것으로 교훈과 책망과 바르게 함과 의로 교육하기에 유익하니 _**디모데후서 3:16**

성경에는 여러 유익이 있는데, 그중에 하나가 '책망하기에 유익하다'는 것입니다. 우리는 성경으로 책망할 줄 알아야 합니다. 낭떠러지로 걸어가는 사람에게 허허거리며 괜찮다고 말하는 것은 범죄입니다. 불난 집에서 자는 사람을 깨우지 않는 것도 범죄입니다. 잘못된 생각과 행동과 습관이 있는 사람을 방치하는 것도 범죄입니다. 자칫하면 영원한 낭떠러지와 불길 속으로 떨어질 수 있기 때문입니다.

거역하는 자를 온유함으로 훈계할지니 혹 하나님이 그들에게 회개함을 주사 진리를 알게 하실까 하며 **_디모데후서 2:25**

그러므로 여러분이 일깨어 내가 삼 년이나 밤낮 쉬지 않고 눈물로 각 사람을 훈계하던 것을 기억하라 **_사도행전 20:31**

바울은 디모데에게 훈계하라고 명령한 후에 그 이유와 태도와 목적을 말해 줍니다. 훈계의 이유는 말씀의 권면을 거역했기 때문입니다. 권면을 거역하였음에도 불구하고 그대로 내버려 두는 것은 사랑이 아닙니다. 훈계의 태도는 온유함입니다. 혈기와 분노가 아닙니다. 훈계하는 이유는 하나님께서 그들을 회개시키실 것을 기대하기 때문입니다. 실제로 바울은 에베소교회에서 삼 년 동안이나 밤낮 쉬지 않고 눈물로 각 사람을 훈계했습니다. 교회 전체를 향해 두루뭉술하게 훈계하지 않고 '각 사람에게' 훈계했다는 점을 눈여겨봐야 합니다. 바울이 한 사람 한 사람에게 뜨거운 관심을 갖고 있음을 암시하기 때문입니다. 복음 중심적인 사랑은 분별로 시작해서 권면과 격려와 책망으로 연결이 됩니다.

다섯째, 이 모든 것은 회개를 목적으로 합니다. 앞서 말한 것처럼 분별이 분별로만 끝나 버리면 정죄가 됩니다. 자기 지식에 대한 자랑이 되고 자기가 더 낫다는 교만이 됩니다. 권면과 격려도 마찬가지입니다. 권면과 격려를 받는 사람보다 내가 더 낫다는 생각을 품게 되는 순간, 우리는 곧바로 책망을 받아야 하는 사람으로 전환됩니다. 책망은 처벌을 목적으로

하지 않습니다. 잘못을 억제시키는 것도 목적이 아닙니다. 분별로 시작하여 권면하고 격려하고 책망하는 것은 모두 딱 한 가지를 목적으로 합니다. 하나님께로 돌이키도록 하는 것입니다. 하나님의 용서를 받고 하나님의 거룩함에 참여하도록 하는 것입니다. 히브리서는 복음 중심적인 사랑의 목적을 명확하게 설명합니다.

> 내 아들아 주의 징계하심을 경히 여기지 말며 그에게 꾸지람을 받을 때에 낙심하지 말라 주께서 그 사랑하시는 자를 징계하시고 그가 받아들이시는 아들마다 채찍질하심이라 하였으니 너희가 참음은 징계를 받기 위함이라 하나님이 아들과 같이 너희를 대우하시나니 어찌 아버지가 징계하지 않는 아들이 있으리요 징계는 다 받는 것이거늘 너희에게 없으면 사생자요 친아들이 아니니라 또 우리 육신의 아버지가 우리를 징계하여도 공경하였거든 하물며 모든 영의 아버지께 더욱 복종하며 살려 하지 않겠느냐 그들은 잠시 자기의 뜻대로 우리를 징계하였거니와 오직 하나님은 우리의 유익을 위하여 그의 거룩하심에 참여하게 하시느니라 **_히브리서12:5-10**

하나님은 사랑하시는 자를 징계하십니다. 채찍질하십니다. 자녀이기 때문입니다. 하나님은 자녀의 유익을 위하여 징계하시는데, 당신의 거룩하심에 참여하게 하는 것이 최종적인 목적입니다. 하나님의 사랑이 이와 같다면 성도의 사랑도 이와 같아야 합니다. 분별과 권면과 격려와 책망이라는 도구를 사용하여 서로가 하나님의 거룩하심에 참여하는 유익을 누리도록 해야 합니다. 복음 중심적인 사랑을 하는 사람은 회개를 목적으로 서로 권징합니다.

도르트 교회 질서가 말하는 상호 권징

복음 중심적인 사랑의 구체적인 실천, 곧 분별과 권면과 격려와 책망은 오랫동안 교회가 가르쳐 온 성도의 교제입니다.[64] 17세기 네덜란드 교회는 도르트 총회에서 교회 질서와 관련한 규범을 마련했습니다. '도르트 교회 질서'입니다. 거기에는 다음과 같은 내용이 있습니다.

> 당회에 의한 훈계와 권징의 시행은 사랑 안에서 서로 살피고 훈계하는 신자들의 책임을 동반한다. _**도르트 교회 질서 제66조 2항**

'도르트 교회 질서'는 훈계와 권징의 일차적인 책임이 신자들에게 있다고 가르칩니다. 허순길은 권징을 교회적인 권징과 신자 상호 간의 권징으로 나눈 후에 신자 상호 간의 권징이 출발점이라고 설명합니다.

> 공식적인 교회의 책망과 권징은 단지 신자 상호 간의 권징의 계속이다. 신자

---

64 빌헬무스 아 브라켈은 서로의 영적 성장을 고취시키기 위한 성도의 교제에 관해 다음과 같이 말합니다. "첫째, 성도의 교제는 넘어진 자를 다시 일으켜 세우고 그릇되게 행하는 자를 책망함으로써 이루어집니다. 둘째, 서로를 격려하고 권함으로써 교제합니다. 셋째, 낙심한 자들을 위로함으로써 교제합니다. 사도는 이러한 여러 의무들을 하나로 묶습니다. 교회를 바로 세우는 일이 반드시 성도의 교제로부터 충만히 흘러나오기 때문입니다." 빌헬무스 아 브라켈, 『그리스도인의 합당한 예배 2: 교회론, 구원론』(서울: 지평서원, 2019), 153-154.

> 상호 간의 권징이 실패할 때 교회적인 권징이 시작되는 것이다. 교회 회원들이 서로를 향한 그리스도인의 의무를 행하지 않고 더는 서로 책망하지 않고 모든 것을 교회에서 맡기를 원할 때 교회 권징의 핵심이 크게 손상을 입게 된다. 목사의 설교와 개인적인 충고를 통해 신자들이 성경적인 원리를 유지하도록 힘써야 한다.[65]

교회의 질서는 올바른 성도의 교제를 통해 세워집니다. 교회가 공식적인 책망과 권징을 하기 전에 성도 간의 책망과 권징이 먼저 있어야 합니다. 서로 분별하고 권면하며 격려하고 책망하여 그리스도의 몸을 건강하게 세워 나가야 합니다. 상호 권징은 성도의 의무입니다. '도르트 교회 질서'는 사랑 안에서 서로 살피고 훈계하는 것이 신자들의 책임이라고 분명히 가르칩니다. 상호 권징이 성도의 교제에서 사라질 때 교회의 질서는 크게 흔들립니다. 복음 중심적인 사랑이 사라지고 관계 중심적인 사랑이 그 자리를 차지합니다.

복음 중심적인 사랑을 연습하라

그러므로 성도는 자신의 사랑을 교회 안에서 실천해서는 안 됩니다. 하나님의 거룩한 사랑을 본받아 성경이 가르치고 교회가 권면하는 대로 사랑해야 합니다. 낯설고 익숙하지 않을 수 있습니다. 그러나 거룩한 사랑만

---

65 허순길, 『개혁교회 질서 해설』(광주: 셈페르레포르만다, 2017), 435.

이 참된 사랑입니다. 참된 사랑만이 사람을 복음으로 인도합니다. 분별과 권면과 격려와 책망을 통한 상호 권징은 교회를 복음으로 충만하게 만듭니다. 관계 중심적인 사랑을 버리고 복음 중심적인 사랑을 연습해야 하는 이유입니다.

공동체적인 사랑? 그리스도의 몸 된 사랑!

공동체의 정의와 특징

'공동체'라는 말이 유행하고 있습니다. 마을 공동체, 주민 공동체, 사회 공동체, 경제 공동체, 종교 공동체 등입니다. 공동체의 사전적 정의는 다음과 같습니다.

"특정한 사회적 공간에서 공통의 가치와 유사한 정체성을 가진 사람들의 집단"[66]

이 정의에 따르면, 공동체는 1) 공통의 생활 공간, 2) 공통의 가치, 3) 공통의 정체성을 가진 사람들의 모임을 뜻합니다. 최근에는 정부 주도의 공동체 건설이 잇따르고 있습니다. 개인주의화에 따라 사회 관계망이 붕괴 직

66 https://terms.naver.com/entry.nhn?docId=523492&cid=46636&categoryId=46636.

전에 놓여 있다는 진단에 따른 정책입니다. 공통의 생활 공간에 살고 있는 사람들을 공통의 가치와 정체성으로 묶어서 긴밀한 상호 작용을 하는 마을 공동체를 건설하겠다는 것입니다. 사회학적으로 볼 때 공동체의 1) 목적은 결속과 연대이고, 2) 방법은 상호 작용이며, 3) 가치는 평등입니다. 즉, 공동체를 건설하기 위해서는 모든 구성원들이 평등하다는 전제하에 인격적인 친밀감 증대, 정서적 공감대 확산, 도덕적인 헌신, 관계적인 사귐 등 열정적인 상호 작용을 통한 결속과 연대가 필요합니다. 공동체 건설은 분열에 따른 사회적 비용을 줄이고 마을 단위의 경제를 활성화시켜서 국가 전체의 성장을 도모할 수 있는 모델로 각광받고 있습니다. 또한 사회심리학적으로 볼 때, 공동체 건설은 인간 소외 현상을 극복하는 좋은 방법이 됩니다. 자본주의의 냉엄한 현실 속에서 일종의 부속품처럼 살아가는 현대인들에게 심리적으로 소속감과 안정감을 더해 준다는 것입니다. 공동체는 우리 사회에서 뜨거운 주제가 되고 있습니다.

교회의 본질이 공동체인가

독일의 사회학자 퇴니에스가 체계화한 공동체 개념은 어느 순간부터 교회를 지칭할 때 함께 사용되고 있습니다. 오늘날에는 교회 공동체라는 말이 매우 자연스럽게 통용됩니다. 공통의 생활 공간, 공통의 가치, 공통의 정체성을 가진 사람들의 집단이라는 측면에서 교회도 공동체라고 본 것입니다. 교회가 구성원들에게 연대와 결속을 제공해 준다는 생각이 한몫 한 것 같습니다. 즉, 교회의 주된 가치를 소속감에 둔 것입니다. '이머징 교회' 운동을 주도하고 있는 댄 킴볼은 자신의 저서에서 다음과 같이 말합니다.

> 우리 문화에서 대부분의 경우 신앙보다 소속감이 선행한다는 것을 알아야 한다. 현대 문화에서, 사람들은 자기가 소속되었다고 느끼기 전까지는 신앙과 지식을 갖지 못한다. 그 후에 성령이 그들의 마음에 감동을 주셔서 신앙의 단계에까지 이르게 하신다.[67]

킴볼에 따르면, 신앙보다 소속감이 우선합니다. 그러므로 교회는 소속감을 먼저 제공함으로 사람들의 마음을 서서히 여는 공동체가 되어야 합니다. 소속감을 느끼기 전에 신자와 불신자를 명확히 구분하는 회심을 강조해서는 안 됩니다. 함부로 기독교 교리를 가르쳐서 새로 온 사람들이 소외감을 느끼게 해서도 안 됩니다. 교회 공동체의 우선적 가치는 심령을 변화시키는 회심 설교가 아니라 심리적 안정을 주는 소속감에 있다고 본 것입니다. 이머징 교회는 공동체에 대한 감각과 그것을 향한 열망을 고스란히 드러냅니다.[68]

---

67 댄 킴벌, 『그들이 꿈꾸는 교회』(서울: 미션월드, 2008), 72.
68 게리 존슨 등, 『이머징 교회는 교회 개혁인가 교회 변질인가』(서울: 부흥과개혁사, 2011), 313.

공동체주의와 전통적인 교회론

공동체주의는 전통적인 교회론을 파괴합니다. 전통적인 교회가 오직 성경에 기초한다면 공동체주의는 회중의 결정을 우선합니다. 전통적인 교회가 신자와 불신자를 명확히 구분한다면 공동체주의는 신자와 불신자의 구분이 근본적으로 불가능하다고 봅니다. 전통적인 교회가 세상과의 관계에서 경계 중심적이라면 공동체주의는 세상과의 관계에서 포용 중심적입니다. 마지막으로 전통적인 교회가 권위에 의지한다면 공동체주의는 평등을 강조합니다. 공동체주의를 받아들인 교회에는 다음과 같은 특징이 있습니다.

- 직분을 무시한다. 특히 목사가 가지고 있는 설교자의 권한과 교사의 권한을 모든 성도들이 나누어 가질 수 있다고 생각한다.
- 교리를 무시한다. "이머징 교회 운동에는 과거에 내세워지던 신앙을 받음으로써가 아니라 '공동체'를 내세움으로써 교리를 결정지으려는 경향"[69]이 있다.
- 회심을 무시한다. 회심을 판단하는 것은 불가능하다고 믿는다. 또한 신앙을 판단하는 것은 억압적인 행동이라고 생각한다.
- 경계선을 무시한다. 세상과의 경계선을 무시한다. 등록 교인과 권징 등의 절차는 사랑이 결여된 행위로서 세상과 선을 긋는 비선교적 행태라고 본다.
- 사랑이 유일한 가치라고 믿는다.

---

69 위의 책, 345.

공동체주의가 강조하는 사랑

특히 공동체주의가 사랑을 강조한다는 점을 주목해야 합니다. 끈끈한 결속과 안정적인 소속감을 위해서는 아무 차별이 없는 사랑이 필요하기 때문입니다. 사랑에 대한 강조는 이머징 교회 운동에서뿐만 아니라 마을 공동체 건설을 추진하는 국가 정책에서 쉽게 발견할 수 있습니다. 여기서 말하는 사랑은 '나와 너'가 구분되지 않는 것이고, 그 어떤 기준에 따라서도 판단받지 않는 것이며, 모든 장애물을 걷어치우는 것입니다. D. A. 카슨은 이머징 교회 운동가 중에 한 명인 스티브 초크를 비판하면서 다음과 같이 말합니다.

> 하나님은 이제 하나님의 사랑이라는 하나의 지배적 관점에서 정의된다. "사랑은 … 사실 하나님을 사랑 이외의 어떤 것으로도 결코 정의하지 않는다. 더 나아가 성경은 결코 하나님의 분노나 능력이나 심판에 대해 하나님의 사랑과는 관계없이 단언하지 않는다." 이 두 문장 중에 첫 번째 문장은 거짓이다. 성경은 요한일서에서조차 하나님을 "어둠이 조금도 없으신 빛"으로 정의하며, 다른 곳에서도 반복적으로 거룩하신 분으로 정의한다. 두 번째 문장은 기만적이다. 성경은 결코 하나님의 사랑에 대해 하나님의 거룩하심에 대한 고려와 무관하게 단언하지 않는다고 말해도 마찬가지로 참일 것이다.[70]

공동체적 사랑을 추구하는 운동가들은 하나님은 사랑 이외에 다른 어떤

---

70 D. A. 카슨, 『이머징 교회 바로알기』(서울: 부흥과개혁사, 2009), 272.

것이 아니고, 하나님의 사랑이 하나님의 분노와 심판을 압도한다고 주장합니다. 오직 사랑에 따라서만 모든 것이 해석될 뿐이라는 것입니다. 이와 같은 논리 속에서 지옥 교리와 심판 교리는 점점 지워집니다. 결과적으로 그리스도의 속죄 교리가 지워지고 끝내 모든 종교가 하나님의 사랑 안에서 통합되어 버립니다. 권위와 구분과 교리가 사랑이라는 미명하에 삭제됩니다.

교회를 공동체로 여기는 사람은 공동체적 사랑을 당연시합니다. 그들이 좋아하는 단어는 포용, 안정, 결속, 연합, 평등, 자율, 성장 등입니다. 싫어하는 단어는 분별, 정죄, 심판, 권위, 순종, 거룩 등입니다. 공동체적 사랑은 공통의 가치, 공통의 정체성을 만드는 것을 우선합니다. 여기서 그 '공통'이 꼭 성경적일 필요는 없다는 것이 중요합니다. 서로 공유할 수 있는 것이면 무엇이든 가능합니다. 그렇기에 공동체적 사랑을 추구하는 교회는 동질 단위를 중심으로 교회를 운영합니다. 예컨대, 직업, 학력, 취미, 성격, 나이, 고향 등 공통 관심사를 중심으로 사람들을 묶어서 그들이 소속감을 갖도록 도와줍니다. 또한 공통 관심사를 늘려서 관계적인 결속을 추진하려고 합니다. 공동체적 사랑을 추구하는 교회는 교인들끼리 끈끈한 유대감을 형성하여 나름 친밀할 수 있지만 누가 참된 성도인지는 구분할 수 없습니다. 그런 구분 자체가 사랑을 파괴하는 것이고 공동체의 연합을 무너뜨리는 것이기 때문입니다. 공동체적 사랑을 추구하는 교회는 마이클 호튼이 말한바 '그리스도 없는 교회'가 될 가능성이 높습니다.

성경은 교회를 그리스도의 몸이라고 가르친다

교회 안에 공동체적 성격이 어느 정도 있는 것은 사실입니다. 하지만 성경은 교회를 공동체라고 말하지 않습니다. 성경이 정의하는 교회는 '그리스도의 몸'입니다.

> 그의 몸 된 교회를 위하여 _골로새서 1:24
>
> 오직 사랑 안에서 참된 것을 하여 범사에 그에게까지 자랄지라 그는 머리니 곧 그리스도라 _에베소서 4:15

교회는 그리스도의 몸입니다 그리스도는 교회의 머리이십니다. 이것은 교회가 가지고 있는 특징을 보여 줍니다. 첫째, 교회는 권위에 의존하고, 둘째, 세상과 정확히 구분되며, 셋째, 법과 질서를 따릅니다. 그러므로 공동체적 사랑과 달리 그리스도의 몸 된 사랑은 권위에 대한 순종, 신자와 불신자의 구분, 그리고 법을 따르는 질서로 표현됩니다.

그리스도의 몸 된 사랑은 권위에 의존한다

먼저, 그리스도의 몸 된 사랑은 권위에 대한 순종으로 표현됩니다. 그리스도께서 교회의 머리가 되신다는 말씀은 교회가 완전한 평등과 자율을 기초로 상호 작용하면서 운영되는 것을 반대합니다. 교회는 그리스도의 절대적인 권위 아래 통치를 받습니다. 그렇다면 그리스도의 절대적인 권위는 교회 가운데 어떤 방식으로 드러날까요? 그리스도께서 세우신 교회 직분자를 통하여 드러납니다. 다시 말해서, 그리스도의 절대적인 권위를 위임받은 직분자가 그리스도를 대리하여 교회를 통치합니다. 권위주의의 폐해를 맛본 사람은 이 말이 거슬릴 수 있습니다. 그러나 교회에서 "권위의 개념은 매우 중요합니다. 우리가 살아가는 시대와 장소를 고려하면 특히나 더 그렇습니다. 우리가 우리의 삶에 외부적인 요소가 침투하는 것을 강력하게 거부하는 시대에 살게 된 이유는 서구 민주주의의 이상과 풍요로운 삶이 가져다준 독립적인 자유로움 때문입니다."[71] 무엇보다 자율과 독립을 꿈꾸는 우리의 부패한 본성 때문입니다. 하지만 권위를 위임하여 통치하시는 하나님의 방식은 낯선 것이 아닙니다. 하나님은 아담에게 권위를 위임하여 세상을 통치하게 하셨습니다. 또한 모세에게 권위를 위임하여 출애굽 공동체를 통치하게 하셨고 다윗에게 권위를 위임하여 이스라엘 국가를 통치하게 하셨습니다. 신약에서 예수님은 제자들에게 권위를 위임하셨고 훗날 교회가 그 권위를 위임받을 것이라고 하셨습니다. 그러므로 위임된 권위를 향한 순종은 하나님을 향한 사랑의 표현입니다. 순종

---

71 윌리엄 보에케스타인, 대니얼 R. 하이드, 『생기 넘치는 교회의 4가지 기초』(서울: 개혁된실천사, 2020), 50.

이 없는 사랑은 거짓 사랑입니다. 다음을 읽어 보십시오.

> 하나님을 사랑하는 것은 이것이니 우리가 그의 계명들을 지키는 것이라 그의 계명들은 무거운 것이 아니로다 **_요한1서5:3**
>
> 나의 계명을 지키는 자라야 나를 사랑하는 자니 나를 사랑하는 자는 내 아버지께 사랑을 받을 것이요 나도 그를 사랑하여 그에게 나를 나타내리라 **_요한복음14:21**

우리가 하나님의 통치 방식에 순종할 수 있는 이유는 하나님의 통치 그 자체가 사랑이기 때문입니다. 하나님은 한없는 사랑과 무한한 지혜를 소유하고 계십니다. 전능자의 그늘보다 안전한 곳은 없습니다. 하나님은 창조주시요 주권자시요 구원자이신 동시에 양육자가 되십니다. 하나님이야말로 진정한 아버지이십니다. 그러므로 하나님께서 우리를 통치하시는 것만큼 큰 사랑이 없습니다. 생각해 보십시오. 자신에게 가장 큰 지혜와 사랑이 있는데, 자기보다 못한 사람에게 자녀를 맡기겠습니까? 한없는 사랑과 무한한 지혜를 갖고 계신 하나님 아버지의 통치가 곧 사랑입니다. 하나님께서 정하신 통치의 방식도 사랑입니다. 한없는 사랑과 무한한 지혜로 정하신 방식이기 때문입니다.

하나님께서 정하신 통치의 방식은 권위를 위임하는 것입니다. 교회가 바로 그 권위를 위임받은 곳이고, 교회 직분자가 바로 그 권위를 위임받은 사람입니다. 그러므로 교회 직분자는 위임받은 권위로 사랑의 통치를 시행합니다. 성도는 위임받은 권위를 통하여 이루어지는 사랑의 통치에 순종합니다. 이것이 그리스도의 몸 된 사랑입니다. 예를 들어, "설교는 사랑의 권위를 시행하는 것입니다. 사람들을 하나님의 계시로 인도하기 때문입니다. 양육은 사랑의 권위를 시행하는 것입니다. 사람들이 하나님의 형상을 따르게 하기 위하여 노력하기 때문입니다."[72] 그리스도의 몸 된 사랑을 실천하고자 하는 사람은 설교를 통해 전해진 교훈에 순종하여 하나님을 향한 사랑을 표현해야 합니다. 양육을 통해 주어진 권면과 책망에 순종하여 그리스도를 향한 사랑을 표현해야 합니다. 하나님께서 정하신 통치의 방식을 따라 각자의 위치에서 권위에 순종하는 것, 그것이 바로 그리스도의 몸 된 사랑입니다.

공동체주의를 추구하는 사람은 권위에 순종하는 사랑이 매우 불쾌할 것입니다. 공동체주의에서는 권위와 사랑이 공존할 수 없기 때문입니다. 반면에 그리스도를 머리 삼은 성도는 하나님께서 정하신 통치의 방식을 사랑으로 이해하기 때문에 권위에 순종합니다. 권위와 사랑을 하나로 받아들이기 때문입니다. 그리스도의 몸 된 교회에게 주신 교훈을 살펴봅시다.

> 너희 중에 있는 하나님의 양 무리를 치되 억지로 하지 말고 하나님의 뜻을 따라 자원함으로 하며 더러운 이득을 위하여 하지 말고 기꺼이 하며 맡은 자들

72 조너선 리먼, 『당신이 오해하는 하나님의 사랑』(서울: 국제제자훈련원, 2015), 265.

에게 주장하는 자세를 하지 말고 양 무리의 본이 되라 **_베드로전서 5:2-3**

잘 다스리는 장로들은 배나 존경할 자로 알되 말씀과 가르침에 수고하는 이들에게는 더욱 그리할 것이니라 **_디모데전서 5:17**

베드로는 장로들에게 주장하는 자세로 하지 말라고 권면합니다. 권위를 오용하지 말라는 뜻입니다. 바울은 교회의 장로를 존경하라고 말합니다. 교회 직분자가 가지고 있는 권위를 존중하라는 뜻입니다. 약간 각색하자면, 교회 직분자는 권위를 통하여 사랑하라는 것이고 성도는 사랑 안에서 권위에 순종하라는 것입니다. 이것은 성부와 성자의 관계를 떠오르게 합니다. "내가 아버지의 계명을 지켜 그의 사랑 안에 거하는 것같이"(요 15:10). 성부께서 계명을 주신 것은 성자가 사랑 안에 거하도록 하시기 위함입니다. 성자께서 계명을 지키시는 것은 성부의 사랑 안에 거하시기 위함입니다. 성부와 성자 간의 사랑은 권위를 통한 사랑과 순종을 통한 사랑입니다. 그 사랑은 모든 사랑의 본입니다.

성령은 성부와 성자 간의 사랑을 본받도록 하시는 분입니다. 다음을 읽어 보십시오.

모든 겸손과 온유로 하고 오래 참음으로 사랑 가운데서 서로 용납하고 평안의 매는 줄로 성령이 하나 되게 하신 것을 힘써 지키라 **_에베소서 4:2-3**

성령은 성도들이 그리스도 안에서 하나 될 수 있도록 하십니다. 즉, 그리스도의 몸이 되게 하십니다. 또한 그리스도의 몸으로 하나 되게 하신 것을 깨닫게 하시고 사랑 안에서 서로 용납할 수 있도록 겸손과 온유와 오래 참음을 도우십니다. 성령은 사랑하게 하십니다.

> 소망이 우리를 부끄럽게 하지 아니함은 우리에게 주신 성령으로 말미암아 하나님의 사랑이 우리 마음에 부은 바 됨이니 **_로마서 5:5**

아우구스티누스는 로마서 5장 5절을 근거로 '성령께서 우리 마음에 부어 주신 사랑'이라고 표현합니다. 그리고 성령에 따른 사랑의 행위를 다음과 같이 말합니다.

> 그러므로 하나님이면서도 하나님으로부터 발한 성령은 인간에게 주어지고 나면 하나님 사랑과 이웃 사랑으로 인간을 불태운다. 당신이 사랑이기 때문이다. 따라서 인간은 하나님께로부터가 아니면 하나님을 사랑하는 바탕을 갖지 못한다.[73]

성령은 사랑하게 하십니다. 성부께서 당신에게서 나온 분을 사랑하고 성자께서 당신이 유래한 분을 사랑하신다면, 성령은 사랑 자체로 성부와 성

---

73 아우구스티누스, 『삼위일체론』(칠곡: 분도출판사, 2015), 1267.

자께서 서로 사랑하게 하십니다.[74] 따라서 성령께서 우리 마음에 부어 주신 사랑은 성부와 성자 간의 사랑을 본으로 합니다. 권위와 순종을 사랑 안에서 묶는다는 것입니다. 그러므로 성령으로 말미암아 하나님의 사랑이 마음에 부은 바 된 사람(롬 5:5)은 하나님께서 정하신 통치의 방식을 사랑으로 받습니다. 교회 직분자는 권위를 통하여 사랑하고 성도들은 순종을 통하여 사랑합니다. 이 사랑은 성령께서 부어 주신 사랑을 받은 성도만이 가능합니다. 세상은 결코 알 수도 없고 할 수도 없는 사랑입니다. 세상은 권위와 순종을 사랑 안에서 해석할 수 없기 때문입니다. 그러나 성도는 압니다. 성도는 하나님의 거룩한 사랑을 본받아 권위와 순종 안에서 사랑을 합니다.

> 권위와 복종 모두 하나님의 거룩한 사랑이 시행되는 것이다. 권위와 복종은 하나님의 거룩한 사랑이 손과 발에 들려져 역사할 때, 그 사랑이 행하는 것이다. 권위는 말한다. "하나님의 영광을 위해 하나님 나라를 세웁시다." 복종은 말한다. "내가 돕겠습니다."[75]

---

74 위의 책, 577.
75 조너선 리먼, 『당신이 오해하는 하나님의 사랑』(서울: 국제제자훈련원, 2015), 271.

그리스도의 몸 된 사랑은 구분한다

둘째, 그리스도의 몸 된 사랑은 그리스도의 몸과 그리스도의 몸이 아닌 것을 정확히 구분합니다. 교회는 그리스도의 몸입니다. 세상은 그리스도의 몸이 아닙니다. 교회는 머리 되신 그리스도께 복종합니다. 세상은 머리 되신 그리스도를 반대합니다. 교회와 세상은 선명한 차이가 있습니다. 그러므로 교회는 교인들이 정말 그리스도의 몸인지를 분별해야 합니다. 공동체적 사랑은 공동체 유지를 최종적인 목적으로 삼습니다. 공동체 유지가 중요한 목적이므로 결코 날카롭게 분별해서는 안 됩니다. 무엇보다 함부로 구분해서는 안 됩니다. 하지만 그리스도의 몸 된 사랑은 그리스도의 몸과 그리스도의 몸이 아닌 것을 구분함으로 출발합니다.

성례가 바로 그리스도의 몸을 구분하는 중요한 의식입니다. "세례"는 그리스도와 함께 죽고 그리스도와 함께 살아난 사람이 그리스도 안에서 깨끗함을 입고 이제부터 그리스도의 몸이 되었음을 교회가 공개적으로 인정하는 의식입니다. 교회는 그에게 세례를 베풀어서 그리스도의 몸 안으로 받아들이고, 그 사람은 신앙을 고백하여 그리스도의 몸이 됩니다. 그러므로 교회는 세례자가 참으로 그리스도의 몸인지 아닌지를 신중하게 분별하여서 세례를 주어야 합니다. 대요리문답은 세례를 누구에게 베풀어야 하는지를 묻고 다음과 같이 답합니다.

166문 **세례는 누구에게 베풀어야 합니까?**

답 세례는 그들이 그리스도에 대한 믿음과 순종을 고백할 때까지는 보이는 교회 밖에 있고 약속의 언약을 알지 못하는 어느 누구에게도 베풀 수 없습니다.

세례는 그리스도에 대한 믿음과 순종을 고백하는 사람에게 베풀어야 합니다. 세례는 그리스도의 몸 안으로 들어오는 관문이기 때문입니다. 대요리문답 167문은 사랑의 의무를 가르치면서 '세례와 한 몸'을 강조합니다.

> 세례를 더 온전하고 의미 있게 하는 의무는 … 한 성령으로 세례를 받아 한 몸을 이룬 자들로서 형제 사랑하는 것을 노력함으로써 행해야 한다.

그리스도의 몸 된 사랑을 실천하기 위해서는 그리스도의 몸과 그리스도의 몸이 아닌 것을 구분해야 하는데, 그 출발점은 세례입니다. 교회가 세례를 신중하게 베풀어야 하는 이유입니다.

그리스도의 몸을 구분하는 성례 중 하나인 "성찬"은 그리스도라는 생명의 양식을 우리에게 베푸시는 하나님의 만찬입니다. 눈에 보이는 그리스도의 복음을 믿음으로 받아서 은혜를 누릴 뿐만 아니라 그리스도의 살과 피를 먹고 마심으로 우리가 그리스도의 몸이라는 것을 확인하는 시간이기도 합니다.

우리가 축복하는바 축복의 잔은 그리스도의 피에 참여함이 아니며 우리가 떼는 떡은 그리스도의 몸에 참여함이 아니냐 떡이 하나요 많은 우리가 한 몸이니 이는 우리가 다 한 떡에 참여함이라 _**고린도전서 10:16-17**

성찬을 통해 그리스도의 피와 그리스도의 몸에 '나 홀로' 참여하는 것이 아니라 '우리가 함께' 참여하는 것입니다. 그러므로 성찬은 그 어느 시간보다도 성도를 사랑하는 교제의 시간이 됩니다. 성찬을 통하여 참된 성도의 교제가 무엇인지를 바르게 이해할 수 있기 때문입니다. "성찬은 … 신비롭게 한 몸의 지체된 그들이 서로 사랑하고 교제함을 입증하고 새롭게 하는 것입니다"(대요리문답 168문). 또한 "성찬을 받는 사람들에게는 … 모든 성도에 대한 사랑을 새롭게 하는 것"(대요리문답 174문)이 요구됩니다.

과거 개혁교회는 성찬식이 있는 주일에 세례를 받은 사람과 그렇지 않은 사람을 따로 구분해서 앉혔습니다. 더 나아가 설교가 끝난 뒤 성찬을 베풀 때에는 세례자 이외의 모든 사람들을 밖으로 내보내기도 했습니다. 그리스도의 몸인지 아닌지를 철저하게 구분한 것입니다. 이 구분은 그리스도의 몸 된 사랑의 기초입니다. 하나님의 거룩한 사랑의 본보기이기도 합니다. 앞서 배운 바와 같이, 하나님은 무조건적으로 사랑하시는 분이 아니시고 아무 차별 없이 사랑하시는 분도 아닙니다. 그분은 양과 염소를 나누시고 신자와 불신자를 다르게 대하시며 교회와 세상을 향한 계획을 선명히 구분해서 갖고 계십니다. 참된 성도는 하나님 아버지께서 그러하신 것처럼 그리스도의 몸을 구분하여 사랑합니다.

그리스도의 몸으로 받아들여진 성도에 대해서는 우리는 마치 우리의 몸과 같이 사랑해야 합니다.

> 몸은 하나인데 많은 지체가 있고 몸의 지체가 많으나 한 몸임과 같이 그리스도도 그러하니라 오직 하나님이 몸을 고르게 하여 부족한 지체에게 귀중함을 더하사 몸 가운데서 분쟁이 없고 오직 여러 지체가 서로 같이 돌보게 하셨느니라 만일 한 지체가 고통을 받으면 모든 지체가 함께 고통을 받고 한 지체가 영광을 얻으면 모든 지체가 함께 즐거워하느니라 너희는 그리스도의 몸이요 지체의 각 부분이라 _**고린도전서12:12,24-27**

우리 몸의 모든 부분들이 쓸모가 있듯이 그리스도의 몸 된 성도들은 모두 귀중합니다. 성도들을 돌보는 것은 곧 그리스도를 돌보는 것입니다. 성도들을 사랑하는 것은 곧 그리스도를 사랑하는 것입니다. 그러므로 그리스도의 몸 된 사랑은 각자 자기의 유익을 위해 사랑하는 공동체적 사랑과 근본적인 차이가 있습니다. 그리스도의 몸 된 사랑은 오직 그리스도를 높이고 교회를 세우기 위한 목적 안에서 행하는 사랑입니다. 이 사랑은 자기 유익을 구하지 않고 자기를 자랑하지 않으며 자기보다 나은 남을 시기하지도 않습니다. 그리스도의 몸 된 사랑은 자기를 부인하여 남의 유익을 구하고 자기를 낮추어 남을 높이며 자기보다 남을 낫게 여깁니다. 서로 환영하고 대접하며 함께 울고 함께 웃습니다. 그리스도의 몸 된 사랑은 공동체적 사랑보다 크고 풍성합니다.

그리스도의 몸 된 사랑은 법과 질서를 따른다

셋째, 그리스도의 몸 된 사랑은 법과 질서를 따라 표현됩니다. 세속적인 사랑은 자유라는 미명하에 무질서하게 나타납니다. 사랑은 감정적인 요소이기에 법이나 질서와는 무관하다고 믿습니다. 하지만 하나님의 거룩한 사랑은 법과 깊은 관련을 맺고 있습니다.

> 여호와께서 네 조상들을 사랑하신 고로 그 후손인 너를 택하시고 큰 권능으로 친히 인도하여 애굽에서 나오게 하시며 너보다 강대한 여러 민족을 네 앞에서 쫓아내고 너를 그들의 땅으로 인도하여 들여서 그것을 네게 기업으로 주려 하심이 오늘과 같으니라 그런즉 너는 오늘 위로 하늘에나 아래로 땅에 오직 여호와는 하나님이시요 다른 신이 없는 줄을 알아 명심하고 오늘 내가 네게 명령하는 여호와의 규례와 명령을 지키라 너와 네 후손이 복을 받아 네 하나님 여호와께서 네게 주시는 땅에서 한없이 오래 살리라 _**신명기 4:37-40**

모세는 하나님께서 이스라엘을 사랑하여 구원하셨다고 말합니다. 그리고 규례와 명령을 주셨는데 그것이 이스라엘을 복되게 한다고 가르칩니다. 이 말씀에 따르면, 법은 근본적으로 하나님의 사랑을 드러냅니다. 법은 소중한 것을 지키기 위한 것이기 때문입니다. 오늘날 우리는 법이 생명과 재산을 보호해 주는 법치 국가에 살고 있습니다. 법치 국가에서 개인의 자유는 제한받을 수밖에 없습니다. 더 소중한 것을 지키기 위해 법이 만들어 내는 질서 안에서 살아야 하기 때문입니다. 만약 누군가가 법에 따른 질서가 자유를 제한한다고 생각하고 무법한 국가를 세운다면 그곳에서는 어떤 일이 일어날까요? 무법한 국가 안에서 참된 사랑을 실천할 수 있을까요? 진정한 자유를 누릴 수 있을까요? 그 나라에는 사랑도 없고 자유도 없고 평안도 없을 것입니다. 온갖 범죄와 혼란과 무질서로 가득할 것입니다. 법은 사랑을 실천하기 위해 반드시 필요한 수단입니다.

특히 교회에는 그리스도의 통치가 있습니다. 통치가 있는 곳에는 반드시 법이 있습니다. 그리스도의 통치는 사랑의 통치이기에 그리스도의 법(갈 6:2)도 사랑의 법입니다. 중요한 것은 그리스도의 법인 사랑의 법도 법이라는 점입니다. 사랑은 온 율법을 이루고(롬 13:8), 온 율법은 사랑으로 이룹니다(갈 5:14). 사랑하는 것은 법을 이루는 것이고 법을 지키는 것은 사랑을 이루는 것입니다. 그러므로 사랑의 법은 무질서가 아닙니다. 고린도전서 13장에서 바울은 사랑에 관한 위대한 교훈을 남겼습니다. 이 교훈을 받은 당시 고린도교회는 자랑과 경쟁과 차별로 혼란스러웠습니다. 바울은 교회의 혼란을 잠재울 치료제로 사랑을 말합니다. 그리고 최종적으로 다음과 같이 명합니다.

모든 것을 품위 있게 하고 질서 있게 하라 _고린도전서 14:40

모든 것을 적절하게 하고 질서 있게 하라고 권면합니다. 사랑은 무제한적인 자유를 제공하지 않습니다. 욕망을 마음껏 채우도록 눈감아 주지도 않습니다. 참된 사랑은 사랑의 법 안에서 적절하게 하고 질서 있게 행동하는 것입니다. 교회를 향해 질서를 요구하는 바울의 권면은 다른 편지에서도 발견할 수 있습니다.

> 이는 내가 육신으로는 떠나 있으나 심령으로는 너희와 함께 있어 너희가 질서 있게 행함과 그리스도를 믿는 너희 믿음이 굳건한 것을 기쁘게 봄이라 _골로새서 2:5
>
> 어떻게 우리를 본받아야 할지를 너희가 스스로 아나니 우리가 너희 가운데서 무질서하게 행하지 아니하며 _데살로니가후서 3:7
>
> 오직 나그네를 대접하며 선행을 좋아하며 신중하며 의로우며 거룩하며 절제하며 _디도서 1:8

바울은 골로새교회에게 '너희가 질서 있게 행함을 보는 것'이 기쁘다고 말합니다. 데살로니가교회를 향해서는 '너희 가운데서 무질서하게 행하지 아니한 우리를 본받으라'고 명합니다. 디도에게는 '감독이 될 사람은 신중하고 절제하는 성품'이 있어야 한다고 말합니다. 사랑에 관한 위대한 교훈을 남긴 바울은 교회 안에서 제멋대로 행동하는 것을 용납하지 않습니다. 교회에게 사랑을 명령한 바울은 동시에 교회에게 질서를 명령합니다. 사랑은 법과 질서로 표현됩니다. 그러므로 성숙한 성도는 교회를 무질서하게 만드는 사랑을 하지 않습니다. 무질서한 행동을 남발하는 사람에게 법과 질서를 가르치고 적용하는 사랑을 합니다. 관계적인 욕구를 위하여 경계선을 함부로 넘어서는 사람에게 그 욕구를 채워 주는 것이 아니라 그 욕구를 책망하는 사랑을 합니다.

오늘날 교회 안에는 관계적인 욕구와 사랑을 헷갈리는 사람들이 많습니다. 자기가 원하는 관계적 친밀함을 중심으로 사랑의 여부를 판단합니다. 원하는 만큼 관계적 친밀함을 채워 주면 사랑이 많은 사람이요, 그렇지 않으면 사랑이 없는 사람이라고 평가합니다. 관계적 욕구를 채워 주는 것이 사랑이라고 믿는 사람도 많습니다. 그래서 관계적 욕구를 채워 주기 위해 허용하지 말아야 할 선까지 허용하기도 합니다. 관계적 친밀함을 사랑으로 이해하면 신앙에 치명적인 문제가 발생합니다. 위선이 성장합니다. 위선은 '사람에게 보이려고' 행하는 것을 의미합니다. 행위의 동기와 목적이 사람입니다. 그렇기에 위선자는 항상 관계를 갈망합니다. 사람에게 얻는 칭찬과 평판을 좋아합니다. 자기가 원하는 관계를 얻기 위해 최선을 다합니다. 조종하고 회유하며 위협합니다. 주로 사랑을 활용합니다. 사랑을 빌미로 자기가 원하는 관계를 은밀히 만들어 갑니다. '나를 정말 사랑한다면 내가 원하는 관계적 친밀함을 내놓으라'는 것입니다. 관계적 욕구와 사랑을 헷갈릴 때 교회는 무질서해집니다. 관계의 선이 무너지고 위선이 성장하기 때문입니다. 사랑은 교회 안에 무질서가 아니라 질서를 세웁니다.

법과 질서를 위한 단호함

다시 한 번 말하지만, 그리스도의 몸 된 사랑은 법과 질서를 따라 표현됩니다. 그렇기에 때로는 단호함이 필요합니다.

> 누가 이 편지에 한 우리 말을 순종치 아니하거든 그 사람을 지목하여 사귀지 말고 저로 하여금 부끄럽게 하라 _**데살로니가후서 3:14**

바울은 데살로니가후서 3장 전체를 통해 질서 있는 삶을 가르칩니다. 가르침을 마친 후 만약 누군가가 이 가르침에 순종하지 않으면 그 사람을 '지목하여 사귀지 말라'고 합니다. 관계를 차단하라는 뜻입니다. 매우 차가워 보이는 이 교훈은 사실 관계를 차단당한 그 사람을 위한 것입니다. 부끄러워서 돌이키도록 하기 위한 것이기 때문입니다. 사랑은 자의적인 판단으로 무질서하게 행하는 사람을 용납하는 것이 아닙니다. 성경이 말하는 대로 '지목하여 사귀지 않는 것'입니다. 사랑의 법을 따라 질서 안에서 행동하는 것이야말로 하나님의 사랑이 교회 안에 충만하도록 하는 방법입니다. 자기 나름대로의 사랑보다 사랑의 법으로 통치하시는 그리스도의 사랑이 훨씬 크다는 것을 믿으십시오.

그리스도의 몸 된 사랑의 요약

그리스도의 몸 된 사랑은 세 가지로 표현됩니다. 첫째, 권위에 대한 순종으로, 둘째, 그리스도의 몸을 구분함으로, 셋째, 법과 질서를 따라 표현됩니다. 이 사랑은 세상이 알 수도 없고 할 수도 없는 사랑입니다. 오히려 이 사랑은 세상이 불쾌하게 여기는 사랑입니다. 그러나 성령께서 하나님의 사랑을 그 마음에 부어 주신 성도(롬 5:5)는 이 사랑을 사랑합니다. 이 사랑을 교회 안에서 즐거이 행합니다. "하나님이 진정으로 지역 교회에게 원하시는 것은 교회가 하나님의 거룩한 사랑을 세상에 드러내는 것입니다. 이것을 단지 그리스도인 개개인에게 바라시는 것이 아니라 교회 전체, 즉, 그 집단적인 삶을 살아가는 모두에게 바라십니다."[76]

너희가 서로 사랑하면 이로써 모든 사람이 너희가 내 제자인줄 알리라 _**요한복음 13:35**

---

76 위의 책, 506.

사랑을 말하다

다섯째

다섯째,
사랑의 8가지 빛깔

앞 장 요약

지금까지 사랑에 관한 거시적인 교훈을 살펴봤습니다. 요약하자면 이렇습니다. 1) 사랑은 최고의 법입니다. 그러므로 사랑하지 않는 것은 최고의 법을 어기는 죄입니다. 2) 우리는 자기로부터 시작하여 자기로 끝나는 사랑을 경계해야 합니다. 사랑이라고 모두 같은 사랑은 아닙니다. 3) 하나님의 본질적인 속성은 거룩함입니다. 사랑은 그 거룩함을 따라 흐르는 하나님의 성품이요 사역입니다. 4) 그리스도인은 하나님의 거룩한 사랑을 배워서 복음 중심적인 사랑과 그리스도의 몸 된 사랑을 실천해야 합니다. 사랑은 하나님으로부터 시작해서 하나님으로 말미암고 하나님께로 돌아가는 하나님 중심적인 속성입니다. 그러므로 참된 사랑을 배우고자 하는 사람은 우리 안에서 출발하지 말고 우리 밖(*extra nos*), 곧 사랑의 원형이 되시는 하나님으로부터 출발해야 합니다.

사랑에 관한 미시적 탐구

하나님으로부터 출발하는 그 사랑은 어떤 빛깔을 띠고 있을까요? 이제는 좀 더 미시적인 관점에서 사랑을 배워 봅시다. 성경은 사랑을 성품이요 동시에 사역으로 설명합니다. "신학자들은 속성과 행위로서의 하나님의 사랑"[77]을 연구해 왔습니다. 즉, 사랑이라는 성품에서 사랑이라는 사역이 나옵니다. 사랑의 성품은 있는데 사랑의 사역이 없는 경우는 없습니다. 사랑의 성품은 없는데 사랑의 사역이 있는 경우도 없습니다.[78] 사랑은 성품이요 동시에 사역입니다. 그러므로 우리는 사랑의 성품을 만드는 동시에 사랑의 사역을 행하려고 노력해야 합니다.

고린도전서 13장 4–5절은 성품과 사역으로서의 사랑을 잘 표현하고 있습니다.

> 사랑은 오래 참고 사랑은 온유하며 시기하지 아니하며 사랑은 자랑하지 아니하며 교만하지 아니하며 무례히 행하지 아니하며 자기의 유익을 구하지 아니하며 성내지 아니하며 악한 것을 생각하지 아니하며 **_고린도전서 13:4-5**

77 케빈 J. 밴후저 편집, 『하나님의 사랑』(서울: 이레서원, 2014), 12.
78 우리는 보통 이 두 가지 경우를 '위선'이라고 말합니다. 마음만 있고 행함이 없는 경우나 행함만 있고 마음은 없는 경우는 모두 거짓 사랑이기 때문입니다.

사랑을 배우라

사랑을 배우는 일은 중요할 뿐 아니라 긴급하다

황금의 입이라는 별명을 가진 초대 교회의 설교자 요한 크리소스토무스는 고린도전서 13장 설교에서 사랑의 중요성을 다음과 같이 강조합니다.

> 사랑이 없는 사람은 무익한 존재로 그치지 않는다. 남에게 해가 되는 존재이다.

많은 사람들이 사랑의 유무를 긴급하게 다루지 않습니다. 하지만 요한 크리소스토무스에 따르면, 사랑하는 사람은 유익한 존재이지만 사랑하지 않는 사람은 해가 되는 존재입니다. 사랑은 중요한 것을 넘어서 긴급한 일입니다. 우리가 오늘 사랑하지 않는다면 우리는 오늘 누군가에게 해를 끼치며 사는 것이기 때문입니다. 그러므로 성도는 힘써 사랑해야 합니다. 크리소스토무스는 고린도전서 13장 4-5절을 "무엇과 비길 수 없는 사랑의 아름다움을 다양한 미덕과 다양한 색채로 설명한 것"[79]이라고 말합니다. 즉, 이 구절은 여러 종류의 사랑을 분리해서 말하는 것이 아니라 한 가지 사랑이 담고 있는 여러 빛깔을 말한다는 것입니다. 여기에서 바울이 사랑을 '의인화'해서 말하고 있음을 주목해야 합니다. 예컨대, "사랑은 오래 참는 특

---

79 필 라이큰, 『사랑한다면 예수님처럼』(서울: 생명의말씀사, 2012), 40.

징이 있으며"라고 말하지 않고, "사랑은 오래 참고"라고 말합니다. 이것은 바울이 사랑을 그리스도와 겹쳐서 이해하고 있기 때문입니다. "사랑에 대한 이 모든 기록은 예수님에 대한 기록입니다. 그분의 사랑은 오래 참고 온유합니다. 무례히 행하거나 성내지 않습니다. 그분의 사랑은 모든 것을 믿고 모든 것을 참습니다. 그분의 사랑은 절대 떨어지는 법이 없습니다."[80] 따라서 우리는 예수 그리스도를 바라보고 그분의 사역과 행적을 탐구하면서 이 구절이 담고 있는 사랑을 배워야 합니다. 사랑의 8가지 빛깔을 살펴봅니다.

사랑은 오래 참는 것이다

우리를 향한 하나님의 사랑, 오래 참음

사랑의 빛깔을 말하면서 먼저 '오래 참음'을 꺼내 든 것에는 의미가 있습니다. 오래 참는 것이야말로 사랑을 가장 잘 실천하는 일이기 때문입니다. 사랑하면 오래 참습니다. 사랑하지 않으면 참지 않습니다. 사랑하면 기다립니다. 사랑하지 않으면 기다리지 않습니다. 사랑하면 잘 견딥니다. 사랑하지 않으면 절대 견디지 않습니다. 무엇보다 오래 참음은 우리를 향

80 위의 책, 40.

한 하나님의 사랑입니다. 다음을 읽어 보십시오.

> 또 우리 주의 오래 참으심이 구원이 될 줄로 여기라 우리가 사랑하는 형제 바울도 그 받은 지혜대로 너희에게 이같이 썼고 **_베드로후서 3:15**
>
> 만일 하나님이 그의 진노를 보이시고 그의 능력을 알게 하고자 하사 멸하기로 준비된 진노의 그릇을 오래 참으심으로 관용하시고 **_로마서 9:22**
>
> 그러나 내가 긍휼을 입은 까닭은 예수 그리스도께서 내게 먼저 일체 오래 참으심을 보이사 후에 주를 믿어 영생 얻는 자들에게 본이 되게 하려 하심이 **_디모데전서 1:16**
>
> 주의 약속은 어떤 이들이 더디다고 생각하는 것같이 더딘 것이 아니라 오직 주께서는 너희를 대하여 오래 참으사 아무도 멸망하지 아니하고 다 회개하기에 이르기를 원하시느니라 **_베드로후서 3:9**

하나님은 우리의 구원을 위해 오래 참아 주십니다. 하나님 편에서 우리는 지금 당장이라도 심판받아 마땅한 존재이지만, 하나님은 우리를 긍휼히 여기셔서 계속하여 오래 참아 주십니다. 돌아오기를 기다리시는 것입니다. 그러므로 사랑하고자 하는 사람은 주를 본받아 사랑하는 대상을 향해 오래도록 참아야 합니다.

오래 참음은 능동적인 활동이다

종종 오래 참음을 아무것도 하지 않고 마냥 방치해 두는 것이라고 오해하는 사람들이 있습니다. 하지만 오래 참음은 그런 것이 아닙니다. 오래 참음은 매우 능동적인 활동입니다.

첫째는 '나'를 향해서 능동적입니다. 사랑하는 사람을 향해 오래 참기 위해서는 나의 권리를 끊임없이 부정해야 합니다. "사랑은 화를 잘 참고 성급히 자신의 권리를 주장하거나 원망하지 않는 것입니다."[81] 그러므로 우리 안에 들끓는 욕망과 자기 사랑을 능동적으로 부정하지 못하면 남을 사랑할 수가 없습니다. 자기 자신에게 몰입되어 있는 사람은 조급하고 쉽게 화를 내며 함부로 비난하기 때문입니다.

둘째는 '남'을 향해서 능동적입니다. 오래 참음은 방치하는 것이 아닙니다. 변화하지 않고 성장하지 않는 사람을 한결같은 마음으로 대하는 것입니다. 포기하지 않는 것입니다. "오래 참음은 긴 마음입니다. 사랑은 연못에 작은 파장들이 일어나는 것처럼 쉽게 결정하고 쉽게 포기하는 것이 아닙니다. 사랑은 대양에 넘실거리는 큰 파도처럼 오래 생각하고 오래 기다리는 것입니다."[82] 원하는 대로 행동하지 않는다고 누군가에 대해서 급하게 결론을 내는 것은 사랑이 아닙니다. 금세 마음이 식어서 다른 사람에게로

---

81 위의 책, 90.
82 조병수, 『겨울 그리고 봄』(수원: 합신대학원출판부, 2013), 56.

관심을 돌리는 것도 사랑이 아닙니다. 같은 방향과 같은 목표를 갖고 우직한 마음으로 늘 함께해 주는 것이 사랑입니다. 사랑은 오래 참는 것입니다.

오래 참음은 예수님의 사랑이다

오래 참음은 예수님의 사랑입니다. 예수님은 제자들의 형편없는 모습에도 불구하고 오래 참으셨습니다. 미련하고 야망에 들뜨고 겁에 질려서 배신까지 한 제자들에게 다음과 같이 말씀하셨습니다.

> 볼지어다 내가 세상 끝날까지 너희와 항상 함께 있으리라 _**마태복음 28:30**

예수님은 제자들의 실력을 믿었기 때문에 위와 같이 말씀하신 것이 아닙니다. 제자들이 원하는 바를 성취할 것을 알았기 때문에 말씀하신 것도 아닙니다. 예수님은 제자들을 사랑하셨기 때문에 '항상 함께 있겠다'고 말씀하신 것입니다. 예수님은 우리를 사랑하시기 때문에 지금도 '항상 우리와 함께' 계십니다. 그러므로 예수님의 사랑을 본받는 자는 서두르지 않고 오래 참음으로 "함께" 있어 줍니다.

사랑은 온유한 것이다

오래 참음과 온유함의 관계

조나단 에드워즈는 "사랑은 오래 참음으로 온유하게 참아 내는 성품"[83]이라고 말합니다. 조병수는 "오래 참음과 온유함은 사랑의 오른팔과 왼팔"[84]이라고 합니다. 오래 참음과 온유함이 사실상 한 가지 성품이라는 것입니다. 오래 참는 사람은 온유합니다. 온유한 사람은 오래 참습니다. 오래 참지 않는 온유함은 위선이고, 온유함이 없는 오래 참음은 가짜입니다. 사랑은 오래 참음과 온유함 속에서 발전합니다. 그럼에도 불구하고 오래 참음과 온유함은 구분됩니다. 오래 참음이 뭔가 시작되기를 기다리는 것이라면, 온유함은 뭔가를 시작하는 것입니다. 오래 참음이 받아들이는 것이라면, 온유함은 주는 것입니다.

온유함은 사람과 사람을 연결시키는 성품

무엇보다 온유함은 사람과 사람을 연결시키는 성품입니다. 다음 성경 구절을 읽어 보십시오.

---

83 조나단 에드워즈, 『사랑과 그 열매』(서울: 청교도신앙사, 1999), 76.
84 조병수, 『겨울 그리고 봄』(수원: 합신대학원출판부, 2013), 56.

거역하는 자를 온유함으로 훈계할지니 혹 하나님이 그들에게 회개함을 주사 진리를 알게 하실까 하며 _디모데후서 2:25

아무도 비방하지 말며 다투지 말며 관용하며 범사에 온유함을 모든 사람에게 나타낼 것을 기억하게 하라 _디도서 3:2

오직 마음에 숨은 사람을 온유하고 안정한 심령의 썩지 아니할 것으로 하라 이는 하나님 앞에 값진 것이니라 _베드로전서 3:4

너희 중에 지혜와 총명이 있는 자가 누구냐 그는 선행으로 말미암아 지혜의 온유함으로 그 행함을 보일지니라 _야고보서 3:13

신약 성경은 한결같이 말합니다. 사람을 대할 때 온유하게 대하라는 것입니다. 심지어 거역하는 자를 훈계할 때도 온유하게 대하라고 합니다. 혹 그가 회개의 기회를 얻을 수도 있기 때문입니다. 모든 사람에게 온유한 태도를 보이라고 하는데, 여기에는 나에게 잘못한 사람까지 포함됩니다. 마음속의 사랑을 온유라는 그릇에 담아서 나타낼 것과 선행도 온유한 태도로 보일 것을 요구합니다. 온유함은 사람과 사람을 연결시키는 성품입니다.

온유함의 정의와 특징

그렇다면 온유함이란 구체적으로 어떤 성품일까요? 마태복음 5장 5절에 나오는 '온유'(프라우스)에는 야생 동물을 길들인다는 의미가 있습니다. 즉, 온유는 거칠고 사납고 제멋대로인 성질을 잘 길들이는 것입니다. 고린도전서 13장 4절에 나오는 '온유'(크레스튜오마이)에는 다른 사람에게 도움을 준다는 뜻이 있습니다. 두 가지를 합쳐서 정의하자면, 온유는 '부드럽고 맑고 친절한 태도로 다른 사람을 돕는 행위'라고 할 수 있습니다.

온유함은 따뜻한 태도로 다른 사람의 이익을 도모하는 행위입니다. 태도와 행위 둘 중 하나만 빠져도 온유함은 만들어지지 않습니다. 부드럽고 맑고 친절한 태도만 유지한 채 다른 사람을 돕지 않는다면 그것은 온유한 사랑이 아닙니다. 다른 사람을 돕기는 하는데 거칠고 사나운 태도로 그렇게 한다면 그것도 온유한 사랑이 아닙니다. 온유하게 사랑하는 사람은 자신의 태도와 행위를 함께 사랑하는 대상에게 맞춥니다. 사랑하는 사람이 받아들일 만한 태도로 사랑하는 사람이 필요한 일을 돕습니다. 그것이 온유한 사랑입니다.

그리스도인은 온유한 사람이다

> 터툴리안에 의하면, 초대 교회 당시의 이교도들은 때로 그리스도인들을 "Christiani"(크리스티아니)가 아닌 "Christiani"(크리스티아니)라고 불렀다고 한다. 물론 두 단어는 거의 비슷하게 발음된다. 그러나 비슷하다는 이유 말고도 혼동을 가져온 이유가 있었다. Christiani는 "그리스도인"을 의미한다. 그리고 Christiani는 "온유"를 뜻하는 헬라어에서 비롯되었다. 즉, 터툴리안은 그리스도인들이 예수님을 믿는 사람들로 알려지기 전부터 온유를 베푸는 사람들로 알려져 있었다고 말한다. 그리고 그 온유는 사람들을 그리스도에게로 이

끌었다."[85]

온유함은 사람을 사람에게로 연결시키는 성품입니다. 그러므로 사람들을 복음으로 이끌기 원한다면 온유한 사랑을 실천해야 합니다. 부모와 자녀와 성도와 이웃에게 우리는 어떤 사람으로 알려져 있습니까? 거칠고 사납고 이기적인 크리스티아니(그리스도인)입니까? 아니면 크레스튜오마이(온유한) 크리스티아니(그리스도인)입니까?

사랑은 시기하지 않는 것이다

시기의 정의와 특징

오래 참음과 온유는 사랑에 관한 긍정적 활동입니다. 반면 지금부터 나오는 것들은 사랑하기 위해서 부정해야 할 활동들입니다. 사랑은 사랑을 방해하는 우리의 본성을 반대하는 것으로 표현됩니다. 바울은 그 첫째로 '시기하지 않는 것'을 꼽습니다. 사랑은 시기하지 않습니다. 시기가 무엇일까요? "시기는 다른 사람과 자신을 비교하여 다른 사람의 소유나 행복에 대하여 불만을 표시하고 그것을 반대하는 것이라고 할 수 있습니다. … 사람은 나면서부터 으뜸 되기 좋아하는 경향이 있습니다. 이 성향은 다른

---

85 필 라이큰, 『사랑한다면 예수님처럼』(서울: 생명의말씀사, 2012), 56.

사람이 자기보다 위에 있으면 즉각 나타납니다."[86] 시기는 근본적으로 다른 사람보다 나를 더 소중히 여기는 마음입니다. 이에 반해 사랑은 나보다 다른 사람을 더 소중히 여기는 마음입니다.

시기는 사랑을 방해하는 가장 큰 장애물이다

그러므로 시기는 사랑을 방해하는 가장 큰 장애물입니다. 시기하는 사람은 결코 사랑하지 못합니다. 오히려 시기는 다른 사람에게 해를 끼칩니다. 다른 사람의 성공이나 행복이나 소유를 시기하는 사람은 그 사람의 약점을 기어코 찾아냅니다. 더 나아가 없는 약점을 만들어 내기 위해 흠집을 냅니다. 은근히 험담을 하고 잘못된 소문을 퍼뜨립니다. 겉으로 드러나는 행동은 하지 않을지라도 마음속으로 그 사람이 불행해지기를 바랍니다. 시기는 사랑을 가장 크게 방해합니다. 야고보는 시기에 관해 다음과 같은 말을 남겼습니다.

> 그러나 너희 마음속에 독한 시기와 다툼이 있으면 자랑하지 말라 진리를 거슬러 거짓말하지 말라 이러한 지혜는 위로부터 내려온 것이 아니요 땅 위의 것이요 정욕의 것이요 귀신의 것이니 시기와 다툼이 있는 곳에는 혼란과 모든 악한 일이 있음이라 **_야고보서3:14-16**
>
> 너희는 욕심을 내어도 얻지 못하여 살인하며 시기하여도 능히 취하지 못하므

---

86 조나단 에드워즈, 『사랑과 그 열매』(서울: 청교도신앙사, 1999), 142.

로 다투고 싸우는도다 너희가 얻지 못함은 구하지 아니하기 때문이요 _**야고보서 4:2**

야고보는 시기하는 마음이 땅의 것이요 정욕의 것이며 귀신의 것이라고 가르칩니다. 조나단 에드워즈는 이 구절을 근거로 시기는 "지옥의 성향이요, 지옥의 비참에 동참하는 일"이라고 말합니다. 그러므로 시기가 있는 곳에 혼란과 악한 일들이 많은 것은 당연합니다.

시기와 탐욕의 관계

또한 시기는 탐욕과 깊은 관련이 있습니다. 시기는 기본적으로 자신이 가지고 있는 것에 대해 만족하지 못하는 마음에서 나오기 때문입니다. 시기하는 사람은 자신과 자신이 가지고 있는 것을 전혀 누리지 못합니다. 그는 자신에게 없는 것을 가진 사람을 미워하느라 당장 누려야 할 기쁨을 포기합니다. 남에게는 있고 나에게는 없는 것 때문에 걱정하고 염려합니다. 바로 그것 때문에 남을 미워합니다. 그런 의미에서 필 라이큰은 "시기는 다른 사람의 성공을 보고 느끼는 고통이고, 다른 사람이 잘 되는 것에 대한 분노, 나아가 그것을 파괴하고픈 욕망"[87]이라고 적절히 지적합니다. 시기하는 마음은 이웃 사랑의 계명을 무너뜨립니다.

---

87 필 라이큰, 『사랑한다면 예수님처럼』(서울: 생명의말씀사, 2012), 56.

5계명 “네 부모를 공경하라” 시기는 다른 이에게 합당하게 부여된 권위를 미워한다.

6계명 “살인하지 말라” 시기는 남이 누리는 성공과 행복을 이상히 여긴다. 더 나아가 그것을 미워한다.

7계명 “간음하지 말라” 시기는 격렬한 욕망에서 비롯된다. 그 욕망을 채우기 전까지 시기하는 마음은 식지 않는다.

8계명 “도둑질하지 말라” 시기는 탐욕과 함께 움직인다. 남이 가진 것을 파괴하고 싶은 욕망은 그에 대한 도둑질로 나타난다.

9계명 “거짓 증언하지 말라” 시기는 남을 흠집 내기 위해 기꺼이 거짓말을 한다.

10계명 “네 이웃의 집을 탐내지 말라” 시기는 남의 모든 것을 탐낸다.

시기하는 사람은 자기에게 없는 것과 남에게 있는 것에 몰두합니다. 자기에게는 없고 남에게는 있는 것 때문에 매일 근심합니다. 시기하는 사람은 물욕, 명예욕, 성공욕이 항상 가득합니다. 그래야만 ‘자기에게는 있고 남에게는 없는 상태’를 유지할 수 있기 때문입니다. 무엇보다 시기하는 사람은 5계명에서 10계명을 적극적으로 어깁니다. 남에게 있는 권위, 남에게 있는 권리, 남에게 있는 배우자, 남에게 있는 평판, 남에게 있는 재산, 남에게 있는 모든 것을 시기합니다. 그것을 모두 파괴하고 빼앗아서 자기 것으로 만들어야 직성이 풀립니다. 시기하는 사람은 절대로 남을 사랑할 수 없습니다.

사랑은 남이 누리는 것을 기뻐하는 마음이다

반면에 사랑은 남이 누리는 모든 것을 기뻐합니다. 남이 잘 되는 것을 축하합니다. 남이 얻게 된 명예, 남이 얻게 된 성공, 남이 얻게 된 재산을 보고 즐거워합니다. 사실 사랑은 이것보다 더 적극적인 활동입니다. 남이 잘되게 도와줍니다. 남이 성공하도록, 남이 부요해지도록, 남이 형통하도록 노력합니다. 사랑하는 사람은 자기에게 있는 것을 덜어서 남에게 없는 것을 채우는 사람입니다. 사랑하는 사람은 덜 근심합니다. 염려가 줄어듭니다. 평안이 차오릅니다. 시기하는 사람은 자기에게 없는 것과 남에게 있는 것으로 말미암아 심히 불안해하지만, 사랑하는 사람은 자기에게 있는 것으로 남에게 없는 것을 채울 수 있으므로 평안을 누립니다.

> 평온한 마음은 육신의 생명이나 시기는 뼈를 썩게 하느니라 **_잠언 14:30**

사랑은 자랑하지 않고 교만하지 않는 것이다

자랑과 교만의 정의와 특징

시기가 자기에게는 없고 남에게는 있는 것을 무섭도록 싫어하는 마음이라면, 자랑과 교만은 자기에게는 있고 남에게는 없는 것을 심히 좋아하는 마음입니다. 그러므로 시기하는 사람에게는 자랑과 교만이 넘쳐 나고,

자랑하고 교만한 사람에게는 시기가 넘쳐 납니다. 자랑은 자기에게 있는 것을 말로 뽐내는 행위이고, 교만[88]은 자기에게 있는 것을 거만한 태도로 드러내는 행위입니다.

> 자랑한다는 단어의 어근은 바람이 잔뜩 들어간 풍선을 가리킵니다. … 또한 (자랑하지 않는다는) 이 말은 전시하지 않는다는 뜻도 지닙니다. 또한 이 말은 퍼레이드를 하지 않는다는 뜻도 가지고 있습니다. 바람 주머니나, 전시회나, 퍼레이드는 모두 자신이 가지고 있는 것을 최대한 드러내어 보여 주는 데 목적이 있습니다.[89]

즉, 자랑은 말로 자기를 과시함으로써 남보다 내가 더 낫다는 것을 보여 주는 것입니다. 자랑하는 사람은 남을 수단으로 여깁니다. 남은 내가 돋보이기 위한 무대일 뿐입니다. 남이 내 말로 말미암아 열등감을 느끼는 것을 좋아합니다. 남에게 내가 더 위에 서 있다는 것을 깨닫게 하고 싶어 합니다. 자랑이 이것을 말로 직접 표현하는 것이라면, 교만은 이것을 태도로 표현하는 것입니다. 그래서 간접적일 수는 있겠지만, 더 확실한 타격을 줍니다. 교만한 사람은 은근히 자기를 뽐내고 교묘하게 자기를 포장합니다. 교만은 얼굴과 몸짓과 행동에서 나타나는데, 우월감에 가득한 표정, 거만한 몸짓, 지도자인 척하는 행동 등입니다. 이것은 남을 경멸하고 한껏 내려다

---

88 여기서 교만은 사람의 근본적인 본성이라기보다는 거만하고 건방진 태도와 연결됩니다.
89 이상원, 『십자가에서 아가페로』(서울: 솔로몬, 2016), 644.

보고 무시하는 태도 등을 통해서도 나타납니다.

> 교만하다는 단어도 근본적인 뜻이 네 번째 속성인 자랑한다는 말과 의미가 비슷합니다. 이 단어도 자기 자신의 중요성을 지나치게 강조하거나 내세우는 태도를 뜻합니다.[90]

자랑과 교만은 자기의 중요성을 강조한다

자랑하고 교만한 사람은 오로지 자기 자신에게만 몰입되어 있습니다. 남에게 관심이 없습니다. 자신이 가지고 있는 직위, 자신이 행하고 있는 활동, 자신이 얻은 명예와 소유, 자신이 즐기는 취향 등을 드러내는 일 외에는 관심이 없습니다. 자랑하고 교만한 사람은 항상 자기 이야기를 합니다. 자기 생각과 자기 활동과 자기 취향과 자기 삶을 말하느라 남에게 무심합니다. 듣지를 않습니다. 관심을 갖지 않습니다. 이해하려고 하지도 않습니다. 남의 입장에 서 보려고 하지 않습니다. 자기의 중요성을 말하고 드러내느라 모든 힘과 열정을 쏟아붓습니다. 거만한 사람은 절대로 남을 사랑할 수 없습니다.

> 자기의 재물을 의지하고 부유함을 자랑하는 자는 아무도 자기의 형제를 구원하지 못하며 _ **시편 49:6-7**

---

90 위의 책, 645.

여호와께서 이와 같이 말씀하시되 지혜로운 자는 그의 지혜를 자랑하지 말라 용사는 그의 용맹을 자랑하지 말라 부자는 그의 부함을 자랑하지 말라 **_예레미야 9:23**

교만은 패망의 선봉이요 거만한 마음은 넘어짐의 앞잡이니라 **_잠언 16:18**

사람들이 자기를 사랑하며 돈을 사랑하며 자랑하며 교만하며 비방하며 부모를 거역하며 감사하지 아니하며 거룩하지 아니하며 **_디모데후서 3:2**

사랑하는 사람은 겸손하다

반면에 사랑하는 사람은 겸손합니다. 겸손은 "하나님 앞에서 우리가 무가치하며 비열한 존재임을 알고 갖게 되는 그에 합당한 생각과 마음의 습관"[91] 입니다. 겸손은 자기 자신의 중요성을 스스로 의식하지 않는 것입니다. 오히려 자기 안에 있는 악을 주목하고 그것을 괴로워하는 것입니다. 항상 하나님 앞에서 자신의 가치와 행위를 바르게 생각하는 습관입니다. 그러므로 겸손한 사람은 절대로 남보다 내가 낫다는 생각을 하지 못합니다. 겸손한 사람은 정말로 자기가 중요하다고 생각하지 않기 때문입니다.

겸손한 사람만이 진정한 사랑을 할 수 있습니다. 겸손한 사람은 자기를 높이는 일에 몰두하지 않습니다. 겸손한 사람은 자기 활동과 자기 취향과 자기 삶을 뽐내는 일에 관심이 없습니다. 겸손한 사람은 자기를 말하느라

---

91 조나단 에드워즈, 『사랑과 그 열매』(서울: 청교도신앙사, 1999), 163.

시간과 열정을 쏟지 않습니다. 남을 깔보지 않고 남에게 열등감을 심어 주지 않습니다. 자신이 앞서 있을 때에도 그것을 드러내지 않습니다. 자신이 행한 '탁월하고 좋은 일'도 말하지 않습니다. 하나님 앞에서 자기를 올바르게 인식한 사람은 자신을 하나님과 남보다 더 앞에 두는 것을 대단히 꺼려합니다. "사랑은 자신이 한 일을 자신에게마저 숨기고, 자신이 행한 아름다운 일을 마치면 음지로 돌아가 침묵하는 것"[92]입니다. "겸손하지 않은 사랑은 진정한 의미에서 하나님께 속한 사랑이 아닙니다."[93]

사랑은 무례히 행하지 않는다

무례함의 정의와 특징

시기하고 자랑하고 교만한 사람은 언행에서 질서가 없습니다. 마땅히 해서는 안 될 말을 하고 도리에 어긋난 행동을 합니다. 남보다 나를 더 높이 여기는 마음은 남을 내 멋대로 대해도 된다는 생각을 키웁니다. 이것을 '무례함'이라고 합니다.

교만하고 건방진 사람을 오만한 자라고 하는데, 그런 사람은 우쭐대며 무례

---

92 헨리 드러먼드, 『사랑, 세상에서 가장 위대한』(서울: IVP, 2018), 27.
93 조나단 에드워즈, 『사랑과 그 열매』(서울: 청교도신앙사, 1999), 180.

하게 행동한다 _잠언 21:24, 새번역

무례한 사람은 질서가 없이 행동합니다. 남보다 나를 더 높이 여기는 사람은 남을 존중하지 않습니다. 나의 감정과 생각과 방법만 존중합니다. 내가 옳다는 확신이 있기 때문에 언제든지 남에게 간섭할 수 있고 얼마든지 남을 통제할 수 있다고 믿습니다. 그래서 나와 남 사이에 그려져 있는 경계선을 자유롭게 뛰어넘고 남을 내 안으로 끌어당기는 일을 서슴없이 합니다. 남보다 나를 더 좋고 옳게 여기는 사람은 남을 '자기화'시키는 것을 당연하게 생각합니다. 이런 태도는 남에게 불쾌감과 거부감을 주지만, 무례한 사람은 자기가 그런 감정을 준다는 것을 전혀 눈치채지 못합니다. 무례한 사람은 자신에게는 그럴 만한 권리 혹은 합당한 이유가 있다고 생각하고, 남에게는 그럴 만한 권리 혹은 합당한 이유가 없다고 철석같이 믿습니다. 무례함은 사랑 없는 사람에게 드러나는 외형적 표지입니다.

사랑하는 사람은 무례하지 않다

반면에 사랑하는 사람은 무례하지 않습니다. 질서를 지킵니다. 모든 사람을 정중하게 대합니다. 함부로 남의 경계에 뛰어들지 않습니다. 남을 나보다 더 높이 여기는 사람은 남의 것을 존중합니다. 거칠게 말하거나 불쾌한 말을 남발하지 않습니다. 특히, 사회적으로 아래에 위치한 사람에게는 더욱 공손한 태도를 유지합니다. 나이가 어리거나 직위가 낮거나 경력이 적은 사람을 힘써 존중합니다. "교만한 사람은 자신에게 득이 되지 않는 사람들, 자기를 돋보이게 하지 못하는 사람들에게 무례하게 대하지만"[94], 겸손한 사람은 우리보다 부족한 사람들에게 예의를 다합니다. "공손은 사소한 일 가운데 드러나는 사랑이고, 예의는 작은 일들 속에서 이루는 사랑입니다."[95] 사랑은 그 누구에게도 무례하지 않습니다. 사랑은 모든 사소한 일들과 모든 사람들을 대할 때 최선을 다해서 정중하게 행동하는 것입니다.

사랑은 자기의 유익을 구하지 않는다

이기심의 정의와 특징

시기하고 자랑하고 교만한 사람은 자기의 유익을 위해서 살아갑니다. 남보다 나를 높이 여기는 사람이 남을 위해 자기 것을 포기할 턱이 없습니다. 나보다 낮은 곳에 위치한 남은 그저 내 유익을 위한 수단일 뿐입니다. 나는 남보다 앞서 있고 높은 곳에 있기 때문에 당연히 남보다 더 많은 유익을 얻을 권리가 있다고 믿습니다. 모든 것을 빨아들여서 자기의 유익을 구하는 것은 사랑하지 않는 사람의 외형적 표지입니다.

---

94 필 라이큰, 『사랑한다면 예수님처럼』(서울: 생명의말씀사, 2012), 120.
95 헨리 드러몬드, 『사랑, 세상에서 가장 위대한』(서울: IVP, 2018), 28.

이기심과 사랑은 정반대이다

조나단 에드워즈에 따르면, 사랑과 이기심은 정반대에 서 있습니다. 사랑하는 사람은 자기 유익을 덜어서 남의 유익을 구합니다. 사랑하지 않는 사람은 남의 유익을 빼앗아 자기 유익에 보탭니다.

> 죄는 강력한 혈액 응고제와 같이 사람의 영혼을 자기중심이라는 매우 좁은 차원으로 오므라들게 합니다. 하나님과 동료를 생각하지 않고 자기 속으로만 젖어 들게 합니다. 좁고 협소한 자기중심적인 원리와 감정으로 줄어들게 합니다. 자기 사랑이 그의 영혼에 절대적 상전이 되어 버렸습니다.[96]

죄는 사랑을 파괴하고 의는 사랑을 회복합니다. 죄인은 자기를 사랑하고 의인은 이웃을 사랑합니다. 자기의 유익을 구하는 것은 구원받은 사람의 합당한 모습이 아닙니다.

> 누구든지 자기의 유익을 구하지 말고 남의 유익을 구하라 _고린도전서 10:24

사랑은 구체적인 희생이다

자기의 유익을 구하지 않는 것은 매우 구체적인 희생을 요구합니다. 즉, 자기 시간을 자기 유익을 위해 쓰지 않습니다. 자기 돈을 자기 유익을

---

96 조나단 에드워즈, 『사랑과 그 열매』(서울: 청교도신앙사, 1999), 196.

위해 쓰지 않습니다. 자기 힘을 자기 유익을 위해 쓰지 않습니다. 사랑은 자기 시간과 돈과 힘을 남의 유익을 도모하기 위해 쓰는 것입니다. 청년 한 명이 예수님께 '영생을 얻는 방법'을 묻습니다. 예수님은 이웃 사랑의 계명을 지키라고 답하십니다. 청년이 의기양양하게 다 지켰다고 하자 예수님은 다음과 같이 말씀하십니다.

> 예수께서 이르시되 네가 온전하고자 할진대 가서 네 소유를 팔아 가난한 자들에게 주라 그리하면 하늘에서 보화가 네게 있으리라 그리고 와서 나를 따르라 _**마태복음 19:21**

청년은 이웃을 충분히 사랑했다고 말했지만, 예수님은 사실 사랑하지 않은 것이라고 답하신 것입니다. 이 문답의 중심에는 '돈'이 있습니다. 극단적으로 해석할 필요는 없습니다. 하나님은 우리의 수고로 우리가 먹고 살게 하십니다. 그러므로 우리가 힘써 일하고 받은 돈을 우리를 위해 사용하는 것은 합법입니다. 하지만 우리'만'을 위해 사용하는 것은 불법입니다. 자기 유익을 구하는, 즉, 사랑하지 않는 죄를 짓는 것이기 때문입니다. 남의 유익을 위해서 자기 것을 덜어 내지 않는 사람은 사랑하지 않는 것입니다. 야고보는 이처럼 말로만 하는 사랑을 거짓 사랑이라고 합니다.

> 만일 형제나 자매가 헐벗고 일용할 양식이 없는데 너희 중에 누구든지 그에게 이르되 평안히 가라, 덥게 하라, 배부르게 하라 하며 그 몸에 쓸 것을 주지

아니하면 무슨 유익이 있으리요 _**야고보서 2:15-16**

말로만 하는 사랑은 사랑이 아닙니다. 요한은 사랑이 행함과 진실함에 있다고 합니다. 남의 유익을 위해 나의 유익을 포기하는 실제적인 행동이 있어야 사랑입니다.

자녀들아 우리가 말과 혀로만 사랑하지 말고 행함과 진실함으로 하자
_**요한1서 3:18**

자기희생은 십자가의 사랑이다

"사랑은 사랑하는 사람에게 가장 좋은 것을 주고 싶어 하는 것"[97]입니다. 예수님은 우리를 사랑하셔서 가장 좋은 것, 곧 자기 생명을 주셨습니다. 자신의 살과 피를 내어 주셨습니다. 자기 생명과 자기 유익을 구하지 않으시고 우리의 생명과 우리의 유익을 구하셨습니다. 이것이 십자가의 복음입니다. 십자가의 복음이야말로 사랑의 절정입니다.3

---

97 C. S. 루이스, 『네 가지 사랑』(서울: 홍성사, 2006), 97.

사랑은 성내지 않는다

분노의 정의와 특징

시기하고 자랑하고 교만한 사람은 자기 뜻이 좌절될 때 쉽게 화를 냅니다. 자기중심적이기 때문에 자기 기분을 가장 중요하게 생각합니다. 기분이 상하는 일이 있을 때마다 얼마든지 화를 내도 된다고 믿습니다. 남보다 나를 더 높이 여기는 사람은 자신에게는 남에게 화를 낼 수 있는 정당한 권리가 있다고 생각합니다. 성냄은 근본적으로 사랑의 결핍에서 흘러나오는 외형적 표지입니다.

요나가 화를 낸 이유

요나는 니느웨 백성들을 긍휼히 여기시는 하나님이 매우 불합리하시다고 판단했습니다. 이스라엘은 니느웨 백성보다 더 높은 족속이기 때문에 니느웨를 향해 분노를 퍼붓는 것은 당연한 일이라고 믿었습니다. 요나는 이스라엘이 이스라엘일 수 있는 이유가 하나님의 사랑 때문임을 몰랐습니다. 하나님의 사랑을 몰랐기 때문에 당연히 니느웨를 향한 사랑도 이해하지 못했습니다. 그래서 그는 하나님과 니느웨를 향해 분노했습니다.

요나가 매우 싫어하고 성내며 **_요나서 1:4**

쉽게 화를 내는 이유

사랑이 없는 사람은 쉽게 성을 냅니다. 약간의 불편함과 손해에도 불같이 화를 냅니다. 조금이라도 권리를 침해받거나 자존심이 상하게 되면 통제할 수 없을 만큼 분노합니다. 분노는 자기를 가장 중요하게 여기는 사람의 특징입니다.

> 사소한 것에 화가 나는가? 옆 사람의 운전 습관 때문에, 누가 부탁한 일 때문에, 청소도 안 하고 물건을 제자리에 두지 않는 가족 때문에, 친구가 한 일, 혹은 하지 않은 일 때문에 당신의 삶이 조금 불편해져서 분이 나는가? 그것은 당신에게 사랑이 없기 때문이다.[98]

긍휼을 모르는 자는 분노한다

분노는 특히 긍휼과 반대됩니다. 긍휼은 불쌍히 여기는 것입니다. 남의 처지와 상황과 삶을 안타깝게 여기는 것입니다. 긍휼은 근본적으로 나 자신에 대한 이해에서 출발합니다. 하나님 앞에서 내가 얼마나 불쌍한 존재인지, 얼마나 커다란 죄인인지, 얼마나 비참한 인생인지를 아는 사람은 하나님께서 베푸신 긍휼을 깨닫습니다. 그리고 모든 사람을 긍휼히 여깁니다. 그러므로 긍휼한 마음은 단순한 동정심을 뛰어넘어서 복음에 합당한 마음이라고 할 수 있습니다.

---

98 필 라이큰, 『사랑한다면 예수님처럼』(서울: 생명의말씀사, 2012), 68.

반면 자신이 얼마나 비참한 처지였는지를 모르는 사람은 남을 긍휼히 여길 줄 모릅니다. 자그마한 실수에도 분노를 퍼붓습니다. 냉정하고 차가운 마음을 유지합니다. 쉽게 자극을 받고 쉽게 짜증을 냅니다. 긍휼히 여김을 받지 못한 사람은 긍휼을 베풀 수가 없습니다.

> 긍휼히 여기는 자는 복이 있나니 그들이 긍휼히 여김을 받을 것임이요
> **_마태복음 5:7**

그러므로 쉽게 화를 내고 쉽게 짜증을 내는 것은 매우 심각한 문제입니다. 복음과 직접적으로 관련이 있는 문제입니다. 단순히 성격의 문제가 아니라 심령의 문제인 것입니다.

분노는 하나님의 일을 방해한다

이것은 하나님을 방해한다는 측면에서도 심각합니다.

> 사람이 성내는 것이 하나님의 의를 이루지 못함이라 **_야고보서 1:20**
>
> 노하는 자는 다툼을 일으키고 성내는 자는 범죄함이 많으니라 **_잠언 29:22**

요나 이야기에서 보았듯이, 사람이 성내는 것은 하나님의 의를 방해합니다. 하나님의 평안을 갉아 먹고 하나님의 나라를 약화시킵니다. 분노는 하

나님이 되고 싶었지만 되지 못한 사람이 내뱉는 욕망의 찌꺼기입니다. 분노하는 사람은 사랑하지 않는 것이고 사랑하지 않는 사람은 분노합니다. 사랑은 성내지 않습니다.

사랑은 악한 것을 생각하지 않는다

악한 것을 생각한다는 의미

분노가 뜻대로 풀리지 않는 일에 대한 감정적인 반응이라면, 악한 것을 생각한다는 것은 구체적인 복수를 꿈꾸는 일입니다. 악한 것을 생각한다는 것은 사랑하지 않는 것을 넘어서는 일입니다. 누군가를 적극적으로 해할 마음을 품는 것입니다. 반면 사랑은 선한 것을 생각합니다. 선한 것을 생각한다는 것은 남에게 실질적인 도움을 줄 수 있는 일을 도모한다는 뜻입니다. 사랑하는 사람은 항상 남의 유익을 우선적으로 생각하기 때문입니다. 예수님은 악한 생각에서 다음과 같은 것들이 나온다고 지적하십니다.

> 사람에게서 나오는 그것이 사람을 더럽게 하느니라 속에서 곧 사람의 마음에서 나오는 것은 악한 생각 곧 음란과 도둑질과 살인과 간음과 탐욕과 악독과 속임과 음탕과 질투와 비방과 교만과 우매함이니 이 모든 악한 것이 다 속에서 나와서 사람을 더럽게 하느니라 _마태복음 7:20-23

악한 생각은 모든 악의 근원이다

악한 생각은 온갖 범죄의 근원입니다. 악인의 머릿속에는 악한 생각이 가득합니다. 남을 해롭게 하여 자기를 이롭게 할 계획들이 흘러넘칩니다. 자기만족과 자기 영광을 위해 어떻게 하면 남을 희생시킬지를 생각합니다. 특히, 악한 생각은 사랑을 적극적으로 반대하는데, 자기 유익에 눈이 멀어 있기 때문입니다.

> 삼가 너는 마음에 악한 생각을 품지 말라 곧 이르기를 일곱째 해 면제년이 가까이 왔다 하고 네 궁핍한 형제를 악한 눈으로 바라보며 아무것도 주지 아니하면 그가 너를 여호와께 호소하리니 그것이 네게 죄가 되리라 _신명기 15:9

구약 율법에 따르면, 일곱째 해에는 궁핍한 형제를 도와주어야 했습니다. 그때에는 빚을 탕감해 주고 가난한 자에게 쓸 것을 넉넉히 주어야 했습니다. 안식년은 사랑을 실천하는 해입니다. 그러나 악한 생각을 하는 사람은 어떻게 해서든지 이것을 주지 않으려고 합니다. 율법을 피해갈 수 있는 꼼수를 찾습니다. 머리를 굴려서 절대 손해를 보지 않고자 합니다. 내 것을 덜어서 남을 유익하게 한다는 생각 자체를 하지 않습니다. 악한 생각은 하나님의 율법을 정면으로 대적합니다. 복수를 꿈꾸거나 사랑의 법을 피할 꼼수를 생각하는 것은 모두 죄입니다. 악한 생각을 하는 것은 사랑이 아닙니다.

사랑을 훈련하라

사랑의 8가지 빛깔은 우리를 사랑하시는 예수님의 성품이다

바울이 묘사한 사랑의 8가지 빛깔은 예수 그리스도의 성품 그 자체입니다. 그리스도는 우리를 향해 오래 참으시고, 온유하시며, 시기하지 아니하시고, 자랑하지 아니하시며, 교만하지 아니하시고, 무례히 행하지 아니하시며, 성내지 아니하시고, 악한 생각을 하지 않으십니다. 그리스도는 우리가 잘 되기를 바라시며 긍휼과 자비와 친절과 인내와 겸손으로 대하십니다. 그런 의미에서 사랑의 8가지 빛깔은 각기 따로 떨어진 성품이 아니라 한 가지 인격, 곧 그리스도의 인격입니다.

사랑, 우리가 도달해야 할 예수님의 성품

우리는 그리스도의 사역과 행적을 보면서 그분께서 죄인들에게 보여주신 사랑의 인격을 닮아갈 의무가 있습니다. 하지만 이것은 단번에 도달할 수 있는 목표가 아닙니다. 부단한 노력과 지속적인 반복을 통해서 이룰 수 있는 목표입니다.

> 우리가 다 하나님의 아들을 믿는 것과 아는 일에 하나가 되어 온전한 사람을 이루어 그리스도의 장성한 분량이 충만한 데까지 이르리니 이는 우리가 이제부터 어린아이가 되지 아니하여 사람의 속임수와 간사한 유혹에 빠져 온갖

교훈의 풍조에 밀려 요동하지 않게 하려 함이라 오직 사랑 안에서 참된 것을 하여 범사에 그에게까지 자랄지라 그는 머리니 곧 그리스도라 _에베소서 4:13-15

바울은 우리의 목표가 그리스도의 장성한 분량이 충만한 데까지 도달하는 것이라고 말합니다. 그러기 위해서 사랑 안에서 참된 것을 행하며 모든 일에 그리스도에게까지 자라나라고 말합니다. 여기서 우리는 사랑의 중요한 원리를 발견합니다.

첫째, 우리의 목표는 항상 '그리스도'입니다. 그리스도는 우리의 신앙이요 모범입니다. 사랑에 있어서도 마찬가지입니다. 그리스도야말로 진정한 사랑의 실천가입니다. 정확히 말하자면, 그리스도만 사랑의 모범이 될 수 있습니다. 그러므로 우리는 그리스도의 성품을 목표로 사랑을 힘써 행해야 합니다.

둘째, 사랑은 자라나는 것입니다. 한 번에 도달할 수 있는 것이 아닙니다. 어느 날 갑자기 몇 단계를 건너뛸 수 있는 것도 아닙니다. 사랑은 계속해서 자라나는 것입니다.

셋째, 그러므로 우리는 사랑을 훈련해야 합니다. 도달해야 하는 목표가 있고 그것을 향해 자라나는 것이 사랑이라면, 사랑은 반드시 훈련이 필요합니다. 사랑은 가만히 있는다고 해서 저절로 생겨나는 자연적 본성이 아닙니다.

사랑은 훈련해야 한다

> 사랑은 열정적 감정의 문제가 아닙니다. 사랑은 그리스도인의 인격이 전방위에 걸쳐 풍부하고 강력하고 떳떳하고 활기차게 드러나는 것입니다. 그리스도를 닮은 본성이 충만하게 성숙된 것입니다. 이 위대한 인격의 구성 요소들은 끊임없는 훈련으로 자라날 뿐입니다.[99]

헨리 드러몬드가 말하듯이, 사랑은 끊임없는 훈련으로만 자라납니다. 이것은 종교개혁의 원리, "우리 밖에"(*extra nos*)와도 잘 어울리는 말입니다. 사랑의 원형은 우리 밖에 있습니다. 삼위일체 하나님이십니다. 사랑의 모범도 우리 밖에 있습니다. 예수 그리스도이십니다. 우리 안에는 사랑의 본성이 아니라 자기중심이라는 본성이 심겨져 있습니다. 그러므로 우리는 사랑의 원형이 되시는 삼위일체 하나님께 의존하고 사랑의 모범이 되시는 그리스도께 배워서 우리 안에 있는 악한 본성을 사랑의 본성으로 대체해 나가야 합니다. 바울은 사랑에 관한 설명을 "명령"으로 마무리합니다.

> 사랑을 추구하라 **_고린도전서 14:1**

영어 성경은 '사랑의 길을 따르라'(NIV), '사랑을 추적하라'(NASB, ESV) 등

---

99 헨리 드러몬드, 『사랑, 세상에서 가장 위대한』(서울: IVP, 2018), 40.

으로 번역합니다. 성경이 말하는 사랑은 자연스럽게 발생하는 감정이 아닙니다. 사랑할 만한 것을 사랑하는 수준도 아닙니다. 성경이 말하는 사랑은 우리가 힘쓰고 애써서 따라가고 추적해야 하는 것입니다. 가만히 있어도 저절로 만들어지는 성품이 아니라는 것입니다. 사랑을 훈련하지 않는 것은 여전히 사랑을 자연적 본성에 속해 있다고 믿는 것인데, 이것은 사람의 전적 타락을 부정하는 것이기도 합니다. 전적 타락은 모든 영역에서의 타락을 의미합니다. 감정과 이성과 의지의 영역 중 어느 하나도 죄로 오염되지 않은 것은 없습니다. 사람은 모든 방면에서 선을 행할 수 없는 존재입니다. 칼뱅은 "우리의 본성대로 보면 우리에게서 선행이 나오기보다는 차라리 돌에서 기름이 흘러나오기를 기다리는 것이 더 쉬울 것"[100]이라고 말합니다. 그만큼 사람의 본성 안에는 선한 것이 전혀 남아 있지 않다는 뜻입니다. 사랑이라는 영역에서도 마찬가지입니다. 우리의 본성 안에는 사랑이 온전하게 남아 있지 않습니다.

사랑을 훈련하기 싫어하는 현대인들의 습성

그럼에도 불구하고 현대 그리스도인들은 유독 사랑에 관해서는 성경의 통제를 받고 싶어 하지 않습니다. 스스로 얼마든지 사랑할 줄 안다고 생각

---

100 존 칼빈, 『기독교강요』(중)(고양: 크리스챤다이제스트, 2003), 311.

합니다. 사랑은 배울 필요도 없고 훈련할 필요도 없는 자연적인 본성이라고 믿기 때문입니다. 이것은 자기 안에 선한 것이 있다고 믿는 것이며, 전적 타락의 교리를 정면으로 부정하는 것입니다. 전적 타락의 교리에 따르면, 사람은 사랑이 무엇인지도 모르고, 사랑을 어떻게 해야 하는지도 모르는 존재입니다. 사랑의 조각이 조금 남아서 흉내는 낼 수 있지만, 그것조차도 심각하게 오염되어 있을 뿐입니다. 자연인의 본성에는 온전한 사랑이 없습니다. 오직 거듭난 그리스도인만 참된 사랑을 할 수 있습니다.

천국은 사랑의 나라

그런 의미에서 조나단 에드워즈는 천국이 사랑의 나라라고 말합니다.

> 천국에 있는 모든 마음속에는 사랑이 거주하며, 사랑이 다스리고 있습니다. 하나님의 마음은 사랑이 근원적으로 머물러 있는 자리 또는 사랑의 주체입니다. 하나님 안에 있는 하나님의 사랑은 다른 존재에게서 사랑을 받아들이는 주체가 아니라 사랑의 근원적 자리로서 사랑 자체입니다. … 하나님이 성도들과 천사들을 사랑해 주셨듯이, 성도들과 천사들은 주로 사랑의 원천이신 하나님을 사랑합니다. … (천국에는) 사랑하지 않는 사람도 없고, 사랑받지 못하는 사람도 없습니다. 모두가 다 사랑스럽기 때문에 모두 각자 서로의 사랑스러움을 보며 기쁨과 즐거움으로 서로 사랑합니다. 천국에서는 모든 사람이 서로 사랑하며 사랑받습니다.[101]

---

101 조나단 에드워즈, "천국은 사랑의 나라입니다", 『조나단 에드워즈 대표 설교 선집』(서울: 부흥과개혁사), 373-375.

천국은 완전한 사랑이 실현되는 곳입니다. 사랑의 근원이 되시는 하나님과 그 사랑을 온전히 입은 성도와 천사들이 서로의 사랑스러움을 흠모하며 사랑하게 됩니다. 천국에는 하나님으로부터 흘러나온 사랑을 완전하게 배우고 훈련한 성도만 존재할 수 있기 때문입니다. 결론적으로 말하자면, 사랑은 오직 하나님을 알고 하나님을 믿으며 하나님을 의지하는 사람만이 행할 수 있는 성품입니다. 요한은 다음과 같이 말합니다.

> 사랑하는 자들아 우리가 서로 사랑하자 사랑은 하나님께 속한 것이니 사랑하는 자마다 하나님으로부터 나서 하나님을 알고 사랑하지 아니하는 자는 하나님을 알지 못하나니 이는 하나님은 사랑이심이라 **_요한일서 4:7-8**

사랑은 하나님께 속한 것입니다. 사랑하는 사람은 하나님으로부터 난 사람입니다. 사랑하지 않는 사람은 하나님을 모르는 사람입니다. 이 사랑은 인류 보편적 본성에 포함되어 있지 않습니다. 만약에 그렇다면, 사랑하는 사람은 모두가 하나님께 속해 있다는 '그리스도 없는 만인구원론'이 가능해집니다. 이것은 성경 전체의 교훈에 어울리지 않습니다. 여기서 말하는 사랑은 하나님을 알고 하나님께 배우고 하나님 때문에 훈련하는 사랑입니다.

자연적 성품을 믿지 말고 성경이 말하는 사랑을 배우고 훈련하라

우리는 우리 안에 있는 낭만적 감정을 믿어서는 안 됩니다. 그것은 인류 보편적 본성, 곧 비슷하나 오염된 사랑에 불과합니다. 우리는 우리 자신에게 속한 모든 것을 부인해야 합니다. 그리고 하나님께 속한 성품을 힘써 배우고 계속해서 훈련해야 합니다. 특히 사랑이 그렇습니다. 예컨대, 우리에게는 1) 인내가 없고, 2) 온유가 없고, 3) 만족이 없고, 4) 겸손이 없고, 5) 친절이 없고, 6) 긍휼이 없고, 7) 자비가 없고, 8) 선한 것이 없습니다. 오히려 1) 조급함이 있고, 2) 사나움이 있고, 3) 시기와 질투가 있고, 4) 자랑과 거만함이 있고, 6) 무례함이 있고, 7) 탐욕이 있고, 8) 악한 것이 있습니다. 그러므로 우리는 우리 안에 있는 이 모든 악한 성품을 제거하기 위해 온 힘을 다해야 합니다. 동시에 우리 밖에 있는 이 모든 선한 성품을 새로이 심기 위해 필사적인 훈련을 해야 합니다.

사랑은 저절로 맺히는 성품이 아닙니다. 내 것을 가지고 행하는 것도 아닙니다. 사랑은 자기를 부인하고 그리스도를 따라가는 것입니다. 나 자신에 대한 생각을 멈추고 그리스도에 대한 묵상으로만 만들어질 수 있는 성품입니다. 게다가 한순간에 열리는 성품도 아닙니다. 씨앗이 오랜 세월 정성껏 돌봄을 받아야만 열매가 되듯이, 사랑이라는 열매도 부지런하고 정성스러운 노력을 통해서만 맺힐 수 있습니다. 그러므로 사랑을 훈련해야 합니다. 남을 사랑하기 위해 나 자신을 통제하고, 나 자신을 덜어 주고,

나 자신을 희생하는 습관을 만들어 가야 합니다. 물질과 시간과 열정과 계획 모두가 사랑을 위해 조정되어야 합니다.

> 예수님처럼 사랑하기를 배우되 그 배움이 평생 계속되리라는 사실을 인정하십시오. 언젠가 하나님의 은혜와 성령님의 도우심으로 당신의 이름을 사랑장에 넣는 것이 지금처럼 어색하지 않을 날이 오리라는 소망을 가지십시오.[102]

102 필 라이큰, 『사랑한다면 예수님처럼』(서울: 생명의말씀사, 2012), 246.

사랑을 말하다

여섯째

여섯째,
사랑으로 통치하는 교회

앞 장 요약

하나님으로부터 출발하는 사랑은 8가지 빛깔을 띠고 있습니다. 첫째, 사랑은 오래 참습니다. 둘째, 사랑은 온유합니다. 셋째, 사랑은 시기하지 않습니다. 넷째, 사랑은 자랑하지 않고 교만하지 않습니다. 다섯째, 사랑은 무례히 행하지 않습니다. 여섯째, 사랑은 자기의 유익을 구하지 않습니다. 일곱째, 사랑은 성내지 않습니다. 여덟째, 사랑은 악한 것을 생각하지 않습니다. 이 사랑을 배우고 훈련하는 것은 매우 중요합니다.

성경이 말하는 통치와 사랑의 관계

세속적 통념에서 통치와 사랑은 서로 연결되기 어렵습니다. 통치는 군림과 어울리고 사랑은 섬김과 조화됩니다. 군림과 섬김은 서로 완전히 다릅니다. 따라서 세속적 통념 안에서 '사랑으로 통치하는 교회'는 모순입니다. 사랑하는 교회 혹은 통치하는 교회 둘 중 하나만 가능합니다. 반면에 성경은 통치와 사랑을 한 묶음으로 말합니다. 하나님은 통치로 사랑하시고 사랑으로 통치하십니다. 하나님의 방식에서 이 두 가지는 서로 대결하지 않습니다. 하나님은 전능자시요 동시에 아버지이십니다. 왕이요 동시에 목자이시기도 합니다. 하이델베르크 요리문답 26문은 사도신경을 해설하면서 다음과 같이 말합니다.

> **26문** "전능하사 천지를 만드신 하나님 아버지를 내가 믿사오며"라고 고백할 때 당신은 무엇을 믿습니까?
>
> **답** 저는 우리 주 예수 그리스도의 영원하신 아버지께서 아무것도 없는 가운데서 하늘과 땅과 그 가운데 있는 모든 것을 창조하셨고, 또한 그분의 영원한 작정과 섭리로 이 모든 것을 지금도 보존하고 다스리시며, 이 하나님 아버지께서 자신의 아들 그리스도 때문에 저의 하나님과 저의 아버지가 되심을 믿습니다. 하나님 아버지를 전적으로 신뢰하기에 저는 하나님 아버지께서 저의 몸과 영혼에 필요한 모든 것을 채워 주시며, 이 눈물 골짜기 같은 세상에서 겪게 하시는 어떠한 악도 합력하여 선을 이루게 하실 것을 굳게 믿습니다. 하나님 아버지께서는 전능하신 하나님이시기에 이렇게 하실 수 있으며, 신실하신 아버지이기에 이렇게 하기를 원하십니다.

하이델베르크 요리문답 26문에 따르면, 하나님은 모든 것을 창조하셨고 보존하시며 다스리십니다. 또한 그분은 그리스도로 말미암아 우리의 아버지가 되십니다. 그러므로 우리는 전능하신 하나님께서 아버지로서 우리를 돌보실 것을 믿습니다. 사도신경의 첫 문장은 사랑의 통치자이신 하나님을 잘 표현합니다. 성경은 사랑의 통치자이신 하나님을 일관되게 가르칩니다. 다음을 생각해 보십시오.

- 이스라엘을 사랑으로 통치하시는 하나님
- 교회를 사랑으로 통치하시는 하나님

하나님은 통치하시지 않고 자기 백성을 사랑하신 적이 없습니다. 동시에 사랑하시지 않고 통치하신 적도 없습니다. 첫째, 하나님은 이스라엘을 사랑하심으로 속량하셨고 통치하심으로 명령하셨습니다.

> 여호와께서 너희를 기뻐하시고 너희를 택하심은 너희가 다른 민족보다 수효가 많기 때문이 아니니라 너희는 오히려 모든 민족 중에 가장 적으니라 여호와께서 다만 너희를 사랑하심으로 말미암아 또는 너희의 조상들에게 하신 맹세를 지키려 하심으로 말미암아 자기의 권능의 손으로 너희를 인도하여 내시되 너희를 그 종 되었던 집에서 애굽 왕 바로의 손에서 속량하셨나니 그런즉 너는 알라 오직 네 하나님 여호와는 하나님이시요 신실하신 하나님이시라 그를 사랑하고 그의 계명을 지키는 자에게는 천 대까지 그의 언약을 이행하시며 인애를 베푸시되 그를 미워하는 자에게는 당장에 보응하여 멸하시나니 여호와는 자기를 미워하는 자에게 지체하지 아니하시고 당장에 그에게 보응하시느니라 _**신명기 7:7-10**

하나님은 이스라엘이 뛰어난 민족이라서 구원하신 것이 아닙니다. 오히려 그들의 숫자가 적어서 구원하셨습니다. 즉, 하나님의 구원은 오직 하나님의 사랑에만 근거합니다. 사랑하심으로 이스라엘을 바로의 손에서 속량하신 하나님(신 7:8)은 곧장 그들을 향해 명령하십니다(신 7:9). 계명을 주시고 지키라고 말씀하셨습니다. 사랑하셔서 구원하신 그들을 통치하신 것입니다. 사랑의 통치는 구약에 나오는 언약 백성들에게 일관적으로 적용됩니다.

둘째, 사랑의 통치는 신약에서도 계속됩니다. 요한계시록은 교회에 대한 그리스도의 통치를 가장 잘 묘사하고 있습니다. 요한계시록에 등장하는 일곱 교회[103]는 지상에 존재하는 모든 교회를 대표합니다. 각 교회에게 메시지를 던지시는 분이 첫 절마다 등장하는데, 다음과 같습니다.

- 오른손에 있는 일곱 별을 붙잡고 일곱 금 촛대 사이를 거니시는 이(에베소교회)
- 처음이며 마지막이요 죽었다가 살아나신 이(서머나교회)
- 좌우에 날선 검을 가지신 이(버가모교회)
- 그 눈이 불꽃 같고 그 발이 빛난 주석과 같은 하나님의 아들(두아디라교회)
- 하나님의 일곱 영과 일곱 별을 가지신 이(사데교회)
- 거룩하고 진실하사 다윗의 열쇠를 가지신 이 곧 열면 닫을 사람이 없고 닫으면 열 사람이 없는 그(빌라델비아교회)
- 아멘이시요 충성되고 참된 증인이시요 하나님의 창조의 근본이신 이(라오디게아교회)

일곱 교회를 향해 말씀하시는 분은 그리스도입니다. 그리스도에 대한 설명들은 모두 그분께서 교회의 통치권을 갖고 계심을 말합니다. 특히, 에베소교회를 향해 말씀하신 그리스도는 '일곱 별을 붙잡고 일곱 금 촛대 사이

103 '7'이라는 숫자가 가지는 상징성에 기반합니다. 일차적으로는 당시에 존재했던 일곱 교회를 지칭합니다.

를 거니시는 이'로, 일곱 별은 교회의 사자, 곧 목사이고, 일곱 금 촛대는 교회를 뜻합니다. 다시 말해서, 일곱 별을 붙잡고 일곱 금 촛대 사이를 거니신다는 것은 그리스도께서 교회를 통치하시는 주권자가 되신다는 의미입니다. 나머지 설명도 다 비슷한 의미를 가집니다. 예수 그리스도는 교회의 통치자가 되십니다. 하지만 그저 통치하시는 분이 아닙니다. 사랑으로 통치하시는 분입니다.

> 남편들아 아내 사랑하기를 그리스도께서 교회를 사랑하시고 그 교회를 위하여 자신을 주심같이 하라 _**에베소서 5:25**

바울은 남편과 아내의 관계를 설명하면서 그리스도와 교회의 관계를 예시로 듭니다. 남편은 그리스도께서 교회를 사랑하시듯이 아내를 사랑해야 합니다. 즉, 바울은 그리스도께서 교회를 사랑하심을 전제로 남편에게 아내 사랑을 권면하고 있습니다. 그리스도는 교회를 사랑하십니다. 정리하자면, 그리스도는 교회를 통치하시는 분이요 동시에 사랑하시는 분입니다. 그리스도는 교회를 향한 사랑의 통치자가 되십니다.

성경이 말하는 법과 권위의 개념과 사랑의 관계

성경은 통치와 사랑을 하나로 묶습니다. 하나님은 구약의 언약 백성들을 사랑으로 통치하셨고, 그리스도는 신약의 언약 백성들을 사랑으로 통치하십니다. 사랑의 통치는 자기 백성들을 대하는 하나님의 방식입니다. 그분은 다스리시되 군림하지 않으시고 사랑하시되 방종을 허용하지 않으십니다. 통치하시되 긍휼을 베푸시고 사랑하시되 순종하게 하십니다. 사랑의 통치는 법과 권위로 세워집니다. 통치라는 말에는 법과 권위가 포함되어 있습니다. 법과 권위가 없는 통치는 불가능합니다. 그렇다면 사랑은 어떨까요? 사랑이라는 말에도 법과 권위가 존재할까요? 세속적 통념에서는 'No'라고 말하지만 성경은 'Yes'라고 말합니다.

> 이스라엘아 네 하나님 여호와께서 네게 요구하시는 것이 무엇이냐 곧 네 하나님 여호와를 경외하여 그의 모든 도를 행하고 그를 사랑하며 마음을 다하고 뜻을 다하여 네 하나님 여호와를 섬기고 내가 오늘 네 행복을 위하여 네게 명하는 여호와의 명령과 규례를 지킬 것이 아니냐 하늘과 모든 하늘의 하늘과 땅과 그 위의 만물은 본래 네 하나님 여호와께 속한 것이로되 여호와께서 오직 네 조상들을 기뻐하시고 그들을 사랑하사 그들의 후손인 너희를 만민 중에서 택하셨음이 오늘과 같으니라 **_신명기 10:12-15**

하나님은 사랑하셔서 만민 중에서 이스라엘을 택하셨습니다(신 10:15). 그 후에 사랑하셔서 택하신 백성들에게 지켜야 할 명령과 규례를 주셨습니다. 여기에서 이 명령과 규례가 그들의 행복을 위한 것이라는 점이 중요합니다(신 10:13). 하나님의 사랑 안에는 명령과 규례가 있습니다. 법과 권위가 있습니다. 사랑과 법, 사랑과 권위가 충돌하지 않는 이유는 하나님만이 참된 행복을 주실 수 있기 때문입니다. 하나님께서 세우신 법은 우리의 행복을 위한 것이기에 하나님의 사랑과 충돌하지 않습니다. 하나님의 권위는 우리의 행복을 위한 것이기에 하나님의 사랑과 충돌하지 않습니다. 성경은 통치 안에 포함된 법과 권위를 사랑 안에도 포함시킵니다.

성경이 말하는 법과 권위의 개념과 사랑의 개념은 서로 충돌하지 않는다

하나님께서 우리에게 법을 주셨다는 것은 곧 하나님의 사랑을 보여 주셨다는 뜻입니다. 하나님께서 당신의 권위 안으로 우리를 끌어들이셨다는 것은 곧 하나님의 사랑 안으로 끌어들이셨다는 뜻입니다.

> 하나님의 경륜 속에서 사랑과 법 사이에는 궁극적으로 아무런 긴장 관계가 없으며, 이것을 깨닫는 일은 우리에게 커다란 도전을 준다. 법은 가장 사랑스럽고 소중한 것을 보호하는 수단이다. … 다섯 살짜리 어린아이들은 자기의 장난감을 소중히 여긴다. 그리고 금은보화를 소중히 여기는 왕은 법에 대해 어린아이와 똑같은 마음을 가지고 있다. 그것이 바로 어린 아이와 왕이 모두 이렇게 외치는 이유이다. "이것들이나 다른 어떤 것에도 손대지 마!" 이 경우에는 법이 마치 담장이나 보안 장치와 같은 역할을 한다고 말할 수 있다. 사람들은 소중한 것을 보호하고 싶을 때 담장을 세우고 보안 장치를 설치한다.[104]

조너선 리먼에 따르면, 사랑과 법 사이에는 아무런 긴장 관계가 없습니다.

---

104 조너선 리먼, 『당신이 오해하는 하나님의 사랑』(서울: 국제제자훈련원, 2015), 212.

법은 사랑하는 것을 지키기 위한 수단입니다. 무엇인가를 정말 사랑한다면 그것을 보호해야 합니다. 법이 그 역할을 수행합니다. 하나님의 사랑과 하나님의 법은 일치합니다. 법을 시행하는 권위도 마찬가지입니다. 시행되지 않는 법은 아무런 의미가 없습니다. 법이 올바로 시행되기 위해서는 반드시 권위가 필요합니다. 그렇기에 하나님의 사랑은 하나님의 권위와 충돌하지 않습니다.

세속적 통념에서는 사랑과 법, 사랑과 권위가 충돌한다고 믿습니다. 그러나 사랑과 법, 사랑과 권위가 서로 연결될 수밖에 없음은 일반적인 관계에서도 발견할 수 있습니다. 자녀를 사랑하는 부모는 자녀를 보호하고 성장시킬 목적으로 규율을 줍니다. 부모마다 규율의 내용과 적용 강도는 다를 수 있지만 모든 부모는 자녀에게 규율을 줍니다. 예컨대, 다음과 같습니다. "이를 꼭 닦고 자라. 욕을 하지 말아라. 인사를 잘해라. 골고루 먹어라" 등입니다. 제대로 지키지 않을 때는 혼을 내기도 합니다. 권위를 내세우는 것입니다. 자녀를 사랑하는 부모에게 법과 권위는 사랑의 또 다른 표현일 뿐입니다.

당신의 백성을 사랑하시는 하나님도 마찬가지입니다. 당신 백성의 행복을 하나님보다 더 원하는 존재는 없습니다. 당신의 백성을 행복하게 할 수 있는 방법을 하나님보다 더 아는 존재도 없습니다. 따라서 당신의 백성을 사랑하시는 하나님은 당신 백성의 행복을 위해 '이렇게 해라, 저렇게 하지 마라'고 법을 정하신 것입니다. 그리고 그 법이 바르게 적용될 수 있도록 권위를 내세우십니다. 사랑의 통치 안에는 법과 권위가 반드시 포함될 수밖에 없습니다.

사랑의 통치, 등록 교인 제도

교회에 맡겨진 매고 푸는 권세

사랑은 '우리 밖에'(*extra nos*) 있습니다. 하나님은 사랑의 샘이시요 원형이십니다. 그러므로 우리는 하나님의 사랑을 배워야 합니다. 교회는 통치하시되 긍휼을 베푸시고 사랑하시되 순종하게 하시는 하나님의 사랑을 반드시 본받아야 합니다. 교회는 하나님께서 행하시는 사랑의 통치를 이 땅에서 가시적으로 보여 주어야 하는 신적 기관입니다. 하나님께서 당신의 권세를 교회에게 맡기셨기 때문입니다.

> 또 내가 네게 이르노니 너는 베드로라 내가 이 반석 위에 내 교회를 세우리니 음부의 권세가 이기지 못하리라 내가 천국 열쇠를 네게 주리니 네가 땅에서 무엇이든지 매면 하늘에서도 매일 것이요 네가 땅에서 무엇이든지 풀면 하늘에서도 풀리리라 하시고 _**마태복음 16:18-19**

조너선 리먼은 매고 푸는 권세를 "누가 들어오고 누가 나갈지를 규정하는 것"[105]이라고 해석합니다. 예수님은 베드로의 신앙 고백 위에 교회를 세우시겠다고 약속하셨습니다. 그리고 그 교회에게 천국 열쇠를 맡기시겠다고 하십니다. 이 열쇠는 땅에서 매고 풀 수 있는 하늘의 권세입니다. 요약하자면, 교회는 신앙 고백을 근거로 교회 안으로 들어올 사람과 들어오지 못할 사람을 구분할 수 있는 권세가 있다는 뜻입니다. 신약학자인 그랜트 오스본은 매고 푸는 권세를 이렇게 말합니다.

> … 따라서 베드로처럼 자신의 죄를 고백하는 자들만을 교회 안으로 불러들이는 것을 가리킨다고 생각한다. 그리고 또 다른 이들은 공동체 안에서 무엇이 죄고 무엇이 죄가 아닌지를 결정하는 것, 혹은 아마도 교회 안에서 멤버들을 받아들이거나 금하는 것을 가리킬 것이라고 생각한다. … 교회는 하나님의 권세와 인도하심으로 예수님의 가르침을 받아들이고, 그것을 세상 속에서 실천하는 가운데 회심한 자들에게 왕국의 문을 열어 주며 새로운 메시아 공동체에 왕국의 진리를 열어 준다.[106]

그랜트 오스본도 조너선 리먼과 비슷하게 해석합니다. 천국의 열쇠로 비유된 매고 푸는 권세는 회심한 자들에게 왕국의 문을 열어 주는 권세입니다. 이를 근거로 말하자면, 교회는 회심한 자들에게는 문을 열어 주고 회

---

105 위의 책, 46.
106 그랜트 오스본, 『존더반 신약 주석: 강해로 푸는 마태복음』(서울: 디모데, 2015), 702.

심하지 않은 자들에게는 문을 닫을 권세를 가지고 있습니다.

등록 교인 제도가 불쾌한 그리스도인

사랑으로 통치하시는 하나님의 권세를 위임받은 교회가 그 권세를 바르게 사용하기 위해 필요한 것이 바로 "등록 교인 제도"입니다. 등록 교인 제도는 지역 교회가 교인들을 교회 안으로 받아들일 것인지 거절할 것인지를 결정하는 제도입니다. 무조건적인 포용을 사랑이라고 오해하는 사람들은 교회가 교인을 받을 것인지 받지 않을 것인지를 결정하는 등록 교인 제도를 매우 불쾌하게 여길 수 있습니다. 교인의 자격을 확인받고 교회의 회원이 된다는 개념 자체가 낯설기 때문입니다. 오늘날에는 지역 교회에 가입하는 것과 동호회에 가입하는 것 사이에 큰 차이가 없습니다. 지역 교회나 동호회나 취향이 맞고 분위기가 맞고 사람들과 잘 맞으면 일정한 회비를 낸 뒤에 가입하면 됩니다. 교회는 동호회가 회원들을 모집하듯이 교인들을 모집합니다. 교회에 가입했을 때 좋은 것들이 얼마나 많이 있는지를 적극적으로 홍보합니다. 회원 유치를 위해 다각적인 노력을 합니다. 교회가 교인들을 유치하기 위해 경쟁하는 구조에서 교인의 자격을 확인하여 가입 여부를 결정하는 등록 교인 제도는 교회 성장 전략에 맞지 않습니다.

등록 교인 제도로 시작하는 사랑의 통치

그러나 성도들을 향한 교회의 사랑은 등록 교인 제도에서부터 출발합니다. 사랑의 통치는 회심한 자들에게만 가능하기 때문입니다. 앞서 말한 것처럼, 세속적인 통념 안에는 '사랑의 통치' 개념이 없습니다. 통치가 있는 곳에는 사랑이 없다고 생각합니다. 사랑의 통치를 위해 법과 권위를 세우는 것도 마찬가지입니다. 자유와 평등의 관점으로만 사랑을 이해하는 불신자에게는 '사랑의 통치'라는 용어 자체가 불쾌할 뿐입니다. 따라서 그들은 교회가 시행하는 사랑의 통치를 받아들이지 못합니다. 받아들이기 싫어합니다. 하나님께서 교회를 통해 베푸시는 사랑의 통치가 불신자에게는 '행복'이 아닙니다. 규율이고 압박이며 강제일 뿐입니다. 그러므로 불신자에게는 하나님의 거룩한 사랑과 그분을 닮아 가는 그리스도인의 거룩한 사랑이 적용될 수 없습니다.

하나님의 거룩한 사랑과 그분을 닮아 가는 그리스도인의 거룩한 사랑은 오직 회심한 자에게만 적용됩니다. 즉, 회심자만이 하나님께서 교회를 통해서 베푸시는 사랑의 통치를 즐겁고 복되게 여길 수 있습니다. 회심자는 교회의 장로가 권위를 갖고 지도할 때, 그 권위가 사랑을 표현함을 믿습니다. 또한 회심자는 교회가 법에 따라 질서를 만들어 나갈 때, 그 법이 사랑을 보호함을 믿습니다. 회심자는 사랑의 통치가 자신을 돌보고 자라나게 하며 안전하게 한다는 사실을 받아들입니다.

'4강, 그리스도인의 거룩한 사랑'에서 우리는 1) 분별하고, 2) 권면하고, 3) 격려하고, 4) 책망하고, 5) 회개하게 하는 것이 참된 사랑이라고 배웠습니다. 분별로 시작해서 회개에 이르도록 하는 사랑만이 누군가를 하나님께로 돌이킬 수 있기 때문입니다. 그러므로 우리는 힘써 이 일을 행함으로 서로 사랑해야 합니다. 서로 분별하고, 서로 권면하며, 서로 격려하고, 서로 책망함으로 서로 사랑하는 것입니다. 이와 같은 사랑이 가능한 이유는 모두가 그리스도의 몸이기 때문입니다. 그리스도의 몸이 된 성도들은 머리이신 그리스도를 위해 기꺼이 이 일을 합니다. 궁극적인 목적은 서로가 아니라 그리스도입니다. 서로를 위해 서로 사랑하는 것이 아니라 서로를 통해 그리스도를 사랑하는 것입니다. 따라서 그리스도의 몸이 된 성도들은 자연스럽게 거룩한 사랑을 시행할 수 있습니다.

그러므로 성도들을 향한 교회의 사랑은 등록 교인 제도에서부터 출발할 수밖에 없습니다. 참된 회심자만이 교회가 행하는 사랑의 통치와 성도들이 서로 행하는 거룩한 사랑을 받아 누릴 수 있기 때문입니다. 참된 회심자만이 이와 같은 사랑을 돌봄으로 이해할 수 있기 때문입니다. 교인을 사랑한다는 것은 교회가 누군가를 교회 안으로 받아들일 것인지 받아들이지 않을 것인지를 판단하는 일에서 시작됩니다.

신앙을 판단하는 것은 정말 불가능한 일인가

사람들은 당연히 엄격한 등록 교인 제도를 싫어합니다. 판단받는 것 자체를 매우 불쾌하게 생각합니다.

> 오늘날에는 다음과 같은 말을 참 많이 듣습니다. "나를 판단하지 마세요." 그러나 사실 우리의 일상은 거의 대부분 '판단'으로 구성되어 있습니다. 하다못해 "오늘 잘 지냈어요?"라는 말도 판단을 요구하는 것입니다. … 판단이 무엇인가요? 우리는 종종 이 말을 처벌로 받아들입니다. 하지만 처벌은 판단의 결과 중 일부일 뿐입니다. 판단은 특정한 기준을 만족시켰는지를 가늠하고, 따져 보고, 재 보고, 평가하는 것입니다. 예를 들어, '자'를 사용하는 것과 같습니다. 자는 길이의 기준을 제공해 주는데, 이것을 통해 무엇인가의 길이나 넓이를 잴 수 있습니다. 판단이 바로 그렇습니다. 판단은 기준을 갖고 무엇인가를 재는 것입니다.[107]

판단은 필요합니다. 더 나아가 판단은 하늘의 매고 푸는 권세를 받은 교회에게 필수적입니다. 교회는 누군가가 성경이 요구하는 기준을 만족시켰는지를 가늠하고, 따져 보고, 재 보고, 평가해야 합니다. 그리스도께서 교회를 통해 행하시는 사랑의 통치를 기꺼이 받을 만한 그리스도의 몸 된 사람인지를 판단해야 한다는 것입니다. 등록 교인 제도가 필요한 이유입니다.

---

107 Jonathan Leeman, *The Rule of Love*(Illinois: Crossway, 2018), 116–117에 있는 내용을 번역 · 요약했습니다.

대요리문답을 통해 살펴본 세례와 등록 교인 제도

세례는 공적인 등록 교인 제도입니다. 교회에 입문하기 위해서는 꼭 세례를 받아야 합니다. 대요리문답에서 말하는 세례에는 다음과 같은 특징이 있습니다.

165문 세례는 무엇입니까?

답 세례는 신약의 성례로, 그리스도께서 성부와 성자와 성령의 이름으로 물로 씻도록 정하여 주신 것인데, 이는 우리가 그리스도에게 접붙임 받는 것과, 그분의 피로 죄 사함 받는 것과, 그분의 성령의 중생하는 것과, 양자가 되는 것과, 영원한 생명으로 부활하는 것에 대한 표와 인이 되게 하신 것입니다. 이로써 세례 받은 사람들은 보이는 교회에 엄숙하게 받아들여지고, 전적으로 그리고 오직 주님의 것이 되기로 약속하는 것을 공개적으로 고백하는 것입니다.

166문 세례는 누구에게 베풀어야 합니까?

답 세례는 그들이 그리스도에게 믿음과 순종을 고백할 때까지는 보이는 교회 밖에 있고 약속의 언약을 알지 못하는 어느 누구에게도 베풀 수 없습니다.

167문 우리는 세례를 어떻게 더 온전하고 의미 있게 할 수 있습니까?

답 꼭 필요하지만 매우 등한시한, 세례를 더 온전하고 의미 있게 하는 의무는, 우리가 평생 행해야 하는데, 특히 유혹을 받을 때와 다른 사람들이 세례를 받는 자리에 우리가 참석했을 때 행해야 합니다. 세례의 본질, 그리스도께서 세례를 제정하신 목적, 세례를 통해 주어지고 보증된 특권과 혜택, 그리고 세례를 받을 때 행한 엄숙한 서약을 진지하고 감사하게 숙고함으로써 행해야 합니다.

대요리문답의 가르침을 조금만 살펴보면, 우리는 교회가 누군가를 판단해야 함을 당연하게 받아들일 수밖에 없습니다. 먼저, 세례는 보이는 교회에 엄숙하게 받아들여지는 표와 인입니다. 이 말 속에는 교회가 사람을 받아들일 것인지 받아들이지 않을 것인지를 결정할 수 있다는 암시가 있습니다. 둘째, 세례는 그리스도에 대한 믿음과 순종을 참으로 고백할 때까지는 어느 누구에게도 베풀 수 없습니다. 교회는 누군가의 믿음을 판단해야 합니다. 그의 고백이 참된지도 판단해야 합니다. 대요리문답에 따르면, 참된 믿음을 보이지 않는 사람은 '보이는 교회' 밖에 두어야 합니다. 셋째, 세례는 주님의 것이 되기로 약속하는 공개적인 고백이며, 이로 말미암아 보증되는 특권과 혜택이 있습니다. 그리스도와 한 몸을 이루어 그분의 모든 것을 우리의 것으로 받는 것입니다. 죄 사함, 신령한 복, 부활 등입니다. 또한 그리스도의 몸으로 한 몸을 이룬 형제들로부터 받게 되는 사랑입니다. 세례를 통하여 보이는 교회 안으로 받아들여진 성도는 이제 그리스도의 몸이 되어 그리스도와 다른 지체들로부터 사랑을 받는 자가 됩니다.

세례의 중요성

세례는 입교 절차입니다. 교회에 가입하기 원하는 사람은 누구든지 세례를 받아야 합니다. 교회는 세례를 베풀기 전에 그가 참된 믿음을 소유한 자인지를 따져 보고 시험해야 합니다. 세례는 세상 나라를 버리고 하나님 나라에 속하는 이민 절차이고, 이 세상의 자녀에서 하나님의 자녀로 입양되는 절차입니다. 이민 절차와 입양 절차는 아주 꼼꼼합니다. 즉각 이루어지지 않고 시간을 두고 이루어집니다. 새로운 나라의 시민이 되거나 새로운 가족의 자녀가 되는 것은 간단한 일이 아닙니다. 이민을 하면 새로운 나라의 모든 혜택을 얻게 되고, 입양이 되면 새로운 가족의 모든 혜택을 누리게 됩니다. 그렇기에 그 누구도 이민 절차와 입양 절차가 지나치게 엄격하고 까다롭다고 비난하지 않습니다. 이민과 입양 과정에서 누군가를 면밀하게 판단하는 것은 당연합니다. 그런데 유독 교회에 가입할 때는 판단이 필요치 않다고 주장하는 이유가 뭘까요? 교회와 세상의 차이를 별것 아니라고 보기 때문이요, 신자와 불신자 사이의 놀라운 간격을 이해하지 못하기 때문입니다. 하나님 나라로 옮기는 이민 절차와 하나님의 자녀가 되는 입양 절차가 가지고 있는 엄청난 의미와 혜택을 모르기 때문입니다.

우리가 세례를 통해 '보이는 교회'에 속하게 된다는 것은 하늘에 속한 모든 복을 이 땅에서도 가시적으로 누리게 된다는 의미입니다. 하늘에서 누리게 될 돌봄과 평안과 사랑을 우리는 교회 안에서 누리게 됩니다. 하늘에서 누리게 될 사랑의 통치도 우리는 교회 안에서 누리게 됩니다. 하늘에서 누리게 될 풍요와 기쁨과 행복도 우리는 교회 안에서 누리게 됩니다. '보이는 교회'에 가입한다는 것은 그 정도로 큰 의미가 있습니다. 그러므로 우리는 누군가를 교회 안에 받아들일 때 신중하게 판단해야 합니다.

오늘날의 세례

오늘날 교회들이 세례를 베풀 때 신중하지 못하다는 점은 안타깝습니다. 청교도 시대에는 누군가에게 세례를 주기 위해서 교회가 몇 년간 신중하게 살펴보는 과정이 있었지만, 오늘날에는 30분도 걸리지 않습니다. 세례 문답 책을 신속하게 읽은 후 바로 다음 주에 세례를 주기도 합니다. 신앙과 신앙 고백에 따른 삶을 확인하는 과정이 아닌 재빨리 성도 한 명을 늘리기 위한 절차가 되어 버린 것입니다. 취미를 위한 동호회 가입이나 자기 계발을 위한 학원 등록보다 쉬운 것이 되어 버렸습니다.

사랑의 통치를 거부하는 그리스도인?

회심하지도 않은 채 간편한 세례 절차로 교회에 가입한 사람은 당연히 '사랑의 통치'라는 개념을 받아들이지 못합니다. 교회 안에서 누리게 되는 하늘의 신령한 복도 복으로 인정하지 못합니다. 교회에 헌신하지 않고 세상에 헌신하는 것을 당연하게 여깁니다. 사실 이런 이들에게는 하나님의 거룩한 사랑과 이를 닮아 가는 그리스도인의 거룩한 사랑이 적용될 수 없습니다. 이들은 무조건적인 사랑을 요청하기 때문입니다. 세상에 헌신하면서도 '괜찮다'는 거짓 위로를 듣기 원하고, 하늘의 신령한 복을 부정하면서도 '다 잘될 것'이라는 말을 듣기 원합니다. 대신에 그 어떤 판단도 듣고 싶어 하지 않습니다. 현대 문화와 왜곡된 자아 속에서 발생한 낭만적 사랑을 교회에 요구하는 이들에게 교회가 해 줄 수 있는 부분은 많지 않습니다. 그들은 교회가 지도하는 모든 부분에 순종하지 않을 것이기 때문입니다. 예컨대, 그들은 결혼과 관련한 가르침, 육아에 관한 충고, 직장 생활과 사회생활에 관한 성경적 지침을 복되게 여기지 않을 것입니다. 생활 전반에 관한 교회의 지도를 사랑의 통치로 받아들이지 않는 사람에게 교회가 보여 줄 수 있는 사랑의 모습은 적습니다. 교회는 말씀이 복되다는 사실을 믿고 그리스도의 몸 된 성도들에게 그 말씀에 순종할 것을 지도함으로 천국의 사랑을 보여 주는 천국 대사관입니다.

사랑의 통치를 받아들이는 그리스도인!

반면에 참된 회심자는 교회가 하늘을 대신하여 베푸는 사랑의 통치로 말미암아 큰 사랑을 맛봅니다. 교회가 결혼과 관련하여 지도할 때 순종함으로 말씀이 만들어 내는 풍요를 경험합니다. 교회가 생활 전반에 관해 권면할 때 순종함으로 말씀이 창조하는 빛을 만납니다. 교회가 행하는 사랑의 통치에 즐거이 순종함으로 하늘에서 임하는 행복을 누리게 된다는 것입니다. 그런 의미에서 참된 회심자는 교회가 제공하는 사랑의 통치로 말미암아 진정한 사랑을 맛보게 됩니다.

신중한 입교 절차가 필요한 이유

교회는 세상과 전혀 다른 형태의 사랑을 합니다. 그리고 이 사랑만이 진정한 사랑인 이유는 하나님의 거룩한 사랑을 이 땅에 드러내는 방식이기 때문입니다. 따라서 교회는 신중한 입교 절차를 통해서 그리스도의 몸을 분별해야 합니다. 일차적으로는 세례 교육이 강화되어야 합니다. 세례 교육을 통해 믿음을 확인하고 세례를 주어야 합니다. 세례는 교회로 들어오는 공적인 관문입니다. 교회는 그리스도의 몸 된 사랑을 실천하기 위해서라도 세례를 신중하게 베풀어야 합니다. 그러나 보편 교회의 세례 교육이 전반적으로 약화된 시기에는 지역 교회의 입교 절차가 좀 더 강화되어야 합니다. 교회를 이동해 오는 교인들 중에 세례를 받았으나 간편한 절차를 거쳐 받은 사람들이 많기 때문입니다. 많은 경우 그들은 사랑으로 통치하시는 하나님과 그 권세를 위임받은 교회에 대해 바르게 이해하지 못합니다. 그러므로 그들을 위한 신중한 등록 교인 제도가 필요합니다. '보이는 교회'에 순종하지 않는 사람이 '보이지 않는 하나님'께 순종할 리 없고 '보이는 교회'를 사랑하지 않는 사람이 '보이지 않는 하나님'을 사랑할 리 없습니다. 등록 교인 제도는 사랑의 통치를 통해 사랑을 보여 주는 하나님의 거룩한 사랑과 이를 닮아 가는 그리스도인의 거룩한 사랑을 위해 꼭 필요합니다. 신중한 등록 교인 제도 없이는 교회가 올바른 사랑을 실천하기 어렵습니다.

사랑의 통치, 권징 제도

사랑의 통치와 권징 제도의 관계

계속해서 강조하듯이 '사랑'에 관한 세속적인 통념 안에는 '사랑의 통치' 개념이 없습니다. 법과 권위의 개념도 없습니다. 당연히 징계의 개념도 없습니다. 그러나 통치가 있다면 법과 권위가 있는 것이고, 법과 권위가 있다면 징계가 있는 것입니다. 징계가 없다면 법과 권위는 의미가 없어집니다. 법을 마음대로 어기고 권위에 대해 항상 저항하는데도 아무런 징계가 없다면 그 법과 권위가 무슨 의미가 있겠습니까? 그저 이름만 있는 '종이호랑이'에 불과할 것입니다. 그러므로 사랑의 통치에서 권징 제도는 자연스럽습니다.

성경이 말하는 하나님의 징계와 사랑의 관계

그렇다면 성경은 사랑과 징계의 관계를 어떻게 말할까요?

> 너는 사람이 그 아들을 징계함같이 네 하나님 여호와께서 너를 징계하시는 줄 마음에 생각하고 네 하나님 여호와의 명령을 지켜 그의 길을 따라가며 그를 경외할지니라 _**신명기 8:5-6**

> 대저 여호와께서 그 사랑하시는 자를 징계하시기를 마치 아비가 그 기뻐하는 아들을 징계함같이 하시느니라 _**잠언 3:2**

주께서 그 사랑하시는 자를 징계하시고 그가 받아들이시는 아들마다 채찍질 하심이라 하였으니 **_히브리서 12:6**

무릇 내가 사랑하는 자를 책망하여 징계하노니 그러므로 네가 열심을 내라 회개하라 **_요한계시록 3:19**

성경은 하나님의 사랑과 징계를 하나로 묶습니다. 하나님은 사랑하시는 자를 꼭 징계하십니다. 징계가 없으면 친아들이 아니라고 말합니다(히 12:8). 하나님은 사랑하시는 자를 징계하셔서 그가 돌이킴으로 올바른 길을 가게 하십니다. 징계는 성도의 유익을 위한 것으로 하나님의 거룩하심에 참여하게 만듭니다. 하나님의 징계는 그분의 사랑을 위해 필수적인 요소입니다.

교회에 맡겨진 또 다른 매고 푸는 권세

그렇다면 교회는 어떨까요? 교회에도 징계의 권세가 주어졌을까요?

네 형제가 죄를 범하거든 가서 너와 그 사람과만 상대하여 권고하라 만일 들으면 네가 네 형제를 얻은 것이요 만일 듣지 않거든 한두 사람을 데리고 가서 두세 증인의 입으로 말마다 확증하게 하라 만일 그들의 말도 듣지 않거든 교회에 말하고 교회의 말도 듣지 않거든 이방인과 세리와 같이 여기라 진실로 너희에게 이르노니 무엇이든지 너희가 땅에서 매면 하늘에서도 매일 것이요 무엇이든지 땅에서 풀면 하늘에서도 풀리리라 **_마태복음 18:15-18**

마태복음 16장에 나오는 '매고 푸는 권세'가 등록 교인 제도와 관련되어 있다면, 마태복음 18장에 나오는 '매고 푸는 권세'는 권징 제도와 관련되어 있습니다. 예수님은 형제가 범죄하였을 때를 가정하여 징계에 관한 절차를 말씀하십니다. 첫째, 그 사람과만 상대하여 권고하라고 말씀 하십니다. 둘째, 듣지 않으면 한두 사람을 데리고 가서 권고하라고 말씀 하십니다. 셋째, 또 듣지 않으면 교회가 권고하라고 말씀 하십니다. 넷째, 그래도 듣지 않으면 이방인과 세리와 같이 여기라고 말씀 하십니다. 그리고 이러한 최종적인 권세를 교회에 위임하십니다. 누군가를 교회 안으로 받아들일 것인지의 여부를 결정할 수 있는 권리는 누군가를 교회 밖으로 내보낼 것인지의 여부도 결정할 수 있는 권리가 됩니다. 즉, 교회는 입교할 때 누군가를 판단할 수 있는 권리뿐 아니라 권징할 때 누군가를 판단할 수 있는 권리도 하늘로부터 위임받았습니다.

> 교회는 교회 안으로 들이거나 내쫓을 권세를 가집니다.[108]

웨스트민스터 신앙고백이 가르치는 권징 제도

웨스트민스터 신앙고백 30장, "교회의 권징" 1항과 2항은 이것을 분명

---

108 빌헬무스 아 브라켈, 『그리스도인의 합당한 생활2: 교회론, 구원론』(서울: 지평서원, 2019), 231.

하게 가르칩니다.

> **1항** 교회의 왕이요, 머리이신 주 예수님은 국가 위정자들과는 구별되는 교회 직분자들에게 교회의 치리를 맡기셨다.
>
> **2항** 이 직분자들에게 천국 열쇠가 맡겨졌다. 그들은 이 열쇠의 힘으로 죄를 보류하기도 하고 용서하기도 하며, 회개하지 않는 사람에게는 말씀과 권징으로 천국 문을 닫고, 회개하는 죄인에게는 필요에 따라 복음의 사역과 권징의 해벌로 천국 문을 열어 줄 권세를 지닌다.

교회는 권징의 권세를 하늘로부터 위임받아서 사랑의 통치를 시행합니다. 권징이 사랑의 통치인 이유는 웨스트민스터 신앙고백 30장, "교회의 권징" 3항에 나옵니다.

> **3항** 교회의 권징이 필요한 이유는, 죄지은 형제를 되찾아 얻고, 다른 사람들이 비슷한 죄를 짓지 않게끔 막으며, 온 덩어리에 퍼지는 그 죄의 누룩을 제거하고, 그리스도의 명예와 복음에 대한 거룩한 고백을 옹호하며, 하나님의 언약과 언약의 인치심이 악명 높고 완고한 범죄자들에 의해 모독을 받도록 교회가 내버려 둘 때 교회 위에 쏟아질 하나님의 진노를 막기 위해서다.

권징 제도와 사랑

사랑과 관련해서만 말하자면, 첫째, 권징은 죄지은 형제를 되찾아 얻는 방법입니다. 죄 가운데 있는 사람에게 베풀 수 있는 가장 큰 사랑은 그 죄에서 돌이키게 하는 것입니다. 권징은 죄로부터 돌이키게 만드는 거룩한 사랑입니다.

둘째, 권징은 다른 사람들이 비슷한 죄를 짓지 않게끔 막습니다. 성도도 끊임없이 영향을 받는 존재입니다. 자기 안에 남겨진 죄의 영향을 받고 세상에서 불어오는 유혹의 영향을 받습니다. 믿음이 연약한 사람일수록 더욱 그렇습니다. 죄에 대한 분별이나 경고가 없다면, 연약한 성도는 그 죄를 죄로 크게 인식하지 못할 것입니다. 자신도 모르는 사이에 그 죄를 지을 것이고, 그 죄를 짓는 것에 대해 경각심을 갖지 못할 것입니다. 그러는 동안에 그 영혼은 점점 침체되어 갈 것이고, 결국에는 심각한 결과를 맞이하게 될 것입니다. 그러므로 교회는 죄지은 사람을 분명히 징계함으로 다른 성도들을 보호해야 합니다.

셋째, 권징은 교회 위에 쏟아질 하나님의 진노를 막습니다. 하나님은 당신의 교회를 마땅히 심판하실 권세가 있습니다. 오늘날 사람들에게는 하나님의 사랑을 빌미로 모든 교회가 항상 번영하고 보존될 것이라고 믿는 경향이 있습니다. '하나님의 교회이니 하나님께서 반드시 복되게 하실 것'이라는 이상한 핑계로 교회 내의 범죄를 가볍게 넘어갑니다. 그러나 하나님의 교회이기 때문에 하나님은 당신의 영광을 모독하는 교회에 진노를 쏟아부으십니다. 이것은 교회사를 간단히 살펴보는 것만으로도 충분히 증명됩니다. 그 많던 교회들이 오늘날 존재하지 않는 이유가 있다는 것입니다. 그러므로 우리는 권징을 통해 교회를 보호해야 합니다. 교회를 보호함으로 교회 안에 있는 성도들을 보호할 수 있습니다. 권징은 사랑의 통치에서 반드시 필요한 제도입니다.

> 교회 권징도 하나님이 중심 되신 복음적 사랑의 분명한 결과이다. 권징은 그리스도의 나라가 이미 시작되었지만 아직 완성되지 않은 세상에서 필연적이고 사랑스러운 수단이다. 하나님의 사랑이 인간 중심이라면 권징은 잔인할 것이며, 특히 사탄의 거짓말을 확신하는 사람들에게는 항상 잔인하게 들릴 것이다. 그러나 거룩함을 추구하는 교회에게 권징은, 거룩하지 않은 자를 가리켜 "거룩하다"라고 부르기를 거절하는 것이다. 자기기만이 더 이상 통하지 못하도록 그러한 선언들을 모두 제거하는 것이다. 이 세상 지혜의 심각한 도전 앞에서, 교회 권징은 사랑이 무엇인지 정확하게 알려 준다.[109]

복음적인 사랑이란 그 사람이 거룩하신 하나님 안에서 참된 복과 유익을 얻게 되기를 간절히 바라는 마음입니다. 그러므로 복음적인 사랑을 가지고 사랑하는 사람은 거룩함에 복과 유익이 달려 있음을 알고, 누군가를 거룩하게 함으로 사랑합니다. 이 사랑에는 권징이 필수적입니다. 바울은 다음과 같이 말합니다.

> 우리가 판단을 받는 것은 주께 징계를 받는 것이니 이는 우리로 세상과 함께 정죄함을 받지 않게 하려 하심이라 **_고린도전서 11:32**

---

109 조너선 리먼, 『당신이 오해하는 하나님의 사랑』(서울: 국제제자훈련원, 2015), 409-410.

성찬과 관련된 이 구절은 우리가 이 땅에서 먼저 판단을 받는 것이 복되다고 가르칩니다. 첫째, 교회에서 받는 판단은 주께 징계를 받는 것입니다. 이것은 앞서 이미 살펴본 교리입니다. 그 다음이 중요한데, 둘째, 우리가 판단받는 것은 세상과 함께 정죄함을 받지 않게 하려는 것이라고 합니다. 즉, 돌이킬 수 없는 영원한 징계를 받기 전에 돌이킬 수 있는 이 땅의 징계를 미리 받도록 한 것이 바로 교회의 권징입니다. 그런 의미에서 교회의 권징은 사랑의 통치입니다.

사랑으로 양육하기 위해 필요한 권징 제도

종교개혁자 칼뱅은 교회의 권징이 성도를 양육하기 위한 필수적인 제도라고 가르치며 그 목적을 다음과 같이 말합니다.

> 그러한 교정과 출교에 있어서, 교회는 세 가지 목적을 염두에 둔다. 첫째는 더럽고 수치스러운 삶을 사는 자들을 그리스도인으로 불러서 하나님의 존귀를 가리는 일이 없도록 하기 위함이다. 그렇게 하지 않으면 하나님의 거룩한 교회가 마치 사악하고 파렴치한 사람들의 집단인 것처럼 보이게 될 것이다. … 권징의 두 번째 목적은, 선인들이 악인들과 늘상 어울림으로써 부패하는 일이 흔히 있거니와 그런 일이 발생하지 않도록 하는 데 있다. 우리에게는 바른 길에서 떠나 방황하는 성향이 있으므로, 악한 모범으로 인하여 올바른 삶에서부터 이탈하는 것처럼 쉬운 일이 없다. … 권징의 세 번째 목적은 자기들의 부패한 모습에 부끄러움을 느끼고 거기에 압도되어 회개하도록 하기 위함이다. 부드러운 대접을 받을 때에 고집을 부리던 사람들이 자기들의 악행에

대하여 징계의 채찍을 맞으면 마음에 일깨움을 받는 유익을 얻는 것이다.[110]

박혜근은 이것의 목적을 크게 분리와 교정으로 나눕니다. 특히 "교정을 위한 권징은 교회의 고유한 사명 곧 권징의 대상이 된 사람들의 구원을 위함인데, 그들에게 회개의 기회를 주어 교정한 뒤 다시 교회의 연합 안으로 복귀시키는 것"[111]을 목적으로 한다고 말합니다. 따라서 권징의 동기는 다음과 같아야 한다고 주장합니다.

> 권징의 목적 중에 하나가 교정을 통한 구원이라는 점은 권징의 동기가 무엇이어야만 하는지를 암시한다. 권징의 동기는 권징의 대상이 된 사람의 영적 그리고 현세적 지복을 구하는 형제를 향한 사랑이어야 한다. 권징의 동기가 사랑이어야 하는 이유는 교회는 사랑과 거룩함을 통하여 연합하고 있는 단일체이기 때문이다. 사랑이 없는 권징은 권징이 결여된 무분별한 관용만큼이나 위험하고 파괴적이다. 사랑과 거룩함의 바른 균형이 교회의 일체성을 위해 매우 중요하다는 인식은 권징이 온건하게 시행되어야 한다는 믿음의 가장 중요한 토대가 되어야 한다.[112]

오늘날 많은 사람들이 권징과 사랑이 과연 일치하는지를 의심합니다. 대개는 권징을 비난과 처벌과 파괴를 목적으로 한다고 생각합니다. 권징은 하나님의 사랑과 전혀 상관이 없으며, 오히려 이로 말미암아 영혼을 잃어

---

110 존 칼빈, 『기독교강요』(하)(고양: 크리스찬다이제스트, 2003), 275-277.
111 박혜근, "권징의 교회론적 의의", 『개혁논총』, 26권(2013): 266.
112 위의 책, 269.

버릴 수 있다고 주장합니다. 하지만 이와 같은 주장은 성경적이지 않습니다. 성경이 말하는 권징은 은혜의 방편이요, 사랑의 시행입니다. 권징을 통해 죄를 깨닫고 회개하여 은혜를 맛볼 수 있고, 그리스도의 몸에 참으로 연합되어 진정한 사랑을 누릴 수 있기 때문입니다. 그러므로 교회는 모든 성도들을 면밀히 살펴서 권면하고, 훈계하고, 책망하고, 징계하는 사랑의 통치를 반드시 해야 합니다. 사랑에 관한 세속적 통념을 믿지 말고 성경적 방법을 따라야 한다는 것입니다. 우리는 하나님보다 사랑할 수 없고, 하나님보다 지혜로울 수 없습니다. 교회는 하나님의 사랑과 지혜가 녹아 있는 사랑의 통치, 곧 권징 제도로 성도를 힘써 사랑하는 것이 맞습니다. 권징이 사라진 교회를 그리스도께서 떠나시고(존데), 권징이 없는 교회는 더 이상 교회가 아니기에(부처) 권징 제도를 바르게 시행함이 성도를 진심으로 사랑하는 것입니다.

사랑을 말하다

일곱째

일곱째,
사랑으로 하나 되는 교회

앞 장 요약

등록 교인 제도와 권징 제도의 토대가 되는 신학적 원리는 '교회는 그리스도의 몸'이라는 것입니다. 첫째, 교회는 그리스도의 몸이기 때문에 참된 지체만을 받아들여야 합니다. 둘째, 교회는 그리스도의 몸이기 때문에 참되지 않은 지체를 내보내야 합니다. 등록 교인 제도와 권징을 통해 그리스도의 몸을 보호해야 한다는 것입니다.

그리스도의 몸으로 하나 된 성도

앞서 그리스도의 몸을 구분하였다면, 이제는 그리스도의 몸을 살펴봅시다. 바울은 교회를 그리스도의 몸으로 제시한 후에 각 성도들은 그 몸에 붙어 있는 지체라고 말합니다.

몸은 하나인데 많은 지체가 있고 몸의 지체가 많으나 한 몸임과 같이 그리스도도 그러하니라 _**고린도전서12:12**

교회는 그리스도의 몸이고 그리스도는 교회의 머리이십니다. 그리고 성도는 그 몸에 붙어 있는 지체입니다. 바울의 표현에 따르면, 누군가는 손이고, 누군가는 발이며, 누군가는 팔이고, 누군가는 다리입니다(고전 12:11-20). 교회 안에 있는 성도들은 모두 다르지만 그리스도의 몸을 이룬다는 점에서는 하나입니다. 이것은 그리스도의 몸 된 사랑 안에서 성도의 교제를 나누기 위해 반드시 알아야 하는 원리입니다. 성도는 한 몸을 위해 교제합니다. 성도의 사랑은 하나 됨을 지향합니다. 한 몸을 이루기 위한 모든 행동이 곧 사랑입니다. 사랑으로 행동할 때 하나 됨을 이룰 수 있습니다.

… 사랑 가운데서 서로 용납하고 평안의 매는 줄로 성령이 하나 되게 하신 것을 힘써 지키라 _**에베소서4:2-3**

바울은 에베소 교인들에게 "성령이 하나 되게 하신 것을 힘써 지키라"고 권면합니다. 이를 위해 '사랑 가운데서 서로 용납하고 평안의 매는 줄을 사용할 것'을 요구합니다.

하나 됨을 힘써 지켜야 하는 이유

사랑 가운데서 성령께서 하나 되게 하신 것을 힘써 지켜야 하는 이유가 있습니다. 다음과 같습니다.

> 이는 성도를 온전하게 하여 봉사의 일을 하게 하며 그리스도의 몸을 세우려 하심이라 **_에베소서 4:12**

'그리스도의 몸을 세우기 위함'입니다. 교회는 단순한 조직체가 아닙니다. 공통의 가치와 공통의 생활 공간을 가지고 있는 사람들의 모임, 곧 공동체 정도가 아닙니다. 교회는 그리스도의 몸입니다. 교회는 그리스도의 몸을 가시적으로 보여 주는 신적 기관입니다. 그러므로 그리스도의 몸에 붙은 지체들이 한 몸을 이루고자 애쓰는 것은 당연합니다. 사랑 가운데 하나 되게 하신 것을 힘써 지켜 나감으로 그리스도의 몸이 온전하게 세워질 때 머리 되신 그리스도께서 존귀케 되는 것입니다. 그렇기에 사도 요한은 성도들이 서로 사랑할 때 비로소 세상이 그리스도를 알게 된다고 말합니다.

> 너희가 서로 사랑하면 이로써 모든 사람이 너희가 내 제자인줄 알리라 **_요한복음 13:35**

그리스도의 제자인 줄 알게 된다는 말은 서로 사랑하는 제자를 통해 세상이 그리스도의 사랑을 발견할 수 있다는 뜻이기도 합니다. 교회는 그리스도의 몸입니다. 우리가 예수님을 주와 그리스도로 고백한 순간 성령은 우리를 그리스도의 몸에 붙여 주셨습니다. 소위 말하는 연합 교리입니다. 그러므로 이제 우리는 성령께서 하나 되게 하신 것을 서로 사랑함으로 힘써 지켜야 합니다. 이것은 그리스도의 몸을 지키는 것이고, 우리의 신앙 고백을 지키는 것이며, 더 나아가 머리이신 그리스도의 명예를 지키는 것입니다. 이 모든 것은 성도가 서로 사랑함으로 이루어집니다.

성도가 서로 하나 되지 않을 때

성도가 서로 사랑하지 않을 때는 어떤 일이 벌어질까요? 성령께서 하나 되게 하신 것이 깨집니다. 그리스도의 몸이 갈기갈기 찢기게 된다는 뜻입니다. 찢겨진 그리스도의 몸으로 말미암아 머리이신 그리스도의 이름도 망령되이 일컬음을 받게 됩니다. 성도가 서로를 사랑하지 않는 것은 신앙의 일부가 무너지는 것이 아니라 신앙 자체가 찢기는 것입니다. 성도는 서로 사랑함으로 한 몸을 이루어 그리스도의 몸, 곧 교회를 온전히 세워야 할 의무가 있습니다.

하나 됨을 위한 성찬

그렇다면 이 신앙의 의무를 감당하기 위해서 우리는 무엇을 해야 할까요? 사랑의 연합과 관련하여 가장 핵심적인 교리는 '성찬'입니다. 우리는 성찬을 통해 두 가지를 배웁니다. 다음과 같습니다.

- 성찬은 우리가 그리스도와 연합되어 있음 가르친다.
- 성찬은 우리가 그리스도의 몸과 연합되어 있음 가르친다.

성찬에 참여함으로 하나님의 사랑을 확신하라

성찬의 의미

성찬은 눈에 보이는 복음입니다. 예수님께서 친히 제정하시고 가르치신 성찬을 통해 우리는 복음을 확증합니다. 성찬에서 떡과 포도주를 받으며 우리는 그리스도께서 행하신 십자가 사역을 굳게 붙듭니다. 그리스도의 십자가 사역을 통해 우리에게 전달된 의와 거룩함과 구원과 지혜(고전 1:30) 안에서 하나님의 사랑을 발견합니다. 즉, 성찬은 하나님의 사랑을 새로이 깨닫고 바르게 받으며 다시 발견하는 시간입니다. 성찬은 우리가 그리스도께 집중하게 합니다.

그리스도께 집중하는 것과 하나님의 사랑을 확신하는 것은 어떤 관계가 있을까요?

우리가 아직 죄인 되었을 때에 그리스도께서 우리를 위하여 죽으심으로 하나님이 우리에 대한 자기의 사랑을 확증하셨느니라 _로마서 5:8

하나님은 당신의 사랑을 우리에게 이미 증명하셨습니다. 예수 그리스도의 죽으심이 바로 그 증거입니다. 하나님은 '우리가 아직 죄인 되었을 때에' 즉, 우리에게 조건과 자격이 없음에도 불구하고, '그리스도께서 우리를 위하여 죽으심으로' 즉, 그리스도를 우리를 위한 제물로 삼으셔서, 우리를 죄에서 구원하셨습니다. 그러므로 그리스도는 우리를 향한 하나님의 사랑을 확증합니다.

하나님의 보편적인 사랑

하나님의 사랑을 바르게 이해하기 위해서는 반드시 그리스도께 집중해야 합니다. 하나님의 보편적(혹은 일반적)인 사랑이 온 세상 가운데 충만한 것은 사실이지만, 이 사랑은 특별한 사랑을 위한 예비적, 모형적, 무대적 사랑일 뿐입니다. 즉, 하나님은 세상 가운데 양심을 일깨우셔서 악을 억제하고 선을 권장하는 사랑을 베푸십니다. 하나님은 세상을 보존하시기 위해 법과 질서와 도덕과 아름다움을 끝없이 드러내십니다. 하나님은 사람들 속에 사랑을 불러일으키셔서 부모를 사랑하고 자녀를 사랑하고 약자를 사랑하고 이웃을 사랑하게 하십니다. 하나님의 사랑은 이 세상 전반에 여전히 흘러넘치고 있습니다. 이것이 하나님의 보편적 사랑입니다. 우리는 하나님의 보편적 사랑을 통해서도 충만한 하나님의 사랑을 발견할 수 있습니다.

그리스도 안에 있는 하나님의 본질적 사랑

그러나 이것은 하나님의 본질적 사랑, 곧 친밀한 교제를 나누시는 사랑이 아닙니다. 하나님께서 처음 의도하셨던 사랑은 사람에게 한없이 베푸시는 친절과 긍휼입니다. 이 특별한 하나님의 사랑으로 말미암아 하나님과 사람은 온전한 화목을 누렸고 올바른 사귐의 관계를 가졌습니다. 하지만 이 사랑은 죄로 말미암아 깨졌고 사람은 하나님의 특별한 사랑을 받는 위치를 상실하였습니다. 그럼에도 불구하고 하나님은 사람과 특별한 사랑의 관계를 다시 세우시기 위해 이 땅을 보편적 사랑으로 채우셔서 보존하셨습니다. 그리고 당신의 기쁘신 뜻을 따라 그리스도를 화목제물로 삼으셔서 사람의 지위를 회복시키셨습니다. 그러므로 그리스도는 하나님의 "특별한" 사랑의 확증이 되십니다.

성도들은 온 땅에 충만한 하나님의 사랑을 얼마든지 발견할 수 있습니다. 또한 불신자들도 하나님의 보편적 사랑의 혜택을 누리고 있습니다. 그러나 이 보편적 사랑으로는 사람이 잃어버린 지위를 회복할 수 없습니다. 즉, 불신자들은 자신들이 누리고 있는 하나님의 보편적 사랑의 혜택을 전혀 발견할 수 없다는 것입니다. 그러므로 이 보편적 사랑에 기초하여 하나님의 사랑을 온전히 깨닫는 것은 불가능합니다. 심지어 성도들조차 보편적 사랑에만 기초하여 하나님의 사랑을 온전히 깨닫는 것은 불가능합니다. 왜냐하면 하나님은 자신의 사랑을 그리스도 안에서만 확증하셨기 때문입니다.

> 내가 확신하노니 사망이나 생명이나 천사들이나 권세자들이나 현재 일이나 장래 일이나 능력이나 높음이나 깊음이나 다른 어떤 피조물이라도 우리를 우리 주 그리스도 예수 안에 있는 하나님의 사랑에서 끊을 수 없으리라 **_로마서 8:38-39**

바울에 따르면, 하나님의 사랑은 그리스도 예수 안에 있습니다. 그 어떤 것으로도 이 사랑을 끊을 수 없는 이유는 그리스도의 죽으심으로 말미암아 이미 확증된 사랑이기 때문입니다. 그러므로 우리가 하나님의 사랑을 온전히 이해하기 위해서는 반드시 그리스도를 알아야 합니다. 그리스도께 집중해야 합니다. 이것이 성찬을 통해서 우리가 누릴 수 있는 혜택입니다.

성찬은 그리스도 안에 있는 하나님의 사랑을 알려 준다

성찬은 그리스도 예수 안에 있는 하나님의 사랑을 바르게 알려 주는 은혜의 방편입니다. 대요리문답은 성찬을 다음과 같이 정의합니다.

168문 성찬(주의 만찬)은 무엇입니까?

답 성찬은 그리스도께서 명하신 대로 떡과 포도주를 주고받음으로 그의 죽으심을 보여 주는 신약의 성례로, 성찬을 합당하게 받는 사람들은 그리스도의 몸과 피를 먹고 마심으로 영적 양식을 공급받고 은혜 안에서 자라게 되며, 그리스도와의 연합과 교제가 확고해집니다. 성찬은 하나님께 대한 감사와 약속을, 신비롭게 한 몸의 지체된 그들이 서로 사랑하고 교제함을 입증하고 새롭게 하는 것입니다.

성찬은 그리스도의 죽으심을 보여 주는 거룩한 예식입니다. 그리스도의 죽으심은 하나님께서 확증하신 사랑입니다. 따라서 이 말은 다음과 같이 정리할 수 있습니다.

> 성찬은 그리스도의 죽으심으로 확증하신 하나님의 사랑을 보여 주는 거룩한 예식이다.

성찬을 통해 우리는 하나님의 사랑을 확신할 수 있습니다. 그리스도의 찢기신 몸을 먹으며 우리는 하나님께서 독생자를 보내셔서 우리를 사랑하셨음을 믿습니다. 그리스도께서 흘리신 피를 마시며 우리는 하나님께서 아들을 제물로 삼으셔서 우리를 사랑하셨음을 믿습니다. 그리스도께서 2천년 전에 죽으심으로 하나님의 사랑은 이미 확증되었고, 우리는 그것을 믿고 떡과 포도주를 받음으로 끊을 수 없는 하나님의 사랑을 받았음을 굳게 확신합니다. 그런 의미에서 성찬은 처음부터 끝까지 하나님의 사랑을 배불리 먹는 영적인 만찬입니다. 성찬을 통해 우리는 하나님의 사랑을 바르게 이해하고 풍성하게 맛보며 새롭게 깨닫습니다.

성찬은 하나님의 사랑 안에서 얻게 된 혜택을 알려 준다

성찬에서 떡과 포도주를 받음으로 우리는 그리스도와 한 몸이 되었음을 다시 한 번 확인하게 됩니다. 그리스도와 한 몸이 되었다는 사실, 곧 연합 교리는 우리가 얻게 되는 혜택이 있음을 가르칩니다. 대요리문답은 다음과 같이 말합니다.

> **170문** 성찬을 합당하게 받는 사람들은 어떻게 성찬에서 그리스도의 몸과 피를 먹고 마십니까?
>
> **답** … 따라서 성찬을 합당하게 받는 사람들은 육체적으로나 물질적으로가 아니라 영적인 방식으로 그리스도의 몸과 피를 먹고 마시는 것이며, 그들이 십자가에 못 박히신 그리스도와 그분의 죽음에서 오는 모든 혜택을 믿음으로 받고 자신들에게 적용하는 한 참되고도 실제적으로 먹고 마시는 것입니다.

성찬을 합당하게 받는 사람들은 그리스도와의 영적인 연합이 확고해져서 '십자가에 못 박히신 그리스도와 그분의 죽음에서 오는 혜택'을 받습니다. 그렇다면 그 혜택이 무엇일까요? 세 가지로 살펴보겠습니다.

그리스도의 의가 우리의 것이 되는 혜택

첫째, 그리스도와 연합함으로 그리스도의 의가 우리의 것이 되는 혜택을 누립니다. 흔히 말하는 '전가 교리'입니다.

하나님이 죄를 알지도 못하신 이를 우리를 대신하여 죄로 삼으신 것은 우리로 하여금 그 안에서 하나님의 의가 되게 하려 하심이라 _**고린도후서 5:21**

전가는 두 가지 방향에서 일어납니다. 한 방향은 우리의 죄가 그리스도께로 전가되는 것입니다. 우리에게 속해 있던 모든 죄들, 곧 원죄와 자범죄가 그리스도께로 옮겨집니다. 자범죄에는 우리가 예전에 지었던 죄, 지금 짓는 죄, 앞으로 지을 죄까지 포함됩니다. 즉, 우리의 모든 죄가 그리스도께로 옮겨진 후에 그 죄의 결과로 그리스도께서 십자가 위에서 심판을 받으셨습니다. 그리스도를 믿는 믿음 안에는 이와 같은 죄의 전가라는 혜택이 있습니다. 다른 한 방향은 그리스도의 의가 우리에게로 전가되는 것입니다. 그리스도는 죄가 없으십니다. 그분은 완전히 의로우십니다. 우리가 믿음으로 그리스도를 붙드는 순간 성령은 우리를 그리스도와 연합시키시고 그리스도의 모든 의를 우리의 의가 되게 하십니다. 그리스도를 믿는 믿음을 통해 우리는 하나님께서 의롭다 여기시는 의를 소유하게 됩니다.

이것이야말로 놀라운 하나님의 사랑입니다. 하나님은 당신의 아들을 제물로 삼으셔서 우리를 하나님의 의가 되게 하셨습니다. 하나님의 거룩함을 훼손한 우리를 대신하여 아들을 심판하신 것입니다. 아들을 희생제물로 삼으셨다는 것입니다. 그리고 아들의 의를 우리의 의가 되게 하셨습니다. 여기에는 우리의 공로가 전혀 개입되지 않았습니다. 우리의 행위가 조금도 영향을 미치지 않았고, 우리의 자격도 아무런 힘이 되지 않았습니다. 오직 하나님의 사랑으로 이 놀라운 교환이 일어났습니다. 그러므로 우리는 성찬을 통해 하나님의 사랑 안에서 일어난 혜택을 풍성하게 누릴 수 있습니다. 성찬에 참여함으로 하나님의 사랑을 눈으로 보고 입으로 맛볼 수 있습니다.

그리스도의 생명이 우리의 것이 되는 혜택

둘째, 그리스도와 연합함으로 그리스도의 생명이 우리의 것이 되는 혜택을 누립니다.

> 그러므로 우리가 그의 죽으심과 합하여 세례를 받음으로 그와 함께 장사되었나니 이는 아버지의 영광으로 말미암아 그리스도를 죽은 자 가운데서 살리심과 같이 우리로 또한 새 생명 가운데서 행하게 하려 함이라 _로마서 6:4

그리스도와 연합된 우리는 그리스도와 함께 죽고 그리스도와 함께 삽니다. 그리스도는 죽은 자들의 첫 열매(고전 15:20)이십니다. 죄의 결과는 죽음입니다. 모든 사람은 죄인입니다. 그러므로 모든 사람은 죽을 수밖에 없습니다. 하지만 그리스도께서 죄의 결과로 죽으신 이후 새로운 시대가 열렸습니다. 그리스도께서 다시 살아나셨기 때문입니다. 그리스도께서 죄와 사망을 이기시고 의와 생명의 시대를 여셨습니다. 따라서 그리스도를 믿는 자는 그리스도와 연합함으로 죽음에서 생명으로 옮겨집니다. 이 역시 우리가 성찬에 참여함으로 누릴 수 있는 혜택입니다. 그리스도의 몸과 피를 먹고 마심으로 우리는 성령께서 행하시는 대로 그리스도와 신비롭게 연합되었음을 확신합니다. 그리스도께서 우리의 죄의 결과로 죽으심을 깨닫고 슬퍼합니다. 동시에 그리스도께서 죽음을 이기시고 부활하심을 깨닫고 기뻐합니다. 죄가 만들어 낸 어두움의 권세를 물리치고 빛과 생명의 나라에 속했다는 사실을 다시 한 번 깨닫게 된다는 것입니다.

> 그가 우리를 흑암의 권세에서 건져 내사 그의 사랑의 아들의 나라로 옮기셨으니 그 아들 안에서 우리가 속량 곧 죄 사함을 얻었도다 _골로새서 1:13-14

바울이 골로새서에서 전하듯이 우리는 그 아들, 곧 예수 그리스도 안에서 그분의 사랑의 나라로 옮겨졌습니다. 우리는 성찬을 통하여 이 혜택이 그리스도와의 연합으로 말미암아 주어졌음을 확신할 수 있습니다.

그리스도의 풍요가 우리의 것이 되는 혜택

셋째, 그리스도와 연합함으로 그리스도께 속한 모든 풍요가 우리의 것이 되는 혜택을 누립니다. 그리스도 안에서 우리도 하나님의 아들이 되었기 때문입니다.

> 너희가 다 믿음으로 말미암아 그리스도 예수 안에서 하나님의 아들이 되었으

니 누구든지 그리스도와 합하기 위하여 세례를 받은 자는 그리스도로 옷 입었느니라 _갈라디아서 3:26

바울은 믿음으로 그리스도와 합한 자는 모두 하나님의 아들이 되었다고 말합니다. 하나님의 아들이 된 자는 하나님 나라에서 기업을 얻습니다. 이 땅에서도 자녀가 아버지의 재산을 상속받듯이 하나님 나라에서도 그 자녀들이 하나님 아버지께 속한 좋은 것들을 상속받게 된다는 것입니다. 아들이신 그리스도께서 이미 아버지의 모든 좋은 것들을 소유하고 계시듯이 말입니다. 그리스도 안에 있는 즐거움, 평안, 풍요, 행복, 건강, 명예, 지위 등이 모두 포함됩니다. 우리는 그리스도처럼 왕 같은 제사장이고 그리스도께서 누리신 기쁨과 평안을 누리며 그리스도 안에 있는 풍요와 행복을 소유합니다. 하나님 아버지께서 우리에게 그것들을 허락하십니다. 하나님은 그리스도를 보시듯 우리를 보시고, 그리스도를 사랑하시듯 우리를 사랑하시며, 그리스도를 복되게 하시듯 우리를 복되게 하십니다. 그리스도와 연합함으로 우리는 성자께 행하시는 성부의 한없는 사랑을 만나게 됩니다. 이것이 '양자 교리'입니다.

74문 양자 됨은 무엇입니까?

답 양자 됨은 하나님이 독생자 예수 그리스도 안에서, 예수 그리스도 때문에 죄인들에게 값없이 주시는 은혜의 행위입니다. 하나님은 이 은혜의 행위로 말미암아 의롭다 함을 받은 모든 사람을 하나님의 자녀로 받아 주시고, 하나님의 이름을 그들에게 두시며, 하나님의 아들의 영을 그들에게 주십니다. 또 하나님은 그들을 아버지같이 돌보시고 다스리시며, 하나님의 아들들이 누리는 모든 자유와 특권을 그들에게 허락하시고, 그들을 모든 약속을 받을 상속자요 그리스도와 함께 영광을 받을 상속자가 되게 하십니다.

성찬의 혜택 요약

성찬은 우리가 그리스도와 연합함으로 하나님의 자녀가 되었음을 확인하는 의식입니다. 하나님의 자녀는 하나님 아버지의 풍성한 사랑을 한없이 받습니다. 돌보심을 받고 다스림을 받으며 자유와 특권을 얻습니다. 약속하신 모든 것과 영광을 받을 상속자가 됩니다.

우리는 그리스도의 몸을 먹고 그리스도의 피를 마심으로 그리스도와 한 몸이 되었음을 확신합니다. 그리스도와 한 몸이 되었다는 것은 첫째, 죄를 사하시고 의롭게 하시는 하나님의 사랑을 받았다는 뜻입니다. 둘째, 죽음이 머무는 흑암의 나라에서 생명이 가득한 사랑의 나라로 옮겨졌다는 의미입니다. 셋째, 하나님의 자녀가 되어서 아버지처럼 돌보시는 하나님의 사랑을 받게 되었다는 뜻입니다. 우리는 성찬에 참여함으로 그리스도의 죽으심으로 확증하신 하나님의 사랑을 새로이 깨닫고 바르게 받으며 다시 발견할 수 있습니다.

성찬에서 누린 하나님의 사랑을 구체적으로 적용하라

함께 받는 성찬

성찬은 우리가 그리스도와 연합되었음을 가르칩니다. 동시에 성찬은 우리가 그리스도의 몸임도 가르칩니다. 그리스도를 믿음으로 우리는 그리스도의 몸과 묶인 존재가 됩니다. 이 연합 사역은 성령께서 진행하십니다. 그런데 그리스도의 몸에 묶인 존재는 나만이 아닙니다. 그리스도를 믿는 사람은 누구든지 성령으로 말미암아 그리스도의 몸에 묶인 존재가 됩니다. 우리는 이것을 눈에 보이는 복음, 곧 성찬을 통해서 확인할 수 있습니다. 성찬에 참여할 때 우리는 믿음을 고백하는 사람들이 그리스도의 찢기신 몸과 흘리신 피를 "함께" 받고 있음을 경험합니다. 칼뱅의 말을 들어보십시오.

> 그의 몸이 오직 하나뿐이고 그가 우리 모두를 그 몸에 참여하도록 하시니, 우리 또한 그러한 참여로 말미암아 모두 한몸이 되어야 하는데, 성찬에서 베풀어지는 떡이 바로 이러한 연합을 나타내는 것이다. 수많은 알갱이들이 서로를 구별할 수 없을 정도로 완전히 하나로 뒤섞여 있듯이, 이와 마찬가지로 우리도 불화나 분열이 끼어들지 못하도록 한 마음으로 일치하여 서로 하나가 되고 서로 엮여져야 하는 것이다. … 이러한 사고가 우리 마음에 심어져 확실하게 각인된다면, 성찬을 통해서 굉장한 유익을 얻게 될 것이다. 그러므로 아우구스티누스가 자주 성찬을 가리켜 "사랑의 끈"이라 부르는 데에는 그만한

이유가 있다 할 것이다.[113]

대요리문답이 가르치는 성찬의 사랑

대요리문답은 성찬을 가르치면서 다음과 같이 말합니다.

168문 **성찬(주의 만찬)은 무엇입니까?**

답 … 성찬은 하나님께 대한 감사와 약속을, 신비롭게 한 몸의 지체된 그들이 서로 사랑하고 교제함을 입증하고 새롭게 하는 것입니다.

174문 **성찬을 시행할 때 성찬을 받는 사람들에게 요구되는 것은 무엇입니까?**

답 성찬을 시행할 때 성찬을 받는 사람들에게 요구되는 것은 … 모든 성도에 대한 사랑을 새롭게 하는 것입니다.

대요리문답에 따르면, 성찬의 의미와 요구 안에는 성도가 서로 사랑하는 것이 포함되어 있습니다. 성찬은 신비롭게 한 몸의 지체된 성도들이 서로 사랑하고 교제함을 입증하고 새롭게 합니다. 성찬을 받은 사람은 모든 성도에 대한 사랑을 새롭게 하도록 요청을 받습니다. 성찬은 "함께" 그리스도의 몸에 연합되었음을 보여 주는 거룩한 의식이기 때문입니다. 그렇다면 성찬을 통해 알게 된 이 사랑의 연합을 어떻게 구체적으로 실천할 수

113 존 칼빈, 『기독교강요』(하)(고양: 크리스챤다이제스트, 2003), 500-501.

있을까요?

약한 자를 붙들어 주는 성찬의 사랑

첫째, 약한 자를 붙들어 줌으로 성찬의 사랑을 실천할 수 있습니다. 전가 교리는 자연스럽게 약한 자를 사랑하게 만듭니다. 자신의 의로 그리스도와 연합한 자는 아무도 없습니다. 모든 성도는 아무런 공로 없이 그리스도와 연합됨으로 자신의 죄와 그리스도의 의를 교환받습니다. 그러므로 그리스도의 몸이 된 자, 곧 교회 안에 들어온 성도들은 자랑할 것이 전혀 없는 자들입니다. 자기의 능력 때문에 그리스도와 연합된 자가 없고 부와 명예로 말미암아 그리스도와 연합된 자가 없습니다. 학력이나 외모나 인기 때문에 그리스도와 연합된 자가 없고 신분이나 직위나 성공으로 말미암아 그리스도와 연합된 자가 없습니다. 오직 그리스도 안에 있는 하나님의 사랑 때문에 우리가 그리스도의 몸이 되었습니다. 그러므로 교회 안에서는 그리스도의 공로만 대접받을 수 있습니다. 그 누구도 자신의 강함이나 성공을 자랑할 수 없다는 의미입니다.

> 형제들아 너희를 부르심을 보라 육체를 따라 지혜로운 자가 많지 아니하며 능한 자가 많지 아니하며 문벌 좋은 자가 많지 아니하도다 그러나 하나님이 세상의 미련한 것들을 택하사 지혜 있는 자들을 부끄럽게 하려 하시고 세상의 약한 것들을 택하사 강한 것들을 부끄럽게 하려 하시며 하나님이 세상의 천한 것들과 멸시 받는 것들과 없는 것들을 택하사 있는 것들을 폐하려 하시

나니 이는 아무 육체도 하나님 앞에서 자랑하지 못하게 하려 하심이라 _**고린도전서 1:26-29**

고린도교회에서는 분쟁이 심했습니다. 시기와 질투가 많았고 경쟁과 다툼을 당연하게 여겼습니다. 무엇보다 강한 자가 약한 자를 멸시하는 문화가 있었습니다. 강한 자는 얼마든지 자랑할 수 있었고 약한 자는 그 분위기에 압도되어 한쪽 구석에 찌그러져 있었습니다. 바울은 이와 같은 문화가 복음과 전혀 상관없음을 지적합니다. 하나님의 복음은 세상의 지혜와 강함을 부끄럽게 하는데, 미련한 자와 약한 자를 택하심으로 그렇게 하십니다. 교회 안에 들어와서 그리스도의 몸이 된 모든 성도들은 세상에서 미련하고 약했습니다. 즉, 아무런 자격도 없고 아무런 실력도 없이 오직 그리스도의 공로로 말미암아 그리스도의 몸이 되었습니다. 그러므로 성도가 자랑할 것은 그리스도밖에 없습니다. 자기를 자랑하는 것은 성찬의 사랑을 배신하는 것입니다. 세상의 성공과 명예와 부를 자랑하는 것은 놀라운 교환을 통해 그리스도의 몸이 된 사건을 부정하는 것이기 때문입니다.

자신의 강함을 드러내지 않기

성찬의 사랑을 실천하기 위해서는 먼저 자신의 강함을 드러내지 않아야 합니다. 세상에서 이루어 낸 성공, 직위, 명예, 부, 학식 등을 은근히 드러내어 다른 성도에게 질투와 열등감을 불러일으켜서는 안 됩니다. 신앙과 경건에 관해서도 필요 이상으로 드러내서는 안 됩니다. 성경이나 신학에 관한 지식을 여기저기서 말하는 것도 바람직하지 않습니다. 자칫하면 다른 성도에게 좌절과 낙심을 안겨 줄 수 있기 때문입니다. 내가 가지고 있는 강한 자신감이 남을 넘어뜨릴 수도 있습니다. 내가 은연중에 드러내고 있는 강함이 연약한 남을 의기소침하게 만들 수도 있습니다. 성찬의 사랑을 실천하기 원하는 사람은 자신의 언행이 연약한 성도에게 어떤 영향을 줄지를 생각합니다. 자신의 강함을 드러내지 않기 위해 노력하는 것 자체가 사랑을 실천하는 방법입니다.

> 그런즉 우리가 다시는 서로 비판하지 말고 도리어 부딪칠 것이나 거칠 것을 형제 앞에 두지 아니하도록 주의하라 _**로마서 14:13**

바울은 믿음이 강하다고 자처하는 자가 연약한 자의 생각을 함부로 비판해서는 안 된다고 가르칩니다. 초대 교회 당시 가장 뜨거운 주제 중 하나는 시장에서 판매하는 고기를 먹을 것인가의 여부였습니다. 이방 도시의 시장에서 판매되는 고기들은 모두 이방 신전에 한 번씩 바쳐졌었기 때문입니다. 믿음이 강하다고 자처하는 사람들은 그 고기를 먹는 행위가 아무 문제가 없음을 알았습니다. 하지만 믿음이 연약한 사람들은 그 고기를 먹는 행위를 꺼려했습니다. 그래서 채소만 먹었는데, 이것을 믿음이 강하다고 자처하는 사람들이 비판한 것입니다. 신학적으로 볼 때 믿음이 강하다고 자처하는 사람들의 입장이 옳습니다. 그러나 바울은 이와 같이 연약한 자들을 비판하는 행위가 매우 불신앙적이라고 지적합니다. 오히려 정말 믿음이 강하다면, 연약한 자들 앞에 부딪힐 것이나 거칠 것을 두지 않도록 주의해야 합니다. 그리스도의 몸을 생각한다면, 내가 가지고 있는 강한 자신감과 당당한 행동이 연약한 성도에게 거칠 것이 되지 않도록 해야 합니다. 성찬의 사랑을 시행하고자 한다면, 그리스도의 몸을 이루고 있는 지체가 좌절하거나 낙심하지 않도록 섬세하게 주의해야 한다는 것입니다.

연약한 자를 본격적으로 돌봐 주기

성찬의 사랑을 실천하기 위해서는 좀 더 적극적인 방법도 필요합니다. 연약한 성도를 돌봐 주는 일입니다.

> 또 형제들아 너희를 권면하노니 게으른 자들을 권계하며 마음이 약한 자들을 격려하고 힘이 없는 자들을 붙들어 주며 모든 사람에게 오래 참으라 **_데살로니가전서 5:14**

교회 안에는 마음이 약한 자들과 힘이 없는 자들이 있습니다. 연약해지는 여러 이유가 있을 수 있는데, 기질적으로 그럴 수 있고, 상황 때문에 그럴 수 있습니다. 먼저, 우리는 기질적으로 연약한 자들이 있을 수 있음을 인정해야 합니다. 모든 사람들이 "나"와 같지 않습니다. 나는 아무렇지 않게 넘길 수 있는 문제를 누군가는 아주 무겁고 예민하게 받아들일 수 있습니다. 나는 넘어지지 않을 일에 누군가는 쉽게 넘어질 수 있습니다. 나는 강하게 대처할 수 있는 힘을 타고났지만 누군가는 기질적으로 그런 힘이 없을 수 있습니다. 우리는 다른 성도가 "나처럼" 힘을 내지 못한다고 비난해서는 안 됩니다. 둘째, 피치 못한 사정 때문에 마음이 약해지고 힘이 없어질 수 있음을 인정해야 합니다. 누군가는 건강이라는 문제 때문에 마음이 약해질 수 있습니다. 누군가는 재정적인 문제 때문에 힘이 없어질 수 있습니다. 누군가는 가족의 문제 때문에 정신이 약해질 수 있습니다. 누군가는 취업을 하지 못해서, 결혼을 하지 못해서, 자녀를 갖지 못해서, 누군가는 배우자 문제 때문에 마음이 심히 약해질 수 있습니다. 모든 사람들은 각자의 사정과 근심을 안고 살아가기에 때때로 혹은 자주 마음이 약해지고 힘이 없어질 수 있습니다. 그러므로 모든 사람들을 똑같은 기준에 넣고 한꺼번에 판단하지 않도록 주의해야 합니다.

그 이유가 무엇이든 교회 안에는 마음이 약한 자들과 힘이 없는 자들이 분명히 있습니다. 우리가 할 일은 그런 자들을 돌보는 것입니다. 마음이 약한 자들을 온 힘을 다해 격려함으로 그리스도의 길에서 이탈하지 않도록 돌봐야 합니다. 힘이 없는 자들을 위해 참 많은 노력을 기울임으로 그 신앙이 넘어지지 않도록 붙들어 주어야 합니다. 이것이 성찬의 사랑을 실천하는 방법입니다.

우리가 연약할 때 우리를 사랑하신 예수 그리스도의 사랑에 힘입어

바울은 그리스도께서 바로 그렇게 우리를 사랑하셨다고 합니다.

> 우리가 아직 연약할 때에 기약대로 그리스도께서 경건하지 않은 자를 위하여 죽으셨도다_로마서 5:6

그리스도는 우리가 이런저런 이유로 연약할 때에 우리를 위해 당신의 전부를 쏟아부으심으로 사랑하셨습니다. 최고의 희생으로 최대의 사랑을 하셨습니다. 그리스도의 사랑으로 말미암아 우리는 그리스도의 몸이 되었습니다. 성찬은 이 사랑을 기념하며 믿음을 굳건히 세우는 거룩한 의식입니다.

따라서 성찬에 참여한 사람은 이 사랑에 힘입어 이와 같은 사랑을 합니다. 정성을 기울여서 마음이 약한 자들을 격려하고 힘이 없는 자들을 붙들어 줌으로 그들이 그리스도의 몸에 붙어 있도록 합니다. 이와 같은 사랑을 하기 위해서는 그들이 왜 마음이 약해지고 힘이 없어졌는지를 알아야 합니다. 기질적인 문제라면, 그들에게 지속적인 관심을 갖고 그들을 돌봐야 합니다. 기질은 쉽게 바뀌지 않기 때문입니다. 상황적인 문제라면, 그들에게 구체적인 도움을 줄 수 있어야 합니다. 재정적인 문제 때문에 마음이 약해진 지체가 있다면 교회에 요청하여 도움을 줄 수 있어야 하고, 실패와 결핍 때문에 힘이 없어진 지체가 있다면 그것을 회복할 수 있도록 위로하고 격려해야 합니다.

연약한 자를 사랑해야 하는 또 다른 이유

우리가 연약한 자를 붙들어 줌으로 성찬의 사랑을 시행해야 하는 이유는 하나님께서 그리스도의 몸을 그런 방식으로 이루시기 때문입니다.

> … 오직 하나님이 몸을 고르게 하여 부족한 지체에게 귀중함을 더하사 몸 가운데서 분쟁이 없고 오직 여러 지체가 서로 같이 돌보게 하셨느니라 _**고린도전서12:24-25**

하나님은 그리스도의 몸에 부족한 지체가 있게 하십니다. 그리고 그 부족한 지체가 귀중하다는 사실을 알리셔서 모든 지체들이 서로 돌보게 하십니다. 하나님께서 그리스도의 몸을 골고루 짜 맞추신 이유입니다(고전 12:24, 새번역). 그러므로 부족한 지체를 무시하거나 돌보지 않는 것은 그리스도의 몸을 이루시는 하나님의 뜻을 거부하는 것입니다. 어떤 사람은 부족한 지체가 교회의 성장을 방해한다고 생각합니다. 도움이 안 된다고 생각하는 것입니다. 재정적으로 부족한 사람은 교회 재정에 도움이 안 되고, 신학적으로 부족한 사람은 교회 품격에 도움이 안 되며, 은사가 부족한 사람은 교회 봉사에 도움이 안 된다고 생각합니다. 만약 이런 생각을 조금이라도 하는 사람이 있다면, 이것이 참으로 세속적이고 악한 생각임을 꼭 알아야 합니다. 하나님은 남의 부족함을 내가 돌보게 하셔서 그리스도의 몸을 이루시고 나의 부족함을 남이 돌보게 하셔서 그리스도의 몸을 이루십니다. 이것이 부족한 지체에게 귀중함을 더하시는 하나님의 방법입니다. 그러므로 성찬을 통해 그리스도의 몸을 "함께" 먹은 성도들은 부족한 지체를 더욱 귀하게 여겨야 합니다. 야고보는 다음과 같이 말합니다.

> 내 형제들아 영광의 주 곧 우리 주 예수 그리스도에 대한 믿음을 너희가 가졌으니 사람을 차별하여 대하지 말라 만일 너희 회당에 금가락지를 끼고 아름다운 옷을 입은 사람이 들어오고 또 남루한 옷을 입은 가난한 사람이 들어올 때에 너희가 아름다운 옷을 입은 자를 눈여겨보고 말하되 여기 좋은 자리에 앉으소서 하고 또 가난한 자에게 말하되 너는 거기 서 있든지 내 발등상 아래에 앉으라 하면 너희끼리 서로 차별하며 악한 생각으로 판단하는 자가 되는 것이 아니냐내 사랑하는 형제들아 들을지어다 하나님이 세상에서 가난한 자를 택하사 믿음에 부요하게 하시고 또 자기를 사랑하는 자들에게 약속하신 나라를 상속으로 받게 하지 아니하셨느냐 너희는 도리어 가난한 자를 업신여겼도다 **_야고보서 2:1-6**

야고보는 행함이 없는 죽은 믿음에 관해 말하면서 가난한 자를 차별하는 믿음이 죽은 믿음이라고 가르칩니다. 강하고 부하고 명성이 있는 자를 좋은 자리에 앉히고 약하고 가난한 자를 무시하는 것은 죽은 믿음입니다. 교회에 도움이 되는 사람과 도움이 되지 않는 사람을 나누는 것도 죽은 믿음입니다. 앞서 말한 바와 같이, 이것은 참으로 악한 생각(약 2:4)입니다. 주 예수 그리스도에 대한 참된 믿음, 곧 살아 있는 믿음을 가진 성도는 세속적인 기준으로 사람을 차별하지 않습니다. 오히려 가난한 자를 존중하고 약한 자를 돌아봅니다. 부족한 지체가 혹시라도 그런 생각을 갖지 않도록 차별적인 분위기를 지워 갑니다. 연약한 성도가 자신의 연약함으로 넘어지지 않도록 힘써 그의 마음을 보호합니다. "함께" 그리스도의 몸 된 성도임을 깨닫도록 성찬의 사랑을 지속적으로 실천합니다. 살아 있는 믿음을 가진 성도는 마음이 약하고 힘이 없으며 가난하고 연약한 성도를 위해 그리스도께서 자신의 몸을 떼어 사랑하셨듯이 사랑합니다. 성찬을 통해 하나님의 사랑을 받아 누린 성도는 그 사랑을 그대로 부족한 지체에게 돌려줍니다.

> 그러므로 사랑을 받는 자녀같이 너희는 하나님을 본받는 자가 되고 그리스도께서 너희를 사랑하신 것같이 너희도 사랑 가운데서 행하라 그는 우리를 위하여 자신을 버리사 향기로운 제물과 희생제물로 하나님께 드리셨느니라
> **_에베소서 5:1-2**

함께 즐거워하고 함께 슬퍼하는 성찬의 사랑

둘째, 함께 즐거워하고 함께 슬퍼함으로 성찬의 사랑을 실천할 수 있습니다. 연합 교리는 우리가 다른 성도의 삶에 묶여 있음을 발견하게 합니다. 우리는 그리스도와 연합되어 그리스도와 함께 죽고 그리스도와 함께 삽니다. 그리스도와 연합된다는 것은 그리스도의 몸이 된다는 것이고, 그리스도의 몸이 된다는 것은 그리스도의 마음을 품게 된다는 것입니다. 그러므로 성도는 그리스도의 고난과 부활에 참여하여 그리스도와 함께 슬퍼하고 함께 즐거워하게 됩니다. 성찬은 그리스도와의 연합이 다른 성도와

"함께" 한다는 것을 알려 줍니다.

서로의 삶에 참여하기, 그러나 구분되기

그리스도와 한 몸이 된 우리가 그리스도의 고난과 부활에 참여하는 것처럼, "함께" 그리스도의 몸이 된 우리는 서로의 삶에 참여합니다. 물론 정확한 구분과 경계선은 있습니다. 우리가 그리스도의 고난과 부활에 참여한다고 해서 우리와 그리스도의 구분이 없어지는 것은 아닙니다. 마찬가지로 우리가 서로의 삶에 참여한다고 해서 서로 간에 놓여 있는 구분과 경계선을 뛰어넘는 것은 아닙니다. 이것은 마치 발은 손이 될 수 없고 귀는 눈이 될 수 없는 것과 같습니다. 서로의 삶에 참여한다는 말을 상대의 경계선을 넘어서서 친밀해지고자 하는 병적인 집착으로 오해해서는 안 됩니다.

서로의 삶에 참여하는 말의 의미

서로의 삶에 참여한다는 말은 그의 삶을 이해하고 공감하며 도와준다는 의미입니다. 예컨대, 한 몸에 붙어 있는 팔과 발은 서로의 아픔을 공유합니다. 눈과 귀도 마찬가지입니다. 그리스도의 몸에 "함께" 붙어 있는 지체라면, 서로의 삶 속에서 벌어지는 여러 가지 일들을 이해하고 공감하며 도와주는 것이 마땅합니다. 서로의 삶에 깊은 관심을 가져야 한다는 것입니다. 다음을 보십시오.

만일 한 지체가 고통을 받으면 모든 지체가 함께 고통을 받고 한 지체가 영광을 얻으면 모든 지체가 함께 즐거워하느니라 **_고린도전서 12:26**

고린도교회에는 이기주의, 개인주의, 분파주의, 자랑주의(?) 등이 판을 치고 있었습니다. 그들은 오직 자기 자신에게만 몰입되어 있었습니다. 자신의 즐거움은 한없이 자랑했고 자신의 고통에는 한없이 예민했습니다. 주변을 돌아보지 않았는데, 특히 약한 자들에게 신경을 쓰지 않았습니다. 약한 자들이 겪는 고난과 수치에 전혀 공감하지 않았던 것입니다. 또한 다른 성도가 얻게 된 성공에 대해서는 질투하면서 깎아내리기에 급급했습니다. 이에 바울은 '그리스도의 몸이라는 개념'을 들고 참된 교회가 어떠해야 하는지를 설명합니다. 그리고 '한 지체가 고통을 받으면 모든 지체가 함께 고통을 받고 한 지체가 영광을 얻으면 모든 지체가 함께 즐거워하는 것(고전 12:26)이 당연하다고 가르칩니다.

우리가 정말 그리스도의 몸에 "함께" 붙어 있는 지체라면 당연한 원리입니다. 돌덩이 하나가 발가락에 떨어졌을 때 발가락만 아프고 끝나는 경우는 없습니다. 발가락부터 시작해서 그 고통이 온 몸을 타고 흐릅니다. 한 몸이기 때문입니다. 온 몸에 활력이 도는데 어느 한 부분만 죽어 있는 경우도 없습니다. 온 몸에 가득한 생기는 모든 신체를 감돕니다. 한 몸이기 때문입니다. 마치 그런 것처럼, 우리가 진정 그리스도라는 몸에 "함께" 붙어 있는 지체라면, 우리는 서로의 삶에 매우 적극적으로 반응할 수밖에 없습니다. 다른 성도가 얻은 즐거움을 마치 내가 얻은 즐거움처럼 반응합니다. 다른 성도가 겪는 고통을 마치 내가 겪는 고통처럼 반응합니다. 다른 성도가 기뻐할 때 같이 기뻐하고 다른 성도가 아파할 때 같이 아파합니다. 바울은 로마에 있는 교회를 향해서도 같은 말을 반복합니다.

즐거워하는 자들과 함께 즐거워하고 우는 자들과 함께 울라_**로마서 12:15**

즐거워하는 자들과 함께 즐거워하기

그렇다면 즐거워하는 자들과 함께 즐거워하기 위해서는 어떻게 해야 할까요? 일상적인 즐거움과 신앙적인 즐거움을 구분해서 생각해 봐야 합니다.

일상적인 즐거움에 참여하기

일상적인 즐거움은 살면서 만나게 되는 여러 가지 상황에서 느끼는 기쁨을 뜻합니다. 예를 들어, 대학에 합격을 한다든지, 취업에 성공한다든지, 결혼을 하고 자녀를 낳게 된다든지, 승진을 한다든지 등입니다. 삶에서 만나는 보편적인 즐거움에 관해 성도들끼리 얼마든지 축하하고 즐거워해 줄 수 있습니다. 이것은 아주 상식적인 일입니다. 소소한 성취와 성공 덕분에 누리는 즐거움에도 반응해 줄 수 있습니다. 우리 모두는 일상적이고 보편적인 즐거움을 누릴 수 있고 그 즐거움을 함께 즐거워해 줄 수 있습니다. 굳이 못 본 척하거나 별거 아니라는 식으로 찬물을 끼얹을 필요는 없습니다. 혹은 시기하거나 질투하면서 험담을 해서도 안 됩니다. 사랑은 그리스도의 몸에 "함께" 붙어 있는 지체가 즐거워하는 일을 함께 즐거워해 주는 것입니다.

신앙적인 즐거움에 참여하기

하지만 좀 더 근본적인 즐거움 앞에서 더욱 힘써 즐거워해 주어야 합니다. 신앙적인 즐거움입니다. 일상에서 누리는 모든 즐거움은 하나님을 즐거워하기 위한 디딤돌입니다. 삶 속에서 만나는 일상적인 즐거움은 모두 하나님으로부터 주어진 선물이기 때문입니다. 하나님께서 우리를 복되게 하시고 즐겁게 하시며 유쾌하게 만드십니다. 그러므로 성도는 일상적인 즐거움을 선물하시는 하나님으로 말미암아 참된 즐거움을 누립니다. 이것이 신앙적인 즐거움입니다. 소요리문답 1문은 다음과 같이 말합니다.

> **1문** 사람의 제일 되는 목적은 무엇입니까?
>
> **답** 사람의 제일 되는 목적은 하나님을 영화롭게 하는 것과, 그를 영원토록 즐거워하는 것입니다.

사람은 하나님을 즐거워하도록 설계되었습니다. 하나님은 사람에게 최고의 즐거움이시고, 또한 모든 즐거움의 궁극적인 즐거움이십니다. 그러므로 사람은 하나님을 알고 하나님의 통치 아래에 있을 때 가장 행복한 인생을 삽니다. 따라서 성도들끼리 함께 즐거워해야 하는 최고의 즐거움은 신앙적인 즐거움입니다.

세례식에서 함께 즐거워하기

예를 들어, 세례를 받고 입교를 하는 사람의 즐거움에 모든 성도들은 함께 참여해야 합니다. 세례식은 신랑 되신 그리스도와 신부인 세례자가 한 몸이 되었음을 선언하는 거룩한 의식입니다. 새롭게 태어난 한 사람이 새로운 인생을 시작했음을 알리는 거룩한 의식이기도 합니다. 세례식은 결혼식보다 큰 사건이고 자녀 출산보다 귀한 사건입니다. 세례식은 한 사람의 영원한 연합과 영원한 출생을 온 교회 앞에서 선포하는 사건이기 때문입니다. 이제부터 "함께" 그리스도의 몸에 연합된 성도들은 이 세례식에서 세례를 받는 사람에게 최고의 축하와 즐거움을 선사하는 것이 마땅합니다.

주일 예배에서 함께 즐거워하기

주일 예배에 참여한 모든 성도들끼리 함께 즐거움을 나누는 것도 신앙적인 즐거움의 일종입니다. 주일 예배에는 마지막 날에 이루어질 그리스도와의 혼인 잔치를 미리 체험한다는 의미가 있습니다. 주일 예배는 그리스도와 한 몸을 이루고 그리스도께 참여하며 그리스도 안에서 은혜를 얻는 이 땅의 혼인 잔치입니다. 그러므로 주일 예배에 참여한 모든 성도들은 그리스도의 신부로 이 날을 즐거워해야 합니다. 서로의 신앙 고백을 확인하고 서로의 신앙으로 말미암아 즐거워해야 합니다. 험한 세상에서 돌아와 그리스도의 품에 안기어 안식함을 서로 즐거워해야 합니다. 다른 성도가 말씀에 귀를 기울이고 하나님께 간구하며 신앙이 자라나고 구원의 즐거움을 누리는 모습을 보면서 "함께" 즐거워해 주어야 한다는 것입니다.

서로의 신앙으로 함께 즐거워하기

사실 이것은 주일 예배에만 해당하는 즐거움은 아닙니다. 신앙의 여정에서 다른 성도가 그리스도의 은혜를 발견하고 그리스도로 말미암아 위로를 받으며 그리스도를 힘차게 전파하는 모습을 볼 때, 모든 성도들은 그 성도를 즐거워해 주어야 합니다. 존 번연의 소설 『천로역정』에는 다음과 같은 대화가 나옵니다.

> **믿음** : 수치심이란 놈은 생각할수록 대담한 불한당이었습니다. 악착같이 좇아다니며 '신앙생활을 하는 건 정말 미욱한 짓'이라고 이런저런 말로 귓가에 속삭여 대는 통에 좀처럼 곁에서 몰아낼 수가 없었어요. 결국 '네놈이 우습게 보는 것들이야말로 내가 가장 영광스럽게 여기는 것'이니 아무리 설득하려고 발버둥을 쳐 봐야 소용없다고 호통을 쳤습니다. 그제야 그 불쾌한 녀석이 떨어져 나가더군요. 놈을 떼어 내고 나니 얼마나 후련한지, 노래가 절로 나왔습

니다.

크리스챤 : 그렇게 악독한 녀석과 용감히 맞서 싸웠다니 참 기쁘군요.[114]

…

소망 : 주님이 아버지의 율법에 순종하여 죄의 삯을 치르신 게 모두 자신이 아니라 그리스도가 베푸신 구원을 받아들이고 감사하는 이들을 위해서라는 걸 믿어야겠더군요. 놀라운 기쁨이 마음을 가득 채웠습니다. 눈에선 연신 눈물이 쏟아졌습니다. 그분의 이름과 그 백성, 그리고 예수 그리스도의 길을 사랑하는 마음이 충만해진 겁니다.

크리스챤 : (기뻐하며) 그리스도께서 참으로 형제의 영혼에 찾아오셨구려.[115]

천성을 향해 가는 신앙의 여정에서 크리스챤과 믿음, 크리스챤과 소망은 서로의 신앙을 나눕니다. 신앙의 출발과 곤경을 말하면서 끝내 승리한 이야기를 듣고서는 함께 기뻐합니다. 신앙적인 성장을 즐거워해 준 것입니다. 성도는 즐거워하는 자들과 함께 즐거워함으로 성찬의 사랑을 실천합니다.

우는 자들과 함께 우는 방법

우는 자와 함께 우는 것도 마찬가지로 일상적인 슬픔과 신앙적인 슬픔으로 나누어 생각할 수 있습니다.

---

114 존 버니언, 『천로역정』(서울: 포이에마, 2011), 152.
115 위의 책, 278.

일상적인 슬픔에 참여하기

성도끼리는 삶에 찾아오는 모든 슬픔을 함께 공유해야 합니다. 함께 아파해야 하고 함께 슬퍼해야 합니다. 갑작스레 찾아온 고난 앞에서 그들의 마음을 헤아릴 줄 알아야 한다는 것입니다. 예컨대, 입시와 취업과 결혼에 실패한 지체가 겪는 심리적인 고통을 함께 느낄 수 있어야 합니다. 갑작스런 해고와 파산, 건강의 상실, 그리고 누군가의 죽음 등에서 얻게 되는 극심한 아픔에도 참여해야 합니다. 뿐만 아니라 소소한 아픔을 호소하는 지체를 위로할 수 있어야 합니다. 고통과 상실과 이별 앞에서 괴로워하는 성도를 보고 무시하거나 비판하는 것은 매우 잘못된 행동입니다. 이것은

1강에서 배운 바와 같이, 최고의 법, 곧 사랑의 법을 어기는 죄입니다. 성도끼리는 서로가 겪는 아픔과 느끼는 슬픔에 서로 참여해야 합니다. 공감하고 이해하고 위로하고 도와야 한다는 것입니다.

영적인 침체를 함께 슬퍼하기

무엇보다 이와 같은 일상적인 슬픔으로 말미암아 찾아오는 영적인 침체를 "함께" 슬퍼해야 합니다. 이것이 신앙적인 슬픔의 일종입니다. 영적인 침체는 우리의 일상과 깊은 관련이 있습니다. 영혼과 육체는 서로 긴밀히 연결되어 있고, 우리의 육체는 여전히 연약하기에 영혼에 많은 영향을 미칩니다. 일상에서 만나는 고통과 상실은 곧잘 영적인 침체로 이어집니

다. 그리스도의 몸에 "함께" 붙어 있는 성도들은 이것을 잘 이해하고, 그들의 신앙적인 슬픔에 "함께" 참여할 수 있어야 합니다. 함께 고민하고, 함께 대화를 나누고, 함께 기도하고, 함께 말씀의 위로를 찾아가야 한다는 것입니다. 환난 중에 있는 성도를 위로하는 것은 하나님의 일이며 동시에 하나님께서 부탁하신 것이기 때문입니다.

> 찬송하리로다 그는 우리 주 예수 그리스도의 하나님이시요 자비의 아버지시요 모든 위로의 하나님이시며 우리의 모든 환난 중에서 우리를 위로하사 우리로 하여금 하나님께 받는 위로로써 모든 환난 중에 있는 자들을 능히 위로하게 하시는 이시로다 **_고린도후서 1:3-4**

바울은 하나님 환난 중에 우리를 위로하시는 분이라고 말합니다. 하나님은 우리의 곤경을 기뻐하시는 분이 아니라 이해하시고 아파하시고 위로하시는 분입니다. 이 하나님의 위로는 우리에게 사명이 되기도 합니다. 바울에 따르면, 하나님은 우리로 하여금 하나님께 받은 위로로써 모든 환난 중에 있는 자들을 능히 위로하게 하시는 분입니다. 그러므로 고통과 상실 속에서 심리적, 육체적, 신앙적인 슬픔에 빠진 성도들을 위로하는 것은 모든 성도의 의무입니다. 성찬의 사랑을 실천하기 원한다면, 그리스도의 몸에 붙어 있는 지체가 겪는 일상적인 슬픔과 그 슬픔이 어떤 방식으로 영적 침체를 일으키는지를 잘 살펴야 합니다. 그리고 위로하시는 하나님의 위로를 따라 "함께" 위로할 줄 알아야 합니다. 이것은 서로를 향한 깊은 관심과 긍휼이 있어야만 가능합니다.

죄로 말미암아 슬퍼하는 자와 함께 슬퍼하기

우는 자와 함께 울어야 할 경우가 하나 더 있습니다. 자기의 죄 때문에 슬퍼하는 경우입니다.

> … 죄인들아 손을 깨끗이 하라 두 마음을 품은 자들아 마음을 성결하게 하라 슬퍼하며 애통하며 울지어다 너희 웃음을 애통으로, 너희 즐거움을 근심으로 바꿀지어다 _야고보서 4:8-9
>
> 내 죄악을 아뢰고 내 죄를 슬퍼함이니이다 _시편 38:18

참된 성도는 자기 죄를 슬퍼합니다. 그리스도의 몸에 붙어 있는 지체는 자기 죄 때문에 그 몸이 오염되고, 더 나아가 그 몸에서 떨어질 수 있는 상황을 결코 좋아하지 않습니다. 야고보와 다윗이 말하고 있는 것처럼, 성도는 죄에 대해서 슬퍼하고 애통하고 울어야 합니다. 이때 다른 성도들은 어떻게 해야 할까요? 아무 관심도 두지 말아야 할까요? 아니면 손가락질을 해야 할까요? 그리스도의 몸에 붙어 있는 지체 중에 자기 죄를 슬퍼하는 사람이 있다면, 성도는 "함께" 슬퍼해야 합니다. 첫째는 그 죄가 교회의 거룩함을 침범했다는 점에서 그렇고, 둘째는 그 죄를 지은 성도의 영혼이 위태롭다는 점에서 그렇습니다. 죄는 누룩과 같이 퍼지는 속성이 있습니다. 그렇기에 개인의 죄는 개인에서 끝나지 않고 교회 전체를 물들일 수 있습니다. 그리스도의 몸을 오염시켜서 결국 머리이신 그리스도의 존귀와 영광을 손상시킬 수도 있습니다. 그리스도를 사랑하는 자라면, 누구든지 이 상황을 슬퍼할 수밖에 없습니다. 또한 죄를 지은 성도는 그 죄로 말미암아 찾아오는 심각한 영적 위기를 반드시 겪습니다. 따라서 죄의 결과가 어떠할지 아는 성도는 죄 지은 성도의 영혼을 걱정하며 "함께" 슬퍼할 수밖에 없습니다.

죄 때문에 "함께" 슬퍼한다는 것은 그저 공감해 주는 것만을 뜻하지 않습니다. 고린도교회는 죄로 말미암아 심히 근심하게 된 적이 있습니다. 슬퍼한 것입니다. 이 근심은 바울의 책망으로 시작되었습니다. 다행히 고린도교회의 성도들은 바울의 책망을 받아들이고 회개합니다.

> 내가 지금 기뻐함은 너희로 근심하게 한 까닭이 아니요 도리어 너희가 근심함으로 회개함에 이른 까닭이라 너희가 하나님의 뜻대로 근심하게 된 것은 우리에게서 아무 해도 받지 않게 하려 함이라 10 하나님의 뜻대로 하는 근심은 후회할 것이 없는 구원에 이르게 하는 회개를 이루는 것이요 세상 근심은 사망을 이루는 것이니라 _**고린도후서 7:9-10**

죄로 말미암아 슬퍼하는 성도와 "함께" 슬퍼하는 것은 중요합니다. 이때 "함께" 슬퍼한다는 것은 공감해 주고 위로해 주는 것이 아닙니다. 그 죄의 혐오스러움과 그 죄의 치명적인 결과를 인식하는 것입니다. 그리고 바울이 그렇게 했듯이 올바른 권면과 책망으로 "함께" 슬퍼하는 것입니다. 이로 말미암아 죄를 지은 지체가 하나님의 뜻대로 근심을 하고 회개에 이를 수 있기 때문입니다.

그리스도의 살과 피를 함께 먹고 마신 그리스도의 몸 된 지체의 삶에 참여함으로 성찬의 사랑을 실천해야 합니다. "함께" 웃고 "함께" 우는 것은 "함께" 그리스도의 몸을 이루고 있는 성도에게 당연한 의무입니다.

잘못한 자를 용서하는 성찬의 사랑

셋째, 잘못한 자를 용서함으로 성찬의 사랑을 실천할 수 있습니다. 성찬에는 죄 사함, 곧 용서의 신학이 녹아 있습니다. 최초의 성찬식에서 예수님께서 하신 말씀을 들어 보십시오.

> 들이 먹을 때에 예수께서 떡을 가지사 축복하시고 떼어 제자들에게 주시며 이르시되 받아서 먹으라 이것은 내 몸이니라 하시고 또 잔을 가지사 감사 기도 하시고 그들에게 주시며 이르시되 너희가 다 이것을 마시라 이것은 죄 사함을 얻게 하려고 많은 사람을 위하여 흘리는바 나의 피 곧 언약의 피니라 **_마태복음 26:26-28**

예수님은 성찬의 포도주가 '죄 사함을 얻게 하려고 많은 사람을 위하여 흘리신 나의 피'라고 말씀하십니다. 그러므로 성찬에 참여하여 포도주를 마시는 성도들은 십자가에서 피 흘리신 그리스도로 말미암아 죄 사함을 받았음을 굳게 믿어야 합니다. 동시에 "함께" 그리스도의 피를 나누어 마신 그리스도의 몸 된 지체 역시 그리스도로 말미암아 용서를 받았음을 믿어야 합니다. 이것은 그리스도의 몸 된 지체끼리 서로 용서해야 하는 이유가 됩니다. 범죄한 '나와 너'가 그리스도로 말미암아 "함께" 용서를 받았기에 나에게 잘못한 너를 용서할 수 있고, 너에게 잘못한 나도 용서받을 수 있습니다. 죄 사함을 얻게 하려고 많은 사람을 위하여 흘리신 그리스도의 피를 "함께" 나누어 마신 성도들은 용서하지 않을 권리 자체가 없습니다.

> 서로 용서하기를 하나님이 그리스도 안에서 너희를 용서하심과 같이 하라 _ **에베소서 4:32**
>
> 누가 누구에게 불만이 있거든 서로 용납하여 피차 용서하되 주께서 너희를 용서하신 것같이 너희도 그리하고 _**골로새서 3:13**

용서의 신학

바울은 교회들을 향해 '용서의 신학'을 가르칩니다. 용서의 신학은 아주 간단합니다. "하나님이 그리스도 안에서 우리를 용서하신 것같이 우리도 그리스도 안에서 서로를 용서하라"는 것입니다. 서로에게 불만이 있거나 피해를 입었거나 상처를 받았다 할지라도 성도들은 서로 용서할 수밖에 없습니다. 그리스도 안에서 베푸신 하나님의 용서가 너무나도 크기 때문입니다. 예수님은 만 달란트 탕감받은 종의 비유(마 18:23-35)로 용서의 신학을 설명하셨습니다. 어떤 임금에게 만 달란트를 빚진 종이 갚을 능력이 없어서 감옥에 들어갈 처지가 되었습니다. 종이 긍휼을 구했을 때 임금은 모든 빚을 탕감해 주었습니다. 그런데 정작 종은 자신에게 백 데나리온을 빚진 친구를 감옥에 가두어 버렸습니다. 소문을 들은 임금은 그 종을 도로 붙잡아 와서 감옥에 가두었습니다. 이 비유 끝에 예수님은 다음과 같이 말씀하십니다.

> 너희가 각각 마음으로부터 형제를 용서하지 아니하면 나의 하늘 아버지께서도 너희에게 이와 같이 하시리라 **_마태복음 18:35**

이 비유가 전하는 교훈은 명확합니다. 용서받은 자는 용서해야 한다는 것입니다. 그리스도 안에서 하나님의 용서를 받은 성도는 용서하지 않을 권리가 없고, 용서하지 못할 이유도 없습니다. 성도는 만 달란트를 탕감받은 자이기 때문입니다. 성도는 항상 용서할 마음으로 서로를 대해야 합니다.

회개 위에 서 있는 용서의 신학

그러나 용서의 신학에서 절대로 빠질 수 없는 요소가 있습니다. "회개"입니다. 성경이 말하는 용서에는 항상 회개가 전제됩니다. 회개가 없는 용서는 참된 용서가 될 수 없고, 용서받음이 없는 회개도 참된 회개가 될 수 없습니다. 「밀양」(이창동, 2007)이라는 영화에서 오랫동안 회자되는 장면이 있습니다. 여주인공(전도연)의 딸을 죽인 살인범이 "난 당신에게 용서를 구하지 않아도 됩니다. 하나님이 벌써 내 죄를 사하셨습니다"라고 말한 후에 여주인공이 절규하는 장면입니다. 여주인공은 "내가 용서하지 않았는데 누구에게 용서를 받았느냐?"고 소리를 지릅니다. 이 영화는 마치 기독교가 말하는 용서의 신학이 '용서받음이 없는 회개, 회개가 없는 용서'인 것처럼 표현합니다. 실제로도 교회를 다니는 많은 사람들이 용서의 신학을 이런 방식으로 이해합니다. 그러나 성경은 자신이 피해를 주거나 잘못을 저지른 사람에게 반드시 용서를 구해야 한다고 말합니다.

> 너희는 스스로 조심하라 만일 네 형제가 죄를 범하거든 경고하고 회개하거든 용서하라 4 만일 하루에 일곱 번이라도 네게 죄를 짓고 일곱 번 네게 돌아와 내가 회개하노라 하거든 너는 용서하라 하시더라 _**누가복음 17:3-4**

만 달란트 빚진 종의 비유를 말씀하신 예수님은 그 용서의 신학이 회개 위에 서 있음을 분명히 가르치십니다. 그리스도의 피를 "함께" 나누어 마신 성도들은 자신에게 잘못을 저지른 사람을 용서할 준비가 되어 있어야 합니다. 용서할 마음을 가지고 서로를 대해야 한다는 것입니다. 하지만 실제로 용서하는 것은 '회개가 있을 때'입니다. 그것이 교회의 질서와 성도의 교제를 바르게 세우는 방식입니다. 그리고 사실 하나님께서 성도를 용서해 주시는 방법이기도 합니다.

만일 우리가 우리 죄를 자백하면 그는 미쁘시고 의로우사 우리 죄를 사하시며 우리를 모든 불의에서 깨끗하게 하실 것이요 **_요한1서1:9**

하나님은 용서할(?) 마음이 충만하신 분입니다. 그렇기에 그리스도를 보내셔서 용서할 수 있는 만반의 채비를 하셨습니다. 아무도 멸망하지 않고 다 회개하기를 원하십니다(벧후 3:9). 누구든지 자기 죄를 자백하면 하나님은 용서해 주십니다.[116] 초대 교회를 일으킨 베드로의 설교도 회개 위에 있는 용서의 신학에 관한 것이었습니다.

베드로가 이르되 너희가 회개하여 각각 예수 그리스도의 이름으로 세례를 받고 죄 사함을 받으라 그리하면 성령의 선물을 받으리니 **_사도행전2:28**

회개하고 용서를 받는 것입니다. 용서는 회개한 후에 하는 것입니다. 성경의 모든 본문은 이 신학에서 벗어난 적이 없습니다. 탕자의 비유도 마찬가지입니다. 아버지는 탕자, 곧 둘째 아들이 돌이켜서 아버지 집으로 돌아왔기 때문에 놀랍게도 용서해 준 것입니다. 탕자는 회개하였기 때문에 아버지의 용서를 만난 것입니다. 구약의 역사서는 하나님께서 용서할 준비가 다 되셨으니 진심으로 회개하라는 선지자들의 외침이 주를 이루었고, 신

116 구원론의 일부를 설명한 것입니다. 필자는 개혁 신학이 가르치는 구원의 서정을 따르고 있습니다.

약의 복음서는 '회개하라'는 세례 요한의 외침으로 시작되었습니다. 신약의 서신서는 각 교회들에게 복음의 정수를 알리고 죄와 잘못에서 돌이킴으로 복음에 합당한 삶을 살 것을 가르치는 사도들의 교훈입니다. 성경 전체는 회개와 용서를 가르칩니다. 칼뱅은 다음과 같이 말합니다.

> 복음의 총제를 회개와 죄 사함에 있는 것으로 보는데, 이는 그만한 이유가 있는 것이다. … 죄 사함과 용서가 복음을 전함으로 말미암아 베풀어져서 죄인으로 하여금 사탄의 권세와 죄의 멍에와 악의 비참한 굴레에서 자유케 되어 하나님 나라로 옮겨 가도록 만들어 주는 것이므로, 스스로 과거의 삶의 잘못된 것들을 고치고 올바른 길로 돌이키며, 또한 회개를 실행하는 데 온 노력을 기울이게 되지 않고서는 복음의 은혜를 받았다고 말할 수가 없는 것이다.[117]

용서와 회개의 관계

용서가 없는 교회는 복음의 기쁨을 드러낼 수 없고, 회개가 없는 교회는 복음의 질서를 세울 수 없습니다. 그러므로 그리스도의 몸 된 교회는 회개 위에 서 있는 용서의 신학을 잘 만들어 가야 합니다. 모든 성도들은 자신이 그리스도 안에서 하나님의 용서를 충만하게 받았음을 늘 기억해야 합니다. 성찬이 이 사실을 가르칩니다. 성찬에서 우리가 마시는 포도주는 우리가 죄 사함을 얻게 하려고 흘리신 그리스도의 피입니다. 이 언약의 피로 말미암아 우리는 하나님의 용서를 받았습니다. 그러므로 성도는 마

---

117 존 칼빈, 『기독교강요』(중)(고양: 크리스찬다이제스트, 2003), 82.

음속에 하나님의 용서를 가득 품고 있어야 합니다. 자신에게 잘못을 저지르고 피해를 입힌 성도를 마음속에 가득 담긴 하나님의 용서로 용서하려고 준비하고 있어야 합니다. 하지만 아무것도 하지 않는 사람을 용서해 주어서는 안 됩니다. 그 용서는 그 사람에게 값싼 용서, 쉬운 용서가 될 것이고, 그 사람은 같은 잘못과 실수를 반복하게 될 것입니다. 그 용서를 받은 사람은 복음의 내용을 왜곡해서 이해할 것입니다. 하나님의 용서도 '하찮은 용서' 정도로 받아들일 수 있기 때문입니다. 당연히 교회의 권위와 질서도 무시할 것입니다. 용서는 '회개를 이끌어 낸 후에 해 주는 것'입니다. 잘못의 대가와 죄의 무거움을 일깨운 후에 베푸는 용서는 용서받은 당사자에게 큰 감동을 줍니다. 하찮은 용서 정도가 아니라 감사하는 용서가 된다는 것입니다.

탕자의 비유를 생각해 봅시다. 둘째 아들은 타국에서 재산을 탕진한 채 궁핍한 생활을 이어 갑니다. 만약 아버지가 타국까지 와서 둘째 아들을 데리고 갔다면 회개 없는 용서가 됩니다. 하지만 이 비유는 그렇게 전개되지 않습니다. 아버지는 집에서 꼼짝하지 않습니다. 마을 어귀까지 나오기는 했지만 그 이상 나가지 않습니다. 기다릴 뿐입니다. 결국 둘째 아들은 자기 죄를 깨닫고 아버지 집을 향합니다. 아버지는 그를 한껏 안아 주고 잔치를 베풉니다. 충만한 용서를 베푼 것입니다.

회개와 용서를 위한 구체적인 방법

용서함으로 성찬의 사랑을 실천한다는 것은 이와 같습니다. 누군가가 자신에게 잘못을 저지른다면, 혹은 죄를 지었다면 용서할 준비를 해야 합니다. 완전하고 충만한 용서를 준비해야 합니다. 그런 후에 그가 할 수 있는 일은 경고하고(눅 17:3), 관계를 차단하며(고전 5:9-10), 기다리는 것(눅 15:20)입니다. 용서할 마음을 갖추는 것과 질서를 따라 행동하는 것은 아주 중요합니다. 이 둘 중 하나라도 없으면 참된 용서를 해 줄 수 없습니다. 특히 용서에서 질서를 따라 행동하는 것은 꼭 필요한 일입니다..

먼저 나에게 잘못한 사람, 혹은 공적인 죄를 지은 사람에게 경고해야 합니다. 그 행동이 나에게 정신적, 신체적, 관계적 피해를 입혔다거나 그 행동이 죄라는 것을 분명하게 경고해야 합니다. 아무 일도 없는 듯 넘어가는 것은 누구에게도 도움이 되지 않습니다. 보통의 사람들은 잘못을 저지르고도 반성하거나 회개하지 않고 그저 새롭게 출발하고 싶어 합니다. 하지만 이것은 반복되는 죄를 만들어 낼 뿐입니다. 용서를 경험하지 못하여 그 마음이 더욱 완고해지기 때문입니다. 그러므로 반드시 경고해야 합니다.

다음으로 말로든 행동으로든 경고하였음에도 불구하고, 여전히 똑같은 행동을 유지한다면 관계를 차단할 필요가 있습니다. 관계를 차단하는 것은 그가 한 행동이 바르지 못함을 알려 주는 더 강력한 경고입니다. 돌이킴 없이 새롭게 출발할 수 없음을 알려 주는 교훈적 행동이기도 합니다.

만약에 아무런 반성도 없고 변화도 없는, 그저 새롭게 출발하고 싶어 하는 사람과 똑같은 관계를 맺게 된다면, 그 사람은 자신이 무엇을 잘못했는지 모른 채 이전 같은 방식의 잘못을 또 저지를 것입니다. 엄밀하게 보자면, 이것은 죄를 부채질하는 것입니다. 그러므로 돌이키지 않고 그냥 가볍게 새로 시작하고자 하는 사람과 사귀지 않는 것은 그런 방식으로는 아무것도 변하지 않음을 가르치는 교훈적 행동입니다.

그리고 기다려야 합니다. 아버지가 둘째 아들을 기다린 것처럼, 그가 진심으로 깨닫고 돌이킬 때까지 기다려야 합니다. 새롭게 노력하는 모습이 보인다고 해서 쉽게 관계를 회복하려고 하거나 경고를 철회해서는 안 됩니다. 쉽게 관계를 회복하게 되면, 그는 새롭게 출발하는 자신의 방식을 신뢰하게 됩니다. 자신이 노력하는 대로 관계를 조정할 수 있다는 허황된 자신감을 갖게 된다는 것입니다. 그는 아무런 용서도 경험하지 못한 채 비슷한 잘못과 죄로 점철된 고집스러운 인생을 살고 말 것입니다.

하찮은 용서가 아니라 놀라운 용서를 해 주기 원한다면 우리는 성경이 가르치는 용서의 질서를 따라야 합니다. 용서해야 합니다. 그러나 질서 안에서 해야 합니다. 사랑해야 합니다. 그러나 질서 안에서 해야 합니다. 질서 안에서 충만한 사랑과 충만한 용서를 하는 것, 그것이 성찬의 사랑을 실천하는 원리입니다.

사랑을 말하다

여덟째

여덟째,
사랑으로 살아가는 그리스도인

앞 장 요약

하나님의 거룩한 사랑과 그분을 닮아 가는 그리스도인의 거룩한 사랑은 거룩한 질서 안에서 충만한 사랑을 실천하는 것입니다. 충만한 사랑이 거룩한 질서를 깨뜨려서는 안 되고, 동시에 거룩한 질서 때문에 충만한 사랑을 배제해서는 안 됩니다. 질서를 따라 충만한 사랑을 베풀고, 충만한 사랑을 담아 질서를 세워 가는 것, 그것이 바로 거룩한 사랑입니다. 안타까운 현실은 오늘날 많은 교회가 거룩한 질서를 무시한 채 충만한 사랑만을 강조해 왔다는 점입니다. 사랑은 늘 충만해야 하기에 질서는 때때로 무시할 수 있다고 은근히 가르친 것입니다. 사랑에 대한 왜곡된 가르침 탓에 교회가 질서를 잃었고, 교회 안에서 자기 충족과 자기 확장을 원하는 사람들만이 교회를 가득 채우게 되었습니다. 사랑의 통치라는 개념이 교회에서 사라져 버린 것입니다. 그렇기에 교회는 거룩한 사랑을 힘써 가르쳐야 합니다. 사랑의 통치를 가르쳐야 하고, 성찬의 사랑을 가르쳐야 합니다. 한쪽으로 기울어진 무게를 바로 잡아야 한다는 것입니다.

거룩한 질서와 충만한 사랑 사이

그러나 거룩한 사랑을 가르칠 때는 항상 신중해야 합니다. 질서에 대한 강조가 자칫하면 충만한 사랑을 앗아갈 수 있기 때문입니다. 거룩함을 세운다는 명목으로 사랑을 쪼그라뜨려서는 안 된다는 것입니다. 이것은 특히, 교회가 주의해야 할 부분입니다.

신학을 추구함이 복음의 기쁨을 제거하지 않도록 해야 하고, 교리를 공부함이 사랑하는 삶을 경시하지 않도록 경계해야 합니다. 신학으로 복음의 기쁨을 누리고, 교리로 더욱 사랑하도록 만드는 것, 그것이 교회의 사명입니다. 그런 의미에서 거룩한 사랑을 다룰 때 질서를 가르칠 뿐만 아니라 그 질서 안에 사랑이 가득 채워져야 한다는 것도 강조해야 합니다. 거룩함이라는 상자 안에 사랑이라는 내용물을 꽉 채워서 선물해야 한다는 것입니다.

충만한 사랑의 기본적 요소, 긍휼과 자비

긍휼은 충만한 사랑을 이루는 기본적인 감정입니다. 긍휼의 사전적 의미는 '측은히 여김', '불쌍히 여겨 동정함', '상대방에 대한 불붙는 마음' 등입니다. 성경 속에서 긍휼이라는 감정은 자비라는 행위와 늘 함께합니다. 누군가를 긍휼히 여기면 그 누군가에게 반드시 자비를 베풀게 됩니다. 긍휼은 히브리어로 "헤세드"[118]라고 합니다. 헤세드를 가장 잘 보여 주는 이야기가 룻기에 있습니다. 보아스는 룻을 불쌍히 여김으로 자비를 베풉니다. 선한 사마리아인의 비유도 헤세드를 말합니다. 비유에 등장하는 사마리아인은 강도당한 이웃을 불쌍히 여김으로 자비를 베풉니다. 이 두 가지 이야기의 공통된 교훈은 '하나님은 누군가를 긍휼히 여겨서 자비를 베푸는 행위를 매우 귀하게 보신다'는 것입니다.

긍휼한 마음으로 자비를 베풀라

긍휼한 마음과 자비로운 행위가 없는 사랑은 사랑이 아니다

누군가를 긍휼히 여기는 마음은 충만한 사랑의 기초입니다. 긍휼한 마음으로 말미암아 애틋한 감정이 생기고 친절히 대하고 싶은 의지가 생깁니다. 긍휼한 마음 때문에 오래 참을 수 있고 온유할 수 있으며 시기하지 않고 자랑하지 않을 수 있습니다. 무엇보다 긍휼한 마음은 자비를 베풀게 합니다. 긍휼한 마음이 사랑의 기초라면 자비를 베푸는 행위는 사랑의 내

---

118 헤세드(*hesed*)는 '강한 자가 약한 자에게 그럴 만한 조건이나 자격이 없음에도 불구하고 친절을 베푸는 것'입니다. 특히, 이 단어는 하나님의 언약적인 사랑을 표현할 때 많이 등장합니다. 하나님은 약한 자의 조건이 아니라 당신이 맺으신 언약에 기초해서 택하신 백성들에게 친절을 베푸십니다.

용입니다. 자비를 베푸는 행위가 없이 사랑은 성립될 수 없습니다. 자비 없는 사랑은 사랑이 아닙니다.

> 누가 이 세상의 재물을 가지고 형제의 궁핍함을 보고도 도와줄 마음을 닫으면 하나님의 사랑이 어찌 그 속에 거하겠느냐 18 자녀들아 우리가 말과 혀로만 사랑하지 말고 행함과 진실함으로 하자 **_요한일서 3:17-18**

자비 사역의 우선적 대상

사도 요한은 하나님의 사랑을 마음속에 가진 자는 긍휼한 마음으로 자비를 베푼다고 말합니다. 형제의 궁핍함을 보고도 도와줄 마음을 닫는 사람, 곧 긍휼한 마음으로 자비를 베풀지 않는 사람은 그 마음속에 하나님의 사랑이 없는 것입니다. 주목할 점은 사도 요한이 '형제'를 도우라고 말한 부분입니다. 이 세상의 재물을 가지고 먼저 도와주어야 할 사람은 '형제'입니다. 즉, 자비 사역의 우선적 대상은 "함께" 그리스도의 몸을 이루고 있는 성도입니다. 사도행전 2장은 초기 교회의 자비 사역을 증거합니다. 다음과 같습니다.

> 그들이 사도의 가르침을 받아 서로 교제하고 떡을 떼며 오로지 기도하기를 힘쓰니라 사람마다 두려워하는데 사도들로 말미암아 기사와 표적이 많이 나타나니 믿는 사람이 다 함께 있어 모든 물건을 서로 통용하고 또 재산과 소유를 팔아 각 사람의 필요를 따라 나눠 주며 날마다 마음을 같이하여 성전에 모이기를 힘쓰고 집에서 떡을 떼며 기쁨과 순전한 마음으로 음식을 먹고 하나

> 님을 찬미하며 또 온 백성에게 칭송을 받으니 주께서 구원 받는 사람을 날마
> 다 더하게 하시니라 **_사도행전 2:42-47**

그 마음속에 하나님의 사랑을 소유한 사람은 자기의 것을 기꺼이 성도와 나눕니다. 자기의 재산과 소유를 팔아 각 사람의 필요를 따라 나눠 줍니다. 사도행전 6장은 교회의 자비 사역을 좀 더 구체적으로 알립니다. 교회는 당시 빈곤층에 속했던 과부들을 구제했습니다. 또한 집사를 세워서 이 사역을 체계화합니다. 집사는 교회의 자비 사역을 담당하는 직분입니다. 교회의 자비 사역은 초기 교회에서 잠깐 행해진 일이 아닙니다. 바울에 따르면, 교회의 자비 사역은 계속됩니다.

> 그러나 이제는 내가 성도를 섬기는 일로 예루살렘에 가노니 이는 마게도냐와
> 아가야 사람들이 예루살렘 성도 중 가난한 자들을 위하여 기쁘게 얼마를 연
> 보하였음이라 **_로마서 15:25-26**

예루살렘교회는 기근과 핍박으로 가난에 시달리고 있었습니다. 이 소문을 들은 이방 지역의 교회들이 돈을 모았습니다. 바울은 예루살렘 성도 중 가난한 자를 위하여 기쁘게 얼마를 연보한 돈을 가지고 예루살렘에 간다고 말합니다.

자비 사역과 신앙의 관계

고린도교회는 이 자비 사역에 참여한 교회 중 하나였습니다. 바울은 고린도교회를 칭찬합니다. 그리고 자비 사역의 의미를 가르칩니다. 다음과 같습니다.

> 하나님이 능히 모든 은혜를 너희에게 넘치게 하시나니 이는 너희로 모든 일에 항상 모든 것이 넉넉하여 모든 착한 일을 넘치게 하게 하려 하심이라 기록된바 그가 흩어 가난한 자들에게 주었으니 그의 의가 영원토록 있느니라 함과 같으니라 심는 자에게 씨와 먹을 양식을 주시는 이가 너희 심을 것을 주사 풍성하게 하시고 너희 의의 열매를 더하게 하시리니 너희가 모든 일에 넉넉하여 너그럽게 연보를 함은 그들이 우리로 말미암아 하나님께 감사하게 하는 것이라 **_고린도후서 9:8-11**

첫째, 하나님께서 모든 것을 넉넉하게 주시는 이유는 착한 일을 넘치도록 하게 하시기 위해서입니다. 즉, 자비 사역을 위해 우리를 넉넉하게 하십니다. 둘째, 자비 사역은 의로운 사역입니다. 즉, 자비 사역은 그리스도의 의를 입은 성도의 열매입니다. 셋째, 사람이 베푼 자비의 혜택을 받은 자는 하나님께서 베푸시는 자비로운 손길을 깨닫고 감사합니다. 그러므로 교회 안에서 궁핍한 성도들을 향한 자비 사역은 신앙의 절정이라고 말할 수 있습니다.

고대 교회는 자비 사역을 상당히 중시했습니다. 자비 사역은 그리스도인 됨을 드러내는 가장 중요한 열매였습니다. 헬라 철학, 그중에서도 스토아 철학이 지배하던 당시 사회에서 가난한 자들은 철저히 소외되었습니다. 그들을 도와주는 행위는 어리석고 천박한 것으로 여겨졌습니다. 그리스도인들은 당시의 문화를 거슬러서 자비 사역을 적극적으로 실천하여 스스로 그리스도인 됨을 나타냈습니다. 자비 사역은 그리스도인의 정체성이었습니다. 그리스도인의 자비 사역은 고대 사회에 울림을 주었고 많은 사람들이 교회의 문을 두드리게 되는 긍정적 결과를 가져왔습니다. 고대 교회에서의 자비 사역은 그리스도인의 정체성을 드러내는 행위였으며, 동시에 전도의 수단이었습니다.

자비 사역은 선택이 아니다

고대 교회와는 달리 현대 교회에서는 자비 사역을 선택적인 것으로 여기는 경향이 있습니다. 궁핍한 형제를 보고서도 자비를 베풀지 않으면 그 마음속에 하나님의 사랑이 없는 것이라는 사도 요한의 말씀에도 불구하고 신앙과 자비 사역을 하나로 연결하지 않습니다. 헌금하는 것으로 모든 의무를 다했다고 믿습니다. 자신이 낸 십일조로 교회가 알아서 자비 사역을 진행하면 된다고 생각하는 것입니다. 칼뱅은 다음과 같이 말합니다.

> 부자가 자기의 소유 가운데 얼마를 헌납한 다음 이제 자기는 할 일 다했다는 식으로 나머지 부담을 다른 사람들에게 떠넘기는 경우를 얼마나 많이 보는가? 누구든지 이웃에게 빚을 지고 있다고 여겨야 할 것이다. 그리하여 힘이

닿는 한 최대한으로 끝까지 이웃을 도와야 할 것이다.[119]

자비 사역을 가르치는 선한 사마리아인의 비유를 살펴봅시다.

> 어떤 율법 교사가 일어나 예수를 시험하여 이르되 선생님 내가 무엇을 하여야 영생을 얻으리이까 … 네 생각에는 이 세 사람 중에 누가 강도 만난 자의 이웃이 되겠느냐 이르되 자비를 베푼 자니이다 예수께서 이르시되 가서 너도 이와 같이 하라 하시니라 _**누가복음 10:25-37**

영생 얻는 방법을 묻는 율법 교사에게 예수님은 하나님을 사랑하고 이웃을 사랑하라고 말씀하십니다. 율법 교사는 이웃이 누구인지를 묻습니다. 그 물음에 대한 답변이 바로 선한 사마리아인의 비유입니다. 이 비유의 결론은 '이와 같이 하라'입니다. 이 비유에서 우리는 신앙의 특징이 단순히 헌금의 의무를 다하는 것만이 아님을 깨닫습니다. 율법의 의무를 수행하는 것으로 신앙을 해석한 사람은 오히려 선한 사마리아인의 비유에 등장하는 제사장과 레위인입니다. 예수님은 그런 방식이 참된 신앙이 될 수 없고, 자비 사역이 동반된 신앙만이 참된 신앙이 될 수 있다고 말씀하십니다. 아우구스티누스는 자비 사역이 동반되지 않는 회개는 아무짝에도 쓸모없는 가짜 회개라고 말합니다.

---

119 존 칼빈, 『기독교강요』(중)(고양: 크리스챤다이제스트, 2003), 213.

> 죄에 대한 회개는 진정 우리를 더 나은 사람으로 바꿔 놓습니다. 하지만 회개에 이어 자선을 베푸는 일이 따르지 않으면, 그런 회개는 우리 자신을 위하여 별로 쓸모가 없습니다.[120]

그는 암브로시우스나 크리소스토무스처럼 자신이 가진 것을 가난한 사람들과 나누지 않는 것은 남의 것을 훔치는 도둑질과 같다고 말합니다. 부자들의 잉여는 가난한 사람의 필수품이기 때문에 남은 재산, 남은 물건은 우리의 것이 아니라고도 말합니다. 아우구스티누스는 모든 그리스도인들이 자비 사역에 힘을 기울여야 한다고 강조했는데, 그의 발언은 복음서에 기초합니다. 예수님은 영생 얻는 방법을 묻는 부자 청년에게 재산을 팔아서 가난한 자들에게 나눠 주고 자신을 따르라고 말씀하셨고, 마지막 심판 때에는 지극히 가난한 자에게 행한 그 일로 양과 염소를 나눈다고 말씀하셨습니다. 이것은 행위를 통한 구원을 말하는 것이 아니라 자비로운 행위가 구원의 참된 열매라고 말하는 것입니다. 그러므로 긍휼한 마음으로 자비를 베푸는 행위를 선택할 수 있다고 생각하는 것은 옳지 못합니다. 그것은 참으로 구원받은 사람 모두에게 나타나는 열매입니다. 십일조를 내거나 후원금을 내는 수준으로 자비 사역을 끝냈다고 생각해서는 안 됩니다.

---

120 노성기, “자선에 대한 교부들의 가르침”, 『신학전망』, 175호(2011): 293.

자비 사역은 내 손해가 전제된 사랑의 실천이다

자비 사역에는 일정한 손해가 전제됩니다. 팀 켈러는 조나단 에드워즈를 인용해서 다음과 같이 말합니다.

> 많은 경우에 우리는 손해 보지 않고 남을 도울 수 없다. 그럴 때는 복음의 규율에 따라 마지못해 다른 사람들에게 베풀곤 한다. 이웃의 어려움과 필요가 우리보다 훨씬 더 커서 우리가 도와주지 않고는 그가 어려움을 헤쳐 나올 방도가 없다면, 우리는 기꺼이 그와 고통을 분담해야 한다. 그렇지 않다면, 서로 짐을 나눠 지라는 말씀을 어떻게 성취할 수 있겠는가? 우리에게 다른 사람의 짐을 덜어 줄 의무가 없고 아무 부담 없이 여유로울 때만 돕는다면, 전혀 부담되지 않는데 어떻게 이웃의 짐을 나눠 졌다고 할 수 있단 말인가?[121]

종교개혁자들은 개인의 생활 수준이 낮아질 정도로 궁핍한 형제를 위한 자비 사역이 이루어져야 한다고 가르쳤습니다. 칼뱅은 그리스도인의 삶의 요체가 자기를 부인하고 이웃을 사랑하는 것이라고 말합니다. 이웃 사랑은 구체적으로 이웃의 유익을 구하는 것입니다. 이웃의 유익을 구하는 것은 우리가 가지고 있는 소유물을 나누는 것입니다.

> 주님이 우리에게 무엇을 주셨든지 간에 그것은 교회의 공통의 유익을 위하여 사용한다는 조건으로 주신 것이며, 따라서 우리가 받은 모든 선물들을 정당하게 사용하는 길은 바로 그것들을 다른 사람들과 아낌없이 나누는 것이라

---

121 팀 켈러, 『여리고 가는 길』(파주: 비아토르, 2017), 104.

는 사실을 일깨워 준다. 우리가 소유하고 있는 모든 것들은 우리 이웃의 유익을 위하여 나누고자 하는 목적을 위하여 하나님께서 우리에게 맡기신 위탁물이라고 하는데, 이보다 더 확실한 원리가 어디 있으며, 이보다 강력한 권고가 과연 어디 있겠는가?[122]

칼뱅은 우리가 소유물을 정당하게 사용하는 길은 그것을 이웃의 유익을 위하여 나누는 것이라고 말합니다. 자기 재산에 손해가 될 정도로 베풀지 않으면 진정한 의미의 자비 사역이 아닙니다.

우리에게 부가 주어진 이유

물론 성경은 사유 재산을 인정합니다. 정당한 방법으로 부를 쌓는 것도 인정합니다. 하지만 동시에 모든 넉넉함은 자비 사역을 위한 것이라고 가르칩니다.

가난한 자에게 구제할 수 있도록 자기 손으로 수고하여 선한 일을 하라
_에베소서 4:28

네가 이 세대에서 부한 자들을 명하여 마음을 높이지 말고 정함이 없는 재물에 소망을 두지 말고 오직 우리에게 모든 것을 후히 주사 누리게 하시는 하나님께 두며 선을 행하고 선한 사업을 많이 하고 나누어 주기를 좋아하며 너그러운 자가 되게 하라 **_디모데후서 6:17-18**

---

122 존 칼빈, 『기독교강요』(중)(고양: 크리스챤다이제스트, 2003), 209–210.

바울에 따르면, 성도는 가난한 자를 구제할 수 있도록 일을 해야 합니다. 또한 교회는 부자들에게 선을 행하고 선한 사업을 많이 하며 즐거이 나누어 주라고 가르쳐야 합니다. 우리는 우리에게 여유로운 모든 것들을 자비 사역을 위하여 사용해야 합니다. "나 같은 죄인 살리신"(amazing grace)의 작사자 존 뉴턴은 단순한 삶을 권면하면서 다음과 같은 경제생활을 요청합니다.

- 기초 생필품만으로 사는 생활 수준을 선택하라.
- 접대와 오락에 사용할 돈을 가난한 사람들을 위해 돕는 가족 사역에 사용하라.
- 저축이나 은퇴 준비보다 가난한 사람들에게 베푸는 데 우선순위를 두라.[123]

오늘날의 관점에서는 상당히 극단적인 주장처럼 보이지만, 18-19세기 청교도적 생활을 추구하던 사람들에게는 자연스러운 가르침이었습니다. 존 웨슬리는 "기초 생필품 이상을 소유한 그리스도인은 주님을 공공연하게 습관적으로 부인하는 것으로, 그는 부와 지옥불을 얻은 셈이라고 단호히"[124] 말했다고 합니다. 역사상 최고의 부를 지녔지만 역사상 미래를 가장 크게 염려하는 요즘 세대에게는 전혀 와닿지 않는 말일 것입니다. 하지만 주관적인 견해나 느낌과 상관없이 성경은 생활 이상의 '부'를 자비 사역을

---

123 팀 켈러, 『여리고 가는 길』(파주: 비아토르, 2017), 98.
124 위의 책, 98.

위해 사용해야 한다고 분명히 가르칩니다. 칼뱅은 신명기 24장 설교에서 "부자들은 하나님의 선하심을 따라 그들의 손에 주어진 물질들을 분배함으로써 가난한 자들의 봉사자가 되어야 하는 조건으로 보다 큰 부요를 받은 것"[125] 이라고 말합니다. 부는 하나님께서 맡기신 것입니다. 맡겨진 부를 통해 즐거움을 누리는 것도 옳습니다. 하지만 부의 또 다른 목적, 곧 자비를 위한 사역도 반드시 해야 합니다. 자비 사역의 일차적인 대상은 교회 안의 궁핍한 형제입니다.

> 가난한 사람을 도우라는 성경 말씀들을 쓱 훑어보기만 해도 대부분의 본문이 가난한 형제, 곧 가난한 그리스도인을 언급하고 있음을 알 수 있습니다. … 그리스도인이 자비 사역에서 첫 번째로 책임질 대상은 다른 그리스도인들, 곧 가장 가까운 언약 관계에 있는 자들입니다.[126]

자비 사역의 이차적 대상

그러나 그것만으로 충분하지는 않습니다. 성경은 교회 안의 궁핍한 형제를 우선적으로 하되 세상 속의 가난한 사람들을 향해서도 긍휼한 마음으로 자비로운 사역을 해야 한다고 가르칩니다. 칼뱅도 신명기 24장 설교에서,

---

125 이환봉, "부와 재산에 대한 칼빈의 견해", 『논문집: 고신대학교』, 22호(1995): 6.
126 팀 켈러, 『여리고 가는 길』(파주: 비아토르, 2017), 112-115.

부자와 가난한 자의 이러한 상호 봉사의 관계는 기본적으로 교회 생활 속에서 이루어진다. … 이러한 사랑과 보호를 통한 교회의 자비는 모든 국경들과 민족적, 교회적 한계를 초월하는 것임을 강조하였다. 하나님은 고아와 가난한 과부와 같은 돈과 힘이 없는 많은 사람들을 위시하여, 우리와 아무런 직접적 관련이 없는 '가난한 나그네들'까지도 돌보아 줄 것을 명령[127]

신명기 24장에는 다음과 같은 구절이 있습니다.

네가 밭에서 곡식을 벨 때에 그 한 뭇을 밭에 잊어버렸거든 다시 가서 가져오지 말고 나그네와 고아와 과부를 위하여 남겨 두라 그리하면 네 하나님 여호와께서 네 손으로 하는 모든 일에 복을 내리시리라 _신명기 24:19

나그네는 이방인입니다. 소위 말하는 불신자입니다. 하나님은 불신자를 위해서도 자비를 베풀라고 말씀하십니다. 바울은 갈라디아서에서 좀 더 직접적으로 말합니다.

그러므로 우리는 기회 있는 대로 모든 이에게 착한 일을 하되 더욱 믿음의 가정들에게 할지니라 _갈라디아서 6:10

'착한 일'은 자비 사역을 의미합니다. 이 구절은 착한 일, 곧 자비 사역의 순서를 지정해 주고 있는데, 먼저는 믿음의 가정들에게, 다음에는 모든 이

---

127 이환봉, "부와 재산에 대한 칼빈의 견해", 『논문집: 고신대학교』, 22호(1995): 7.

에게 하라고 합니다.

충만한 사랑은 자비 사역을 통해 내 수준을 낮추는 사랑이다

하나님의 긍휼을 받은 사람답게 우리의 마음속에는 긍휼이 넘쳐 나야 합니다. 참된 신앙으로부터 우러나온 긍휼한 마음은 우리로 하여금 우리의 생활 수준을 낮추기까지 자비로운 행위를 계속하게 만듭니다. 교회 안의 성도들을 위해 그렇게 하게 하고, 교회 밖의 이웃들을 위해 그렇게 하게 합니다. 그럴 때에 우리는 비로소 충만한 사랑을 할 수 있습니다. 앞서 말한 것처럼, 거룩한 질서 안에 터질 듯 담긴 충만한 사랑은 이와 같은 모습입니다. 우리는 현재 우리 자신의 사랑을 정직하게 살펴봐야 합니다. 남는 관심과 남는 열정과 남는 돈 몇 푼 사용하고서 사랑했다고 착각해서는 안 됩니다. 하나님께서 우리에게 요구하시는 충만한 사랑은 우리의 모든 것을 낮추면서까지 하는 사랑입니다. 자존심을 낮추고, 나를 위한 시간 사용을 낮추고, 생활 수준을 낮추면서 가난하고 연약한 성도를 구제하는 것입니다. 넘치는 긍휼로 그를 위해 해 줄 수 있는 바를 힘껏 해 주는 자비로운 행위가 바로 충만한 사랑입니다. 몇 가지 요식 행위가 아니라 실제 자신을 부어 주는 사랑, 바로 그런 사랑이 거룩함 속에 담겨야 한다는 것입니다.

난한 자를 불쌍히 여기는 것은 여호와께 꾸어 드리는 것이니 그의 선행을 그에게 갚아 주시리라 _**잠언 19:17**

하나님은 가난한 자를 불쌍히 여김으로 자비를 베푸는 것은 곧 자신에게 한 것이라고 말씀하십니다. 예수님도 지극히 작은 자에게 행한 자비로운 행위는 곧 자신에게 한 것이라고 말씀하십니다. 자비 사역은 그만큼 중요하고 긴급한 것입니다.

굶주리신 그리스도께 먹을 것을 드리면 얼마나 큰 상을 받게 되는지, 굶주리신 그리스도를 외면하는 것이 얼마나 큰 범죄인지 생각해 봅시다(아우구스티누스).[128]

긍휼한 마음으로 친절을 베풀라

친절의 의미와 특징

긍휼한 마음으로 자비를 베푸는 행위 안에는 친절이 포함됩니다. 그럼에도 불구하고 굳이 자비와 친절을 구분한 이유가 있습니다. 자비는 물질의 헌신이 반드시 필요한 반면, 친절은 물질의 헌신 없이도 베풀 수 있는 행위이기 때문입니다. 사전적 의미를 따르면, 친절은 "정성스럽게 대하는

---

128 노성기, "자선에 대한 교부들의 가르침", 「신학전망」, 175호(2011): 293.

태도"입니다. 누군가를 긍휼히 여기는 마음은 그 누군가를 정성스럽게 대하게 합니다. 즉, 친절을 베풀게 합니다. 친절은 거룩한 사랑의 매우 기본적인 태도입니다. 특히, 긍휼한 마음으로 베푸는 친절은 교회 밖 이웃들을 대할 때 꼭 필요한 태도입니다.

하나님께서 보여 주신 친절한 사랑

성경은 친절이 성도가 세상에서 보여 줘야 하는 사랑이라고 가르칩니다. 왜냐하면 하나님 당신께서 세상을 그렇게 대하시기 때문입니다.

> 오직 너희는 원수를 사랑하고 선대하며 아무것도 바라지 말고 꾸어 주라 그리하면 너희 상이 클 것이요 또 지극히 높으신 이의 아들이 되리니 그는 은혜를 모르는 자와 악한 자에게도 인자하시니라 _**누가복음 6:35**

하나님은 은혜를 모르는 자와 악한 자에게도 인자하십니다. 여기서 말하는 인자함이 바로 친절입니다. NIV 성경은 "He is kind to the ungrateful and wicked"로 번역하여 그 의미를 더욱 살리고 있습니다. 하나님은 불신자, 더 나아가 악한 자에게까지 친절을 베푸십니다. 친절은 하나님의 성품이기에 하나님의 형상을 회복한 성도들은 이 세상에서 친절한 성품으로 살아가는 것이 당연합니다. 다음을 읽어 보십시오.

> 성경은 정말 놀라운 이유를 제시해 준다. 곧, 사람들이 어떤 자격이 있는지를 보지 말고, 모든 사람에게 존재하는 하나님의 형상을 - 우리가 존귀와 사랑을 받는 것이 전부 그 하나님의 형상 덕분이다 - 보라고 말씀하는 것이다.[129]

거룩한 사랑과 친절한 사랑의 구분

교회 안에서 행하는 거룩한 사랑과 세상 속에서 행하는 친절한 사랑을 구분해야 합니다. 교회 안에서 행하는 거룩한 사랑의 신학적 토대는 '그리스도의 몸'입니다. 그리스도의 몸에 기초하여 우리는 거룩한 사랑을 해야 하고, 등록 교인 제도와 권징 제도를 통한 사랑의 통치를 받아야 하며, 성찬에 걸맞은 사랑을 해야 합니다. 이러한 사랑은 하나님의 법과 권위에 순종하는 사람들, 곧 하나님 나라에 속한 사람들에게 적용될 수 있습니다. 그러나 교회 밖에는 하나님의 법과 권위를 받아들이지 않는, 그리스도의 몸 밖에 있는 사람들이 대부분입니다. 그들에게 그리스도의 몸 된 지체에게 하는 것과 동일한 방식으로 거룩한 사랑을 시행할 수는 없습니다. 사랑의 통치를 행할 수도 없습니다. 성찬의 사랑을 실천할 수도 없습니다. 그들은 거룩한 사랑을 맛볼 수 있는 자격도 없고 능력도 없기 때문입니다.

---

129 존 칼빈, 『기독교강요』(중)(고양: 크리스챤다이제스트, 2003), 211.

세상에서 반드시 행해야 할 친절한 사랑

우리가 그들에게 보여 줄 수 있는 사랑은 하나님의 성품과 명령에 기초한 친절한 사랑입니다. 친절한 사랑은 모든 사람들이 받을 만한 사랑입니다. 누가복음 6장 35절에서 예수님께서 말씀하셨듯이, 이 사랑은 하나님 아버지께서 은혜를 모르는 자와 악한 자에게까지 베푸시는 사랑이기 때문입니다.

> 오직 너희는 원수를 사랑하고 선대하며 아무것도 바라지 말고 꾸어 주라 그리하면 너희 상이 클 것이요 또 지극히 높으신 이의 아들이 되리니 그는 은혜를 모르는 자와 악한 자에게도 인자하시니라 _**누가복음 6:35**

또한 이 사랑은 세상 사람들에게 남아 있는 사랑의 조각이기도 합니다. 부패한 사람들에게 하나님의 형상은 왜곡되고 오염되어 있지만 완전히 사라진 것은 아닙니다. 그 조각들을 어느 정도는 가지고 있습니다. 사랑에 관해서도 마찬가지입니다. 세상 사람들에게도 사랑의 관념이 부분적으로 남아 있어서, 서로 친절을 베풀고 가난한 사람들을 도우며 가능한 선하게 살려고 노력합니다. 즉, 친절한 사랑은 보편적인 사랑으로 세상 사람들과 공유할 수 있는 사랑입니다. 물론 하나님의 성품과 말씀을 따르는 성도들이 훨씬 더 올바르게 친절한 사랑을 할 수 있습니다. 또한 그렇게 해야 합니다. 세상 사람들은 친절한 사랑을 이해하고 좋아하기 때문에, 성도들은 긍휼한 마음으로 세상에서 만나는 모든 사람들을 정성스럽게 대해야 합니다. 친절한 사랑은 세상과 더불어 화목하게 살아가는 성도들의 기본적인 자세요 예의입니다.

친절한 사랑의 대상

방금 말한 것처럼, 친절한 사랑은 모든 사람들을 대상으로 합니다. 이 사랑은 복음에 합당한 삶 중에 하나입니다.

> 아무에게도 악을 악으로 갚지 말고 모든 사람 앞에서 선한 일을 도모하라 할 수 있거든 너희로서는 모든 사람과 더불어 화목하라 **_로마서 12:17-18**

바울은 로마서 1-11장에서 복음의 교리를 해설합니다. 그리고 12장부터는 복음에 합당한 삶을 가르치는데, 그중 하나가 바로 모든 사람과의 관계입니다. 당연히 세상 사람들까지 포함된 관계입니다. "모든 사람이 선하다고 생각하는 일을 하려고 애쓰십시오"(롬12;17, 새번역). 선한 일을 한마디로 말하자면, 친절한 사랑이라고 할 수 있습니다. 성도는 세상에서 만나는 모든 사람들을 선하게 대해야 합니다. 다투거나 성내지 말아야 합니다. 좋은 관계가 될 수 있도록 노력해야 합니다. 세상을 선대하시는 하나님의 마음과 방법을 따라 모든 사람들을 정성껏 대해야 합니다. 악한 세상이라고 대충 대해서는 안 된다는 것입니다.

> 여호와께서는 모든 것을 선대하시며 그 지으신 모든 것에 긍휼을 베푸시는도다 _시편145:9

시편의 저자는 하나님께서 모든 것을 향해 긍휼과 친절을 베푸신다고 노래합니다. 말 그대로 '모든 것'입니다. 이 세상의 모든 것은 하나님의 친절을 만나고 있습니다. 그러므로 성도는 마땅히 자신이 만나고 있는 모든 사람들에게 이 친절한 사랑을 전해야 합니다. 세상 사람들에게 무례하거나 무자비하거나 무관심해서는 안 됩니다. 무시하면서 함부로 대해서도 안 됩니다. 긍휼한 마음을 품고 최대한 정성껏 친절하게 대해야 합니다. 할 수만 있다면 화목한 관계를 이룰 수 있도록 노력해야 한다는 것입니다.

성경은 이 친절한 사랑을 심지어 악인에게까지 베풀어야 한다고 가르칩니다.

> 아무에게도 악을 악으로 갚지 말고 _로마서12:17
>
> 악을 악으로, 욕을 욕으로 갚지 말고 도리어 복을 빌라 이를 위하여 너희가 부르심을 받았으니 이는 복을 이어받게 하려 하심이라 _베드로전서3:9
>
> 삼가 누가 누구에게든지 악으로 악을 갚지 말게 하고 서로 대하든지 모든 사람을 대하든지 항상 선을 따르라 _데살로니가전서5:15

성경이 말하는 친절한 사랑을 베풀어야 하는 대상을 보십시오. "아무에게도"(롬 12:17), "누구에게든지"(살전 5:15), 그리고 "모든 사람을 대하든지"(살전 5:15)라는 말은 세상 사람들, 특히 나에게 악하게 대하는 사람까지도 이 사랑의 대상임을 가르치고 있습니다. 친절한 사랑은 악을 악으로 갚지 않습니다. 욕을 욕으로 갚지 않습니다. 도리어 그가 잘 되기를 바라는 마음으로 기도합니다. 악한 사람에게도 친절한 사랑을 베풀어야 하는 이유는 그도 하나님의 형상이기 때문입니다.

> 우리를 미워하는 자를 사랑하고, 악을 선으로 갚아 주며, 저주하는 자에게 축복한다는 것은 정말 어려운 일일 뿐 아니라 인간의 본성도 완전히 거스르는 일인데, 그런 일을 이룰 수 있는 길은 오직 한 가지밖에는 없다. 곧, 사람의 악한 것에 개의치 않고 그들 속에 있는 하나님의 형상을 바라보는 것이다. 그 하나님의 형상이 그 사람들의 잘못된 점들을 덮어 주고 제거시켜 주는 동시에, 그 형상의 아름다움과 위엄으로 우리를 이끌어서 그 사람들을 사랑하고 포용하게 만들어 주는 것이다.[130]

피해를 입히거나 악의적으로 모함을 하거나 이유 없이 적개심을 드러내는 사람과 화목하는 것은 쉽지 않습니다. 억지로 한다고 되지도 않습니다. 그래서 몇 가지 규칙이 필요합니다. 먼저, 최대한 해 보는 것입니다. 로마서 12장 18절은 "할 수 있거든"이라는 전제를 달아 놓습니다. 친절한 사랑을 베풀기 위해 할 수 있는 만큼 해 봐야 합니다. 둘째, 베드로는 악을 악으로, 욕을 욕으로 갚아 주는 대신에 그를 위해 기도할 것을 권면합니다. 악하게

130 위의 책 212.

대하는 사람에게도 정성껏 대하는 친절을 베풀어야 합니다. 하지만 그것조차 오해하고 싫어하는 사람을 만나기도 합니다. 그럴 때는 친절을 베푸는 행동을 계속하기보다는 한발 뒤로 물러나서 그를 위해 기도할 필요가 있습니다. 그를 향한 분노와 미움과 악한 생각을 버리고 참으로 그가 잘 되기를 바라는 마음으로 기도를 해야 합니다. 지혜가 필요한 경우가 많이 있지만 원리는 같습니다. 성도는 세상에서 만나는 모든 사람들을 정성껏 대해야 한다는 것입니다.

친절한 사랑의 열매

성도가 세상에서 친절한 사랑을 보여야 하는 이유가 있습니다. 하나님의 명령이기도 하지만, 그에 따른 열매가 있기 때문입니다.

> 이같이 너희 빛이 사람 앞에 비치게 하여 그들로 너희 착한 행실을 보고 하늘에 계신 너희 아버지께 영광을 돌리게 하라 **_마태복음 5:16**

> 너희가 이방인 중에서 행실을 선하게 가져 너희를 악행한다고 비방하는 자들로 하여금 너희 선한 일을 보고 오시는 날에 하나님께 영광을 돌리게 하려 함이라 **_베드로전서 2:12**

성도가 세상에서 만나는 모든 사람들에게 친절한 사랑을 베풀어야 이유는 그들로 하여금 하나님께 영광을 돌리도록 하기 위해서입니다. 소극적인 차원과 적극적인 차원에서 해석할 수 있습니다.

소극적인 차원은 하나님의 이름이 욕되지 않게 된다는 뜻입니다. 특히 오늘날 중요한 부분입니다. 무례한 그리스도인들 탓에 교회가 욕을 먹는 경우가 얼마나 많은지 모릅니다. 절에 들어가서 무너지라고 기도하고, 시주하는 스님의 머리에 손을 얹고 기도하며, 공공장소에서 마이크로 찬양을 하는 등, 일반적인 상식과 규칙에 맞지 않게 행동하는 그리스도인들이 많습니다. 정성껏 대하기는커녕 제멋대로 대하는 것입니다. 또한 직장이나 사회에서 거친 언사와 이기적인 태도와 악랄한 행동으로 눈살을 찌푸리게 만드는 그리스도인들도 많습니다. 세상 사람보다 더 불친절하고 악을 악으로 더 갚으며 더 계산적인 그리스도인이 많다는 것입니다. 이 모든 행동은 하나님의 이름을 욕되게 합니다. 친절한 사랑을 베풀어야 하는 이유 중 하나는 '하나님의 이름이 망령되게 일컬음을 받지 않도록 하기 위해서'(제3계명)입니다.

적극적인 차원에서 보자면, 친절한 사랑이 교회와 세상의 접점이 될 수 있기 때문입니다. 앞서 말한 것처럼, 친절한 사랑은 보편적인 사랑입니다. 세상과 공유할 수 있고, 세상이 이해할 수 있으며, 세상이 좋아하는 사랑입니다. 성도가 세상에서 만나는 모든 사람에게 친절한 사랑을 베풀면, 그들 중 누군가는 교회에 오고 싶어 할 수 있습니다. 친절한 사랑이 회심을 일으킬 수는 없지만, 복음의 통로가 될 수는 있다는 말입니다. 예수님은 성도의 착한 행실로 사람들이 하나님 아버지께 영광을 돌리게 하라고 말씀하셨고, 베드로는 비방하던 이방인까지 성도의 선한 일로 말미암아 하나님께 영광을 돌리게 된다고 말합니다. 세상에서 발휘되는 성도의 친절한 사랑은 세상 사람들을 하나님의 영광으로 인도하는 다리가 될 수 있습니다. 세상에서 만나는 모든 사람을 정성껏 대해야 하는 이유는 그들 중에 하나님의 택한 백성이 있을 수 있기 때문이라는 것입니다. 하나님의 영광을 위한다면, 성도는 직장과 사회에서 만나는 모든 사람들을 친절한 사랑으로 대해야 합니다.

거룩한 질서를 따르는 충만한 사랑, 자비와 친절

하나님의 거룩한 사랑과 그를 닮아가는 그리스도인의 거룩한 사랑은 거룩한 질서 안에서 충만한 사랑을 실천하는 것입니다. 충만한 사랑은 긍휼히 여기는 마음에서 나옵니다. 긍휼한 마음은 반드시 자비와 친절의 행위를 동반합니다. 자비는 자신을 구체적으로 깎아서 베푸는 헌신적인 사랑입니다. 이 자비는 우선적으로 그리스도의 몸을 향해야 하고 이차적으로 모든 사람들을 향해야 합니다. 친절은 사람을 정성스럽게 대하는 태도입니다. 친절은 모든 사람에게 적용되는 사랑입니다. 성도와 가족뿐만이 아니라 불신자와 악한 자까지도 친절한 사랑의 대상입니다. 거룩한 사랑의 신학적 토대가 '그리스도의 몸'이라면, 친절한 사랑의 신학적 토대는 '하나님의 형상'입니다. 하나님의 형상으로 지음 받은 모든 사람들은 하나님의 친절을 받고 삽니다. 그러므로 하나님의 형상이 회복된 성도들은 모든 사람들에게 하나님께서 그렇게 하시듯이 친절을 베풀고 살아야 합니다. 자비와 친절한 행위가 꽉 차 있는 사랑이 충만한 사랑입니다. 긍휼한 마음이 가득 담겨 있는 사랑이 충만한 사랑입니다. 이 충만한 사랑이 거룩한 질서로 말미암아 줄어들어서는 안 됩니다. 거룩한 질서 안에 터질 듯 채워져야 하며, 거룩한 질서를 따라 흘러야 합니다. 거룩한 사랑은 거룩한 질서라는 상자 안에 충만한 사랑이 꽉 차게 담겨 있는 선물과 같다는 사실을 잊지 마십시오. 자비 사역과 친절은 사랑의 핵심적인 요소입니다. 즉, 자비 사역과 친절이 없는 사랑은 온전한 사랑이 아닙니다. 하나님의 거룩한 사랑과 그를 닮아 가는 그리스도인의 거룩한 사랑이 온 교회를 채우도록 힘써 살아갑시다. 동시에 하나님의 형상을 바라보며 친절한 사랑을 세상 속에서 실천합시다. 그리스도인은 사랑으로 살아가는 사람들입니다.